현실 정보사회의 이해

문화과학 이론신서 32

현실 정보사회의 이해

홍성태 지음

문화과학사

감사의 말씀

이 책은 필자의 박사학위논문(「정보화 경쟁의 이데올로기에 관한 연구─정보주의와 정보공유론을 중심으로」, 서울대학교 대학원 사회학과, 1999)을 부분적으로 보완해서 고친 것입니다. 필자는 이 논문을 지도해주신 김진균 선생님께 우선 깊은 감사를 드리고 싶습니다. 그리고 심사위원장으로서 이 논문의 구성에서 문장에 이르기까지 꼼꼼히 읽고 조언해 주신 권태환 선생님께 역시 깊은 감사를 드리고 싶습니다. 또한 심사위원으로서 이 논문을 세밀히 읽고 조언을 해 주신 임현진 선생님, 김문조 선생님, 윤영민 선생님께도 깊은 감사를 드립니다.

이 논문은 문화과학사의 깊은 관심 덕분에 한권의 책으로 다시 태어날 수 있게 되었습니다. 1996년부터 계속 함께 공부를 해 오고 있는 문화과학사의 강내희 선생님께 깊은 감사를 드립니다. 또한 1998년부터 함께 공부를 해 오고 있는 계간 『문화과학』의 편집동인들께도 깊은 감사를 드립니다.

필자는 김진균 선생님과 '현대 사회와 군사화'에 관한 연구를 하던 중에 처음으로 정보사회론에 대해 진지한 관심을 가지게 되었습니다. 이 관심이 박사학위논문으로 이어질 수 있도록 조언해주신 백욱인 선생님께 이 자리를 빌어 깊은 감사를 드립니다.

　이 책의 주요 내용은 여러 '동지'들과 함께 공부하고 활동한 과정의 산물입니다. 1998년 늦가을부터 시작된 〈공유지적재산권모임〉을 거쳐 2002년 3월에 맺어진 〈정보공유연대〉로 이어진 이 과정을 함께 지나온 여러 사람들에게 깊은 감사를 드립니다.

　논문의 주제를 잡는 것은 아주 어려운 일입니다. 이 책의 주제는 친구들과 이야기를 나누던 중에 우연하게 떠올랐습니다. 1998년 늦가을에 함께 산행을 하고 이야기를 나누었던 임관혁과 왕규헌에게 이 자리를 빌어 감사의 말을 전합니다. 논문을 하루빨리 책으로 마무리하도록 재촉한 이제훈에게도 이 자리를 빌어 감사의 말을 전합니다. 또한 오랫동안 필자의 공부를 도와준 정용호와 정용주에게도 깊은 감사의 말을 전합니다.

　필자가 계속 공부를 할 수 있었던 것은 올해 아흔이 되신 할머니 덕입니다. 이제는 많이 쇠약해지셨으나 아직도 반주를 즐기시는 할머니께 이 책을 바칩니다.

2002년 9월 월계동에서

홍성태

차례

머리말

이 책의 목표

오늘날 우리는 자본주의의 정보적 확장이 일상적으로 펼쳐지고 있는 시대를 살고 있다(홍성태, 2000ㄱ). 자본주의의 정보적 확장이란 그 물리적 및 사회적 특성으로 말미암아 공공재로 다루어지던 정보/지식을 사유재로 다루는 것을 말한다. 이런 점에서 본질적으로 그 자체는 새로운 현상이라고 할 수 없다. 자본주의는 처음부터 '지리적 확장'을 추구한 동시에 '정보적 확장'을 추구했기 때문이다. 그러나 1990년대로 접어들면서 자본주의는 지리적 확장을 완성하는 것과 함께 그 정보적 확장을 유례없이 넓게 펼칠 수 있게 되었다. 이른바 '정보경제'나 '정보자본주의'의 핵심에는 발달된 정보기술의 이용을 넘어서 이러한 정보재의 사유화가 자리잡고 있다.

자본주의의 정보적 확장은 이른바 '신경제'의 호황*을 가져왔지만,

---

* 부시 정권의 등장과 함께 '신경제'의 빠른 쇠퇴가 시작되면서 '신경제'라는 용어의 타당성에 대한 의문이 다시금 일어나고 있다. '테러와의 전쟁'을 빌미로 부시 정권은 계속적으로 전쟁의 필요성을 강조하고 있는데, 이것은 미국이 '신경제'가 아니라 '구경제'에 사로잡혀 있음을 보여주는 예라고도 할 수 있을 것이다. 미국을 사로잡고 있는 '구경제'의 본질은 무엇보다 '전쟁경제'이다. 세상은 참으로 쉽게 변하지 않는다.

그 이면에서 사회의 (재)생산에 필수적인 정보/지식의 자유로운 생산과 이용이 심각한 장애에 직면하게 되었다. 배우고 익히는 행위까지도 자본의 허락을 받아야 하는 상황이 갈수록 강화되고 있다. 이로부터 배우고 익히는 행위마저도 자본의 감시 속에서 이루어져야 하는 상황이 빚어지게 되었다. 이를테면 자본의 전면적인 지배가 완성되고 있는 것이다. 이런 상황은 필연적으로 새로운 불평등을 낳을 수밖에 없다. 일부에서는 정보재의 사유화가 창작자나 중소 자본의 이익을 지켜준다고 주장하지만, 그러나 구조적으로 보아서 더 중요한 것은 개인 창작자에 비해서는 기업의 기익이, 중소 자본에 비해서는 거대 자본의 이익이 더욱 더 공고해지고 있다. 나아가 자본주의의 정보적 확장은 세계체계상의 불평등관계가 더욱 더 강화되는 길을 활짝 열어 젖히고 있다.

이 책은 정보기술의 발달과 정보사회의 형성을 이러한 자본주의의 정보적 확장이라는 관점에서 살펴본다. 이 책의 목표는 세 가지이다. 첫째, 정보사회를 무엇보다 자본주의의 구조적 규정과 연관지어 검토하는 것이다. 이를 위해 이 책에서는 '현실 정보사회'라는 용어를 사용한다. 둘째, 현실 정보사회를 이끌고 가는 지배적인 논리와 제도에 대해 검토하는 것이다. 이것을 이 책에서는 정보주의와 세계지적재산권 체계로 규정하고, 그 내용에 대해 비판적으로 검토한다. 셋째, 현실 정보사회를 구성하는 또 다른 축인 정보공유론과 정보공유운동에 대해 검토하는 것이다. 이로써 현실 정보사회가 변화의 과정에 있다는 것을 강조하고, 또한 정보/지식의 자유로운 생산과 이용이 갖는 사회적 의의를 강조하고자 한다.

이 책의 구성

이 책은 서론을 포함하여 모두 6개의 장으로 구성되며, 서론과 결론을 제외한 본론의 각 장은 크게 두 부분으로 구성된다. 이것은 정보화 경쟁 및 현실 정보사회가 지배적인 면과 대항적인 면으로 구분될 수 있다는 판단에 따른 구성이다. 먼저 2장, 3장, 4장은 지배적인 면에 대한 분석이다. 여기서는 정보주의의 내용과 기능이 주로 다루어진다. 다음에 5장은 대항적인 면에 대한 분석으로서 정보공유론과 그에 입각한 정보공유운동의 전개를 다룬다.

2장에서는 정보화 경쟁의 전개와 정보주의의 영향을 다룬다. 여기서는 우선 정보화 경쟁의 현황, 배경, 그리고 의미가 검토된다. 이어서 정보화 경쟁의 지배이데올로기로서 정보주의의 형성과 기능에 대해 검토한다. 이 장에서 정보화 경쟁은 탈냉전 이후 자본주의의 구조조정을 위한 새로운 경제성장프로젝트라는 관점에서 주로 논의된다. 정보주의는 산업주의의 한계 및 생태주의의 도전이라는 맥락에서 검토되며, 정보화 경쟁 속에서 이것이 어떻게 신자유주의와 연관되는가를 살펴본다.

3장에서는 정보주의의 내용을 그 이론적 구성이라는 관점에서 다룬다. 정보주의는 본질적으로 과학(기술)주의의 연장선상에 있는 것이지만, 그 주요 내용은 정보사회론과 신경제론을 통해 이론적인 형태로 나타나고 있다. 먼저 정보사회론은 물질폐위론, 탈산업화론, 문명전환론으로 나누어 살펴본다. 이어서 신경제론은 신성장론, 디지털경제론, 지식경제론으로 나누어 살펴본다. 정보사회론의 주장은 1990년대의 변화된 시대상황을 배경으로 폭넓게 논의되고 있는 신경제론을 통해 구체화되고 있는 것으로 파악된다.

4장에서는 현실 정보사회와 정보주의의 관계를 다룬다. 이것은 미국을 비롯한 선진국의 주도로 빠르게 전개되고 있는 새로운 세계지적재산권체계의 형성을 중심으로 검토된다. 여기서 지적재산권은 단순히 법률적 혹은 경제적 사안이 아니라, 신자유주의적 방식으로 추진

되는 '정보사회의 제도화'라는 관점에서 분석된다. 지적재산권은 정보
화를 통해 관철되는 새로운 기술경제체계에 걸맞도록 자본주의 소유
제를 변화시키는 의미를 가지는 것이다. 정보주의는 이같은 제도화의
맥락에서 결국 정보사유론의 이데올로기적 외피로 작용하게 된다. 여
기서는 이러한 정보사유론의 문제점을 중심으로 정보주의의 모순을
다루고자 한다.

5장에서는 현실 정보사회와 정보공유운동을 다룬다. 정보공유운동은
현실 정보사회의 형성과 변화에서 중요한 의미를 가진다. 최근에 들어
와 이에 대한 관심이 세계적으로 높아지고 있는 것은 무엇보다 현실 정
보사회의 관점에서 이해될 필요가 있다. 이 운동은 리차드 스톨만(Richard
Stallman)을 비롯한 정보공유론자들을 통해 지구적 차원의 사회운동으
로 전개되고 있다. 마이크로소프트에 대한 반독점소송은 이 운동의 필
요성을 잘 보여주는 좋은 예이다. 소프트웨어의 사회적 의미, 정보공유
의 장으로서 인터넷의 의의 등이 이 운동을 통해 검토될 것이다.

6장은 이 논문의 전체 결론으로서 정보화 경쟁과 정보공유운동의
연관을 '현실 정보사회의 동요'라는 관점에서 정리한다. 이같은 동요
의 사회적 의미는 현실 정보사회가 다양한 변화의 가능성을 지니고 있
다는 것으로 해석될 수 있다. 특히 이 가능성은 자본주의 정보화에 대
항하는 정보공유운동에 대해 중요한 함의를 지닐 것으로 보인다. 이
운동이 어떤 성과를 거두느냐에 따라 현실 정보사회는 지금과는 상당
히 다른 모습을 보일 수 있을 것이기 때문이다. 이런 점을 염두에 두
고 정보공유운동의 전망과 그 발전을 위한 과제를 살펴보는 것으로 이
책을 마치고자 한다.

1장
현실 정보사회의 관점

1. 정보화 경쟁과 현실 정보사회

20세기는 지구적인 차원에서 전개된 거센 정보화의 격랑 속에서 사라져갔다. 1990년대 초에 발표된 미국의 '정보고속도로 구상'으로 일렁이기 시작한 이 격랑은 얼마 지나지 않아서 지구적인 차원의 정보화 경쟁을 낳았다. 미국은 1993년 9월에 〈국가정보하부구조(NII) 구상 행동계획〉을 발표하고, 곧 이어 1994년 3월에 〈지구정보하부구조 (GII) 구상〉을 발표했다. 이러한 미국의 적극적인 정보화 구상은 세계 각국이 정보화 경쟁으로 뛰어드는 강력한 계기가 되었다. 예컨대 이같은 미국의 구상에 대응하여 일본은 1994년 5월에 〈21세기 지적 사회로의 개혁을 향하여—정보통신기반 정비프로그램〉을 발표하였다. 또한 유럽은 1994년 6월에 〈EU와 지구정보사회—유럽위원회에 대한 권고〉를 통해 지구적 정보화 경쟁에 대응하는 유럽의 계획을 밝혔다. [1]

---

1) 미국, 일본, EU 등 선진국들의 정보화 정책에 대해서는 김정탁(1997)을 참조. 이 책은 본문에서 언급한 정책문서의 번역과 해설을 담고 있다. 이 정책문서들은 정보화 경쟁의 방향과 내용을 파악할 수 있는 기초자료라는 의미를 지닌다.

이렇게 해서 1990년대 중반을 지나면서 선진국들은 정보화 경쟁에 대한 대비책을 대체적으로 정비하게 되었다.

1990년대에 들어와 활발히 전개된 선진국들의 이러한 정보화 경쟁은 지구적인 차원으로 빠르게 확산되었다. 말 그대로 '지구적 정보화 경쟁'이 진행된 것이다. 이같은 경쟁 속에서 정보화는 선진국에만 해당하는 과제가 아니라 지구상의 모든 나라들의 존망이 걸려 있는 사활적 과제로 떠오르게 되었다.[2] 예컨대 아시아 신흥공업국의 대표주자인 싱가폴은 자국 전체를 광대역고속통신망으로 연결한다는 〈하나의 싱가폴구상〉(NCB, 1997)을 발표하였으며, 동남아시아 개발도상국의 대표주자인 말레이시아는 자국을 세계적인 멀티미디어산업기지로 발전시키기 위한 〈멀티미디어 수퍼코리도 구상〉(MDC, 1996)을 발표하였다. 이같은 지구적 정보화 경쟁에 적극적으로 대응하기 위해 한국도 1994년 11월에 〈초고속정보통신기반신망구축 종합추진계획(안)〉을 발표하였다. 이 계획은 1980년대부터 진행되어 온 정보화사업의 연속선상에 있는 것인 동시에, 1990년대에 들어와 새롭게 강화되고 있는 지구적 정보화 경쟁에 대응하기 위한 기본계획의 성격을 갖는 것이었다.

이처럼 1990년대에 들어와서 세계 각국은 정보화를 가장 중요한 정책과제로 선정하고 적극적으로 추진하는 모습을 뚜렷이 보이게 되었다. 물론 모든 나라가 정보화를 가장 중요한 정책과제로 추구하게 된 것은 아니다. 가장 두드러지는 것은 역시 미국을 중심으로 한 선진국이며, 한국을 포함한 여러 중진국들이 그 뒤를 열심히 쫓아가고 있다. 그런데 선진국의 변화는 세계체계의 그물망을 통해 결국은 세계의 모든 나라들에게 영향을 미치게 마련이다. 정보화의 경우도 마찬가지다. 정보화 경쟁은 선진국이나 중진국의 범위에서 그치는 현상이 아

---

2) 세계 각국의 정보화 경쟁에 관한 비교연구로는 Kahin and Wilson III eds. (1997)를 참조. 이 책은 '정보고속도로' 구상을 중심으로 각국의 정보화 현황과 정책을 비교하고 있다.

니라 세계체계에 포섭되어 있는 모든 나라들에게 영향을 미치는 지구적 현상이 되었다.

지구적인 차원에서 정보화 경쟁이 갑자기 강력하게 전개되면서 정보화 자체가 새로운 현상인 것처럼 보이게도 되었다. 그러나 정보화는 1990년대에 들어와 갑자기 시작된 변화가 아니다. 논자에 따라 다를 수는 있겠지만,3) 현재의 정보화의 뿌리는 적어도 2차대전 직후로까지 거슬러 올라갈 수 있다. 요컨대 2차대전을 계기로 급속히 발달하게 된 정보통신기술의 사회적 이용에서부터 현재의 정보화는 시작되었던 것이다. 따라서 정보화의 내용과 영향을 둘러싼 논의도 이미 1950년대부터 다양한 형태로 전개되기 시작했다. 사회이론의 맥락에서 보자면, 정보화를 둘러싼 1950년대의 논의는 이후 1960-70년대를 지나면서 산업구조의 변화에 초점을 둔 포스트산업사회론, 생산방식의 변화에 초점을 둔 포스트포드주의론, 문화적 차원의 변화에 초점을 둔 포스트모더니즘론 등의 각종 '포스트'론들로 발전해 갔다(Kumar, 1995). 그러므로 기술적으로도, 경제적으로도, 그리고 이론적으로도 정보화는 1990년대에 들어와 갑자기 전개된 현상은 아니라고 하겠다.

그러나 각국의 정부가 경쟁적으로 정보화 정책을 발표한 1990년대의 상황은, 정보화가 1990년대에 들어와서 갑자기 전개되기 시작한 현상인 것 같은 인상을 주기에 충분한 것이었다. 무엇보다 각종 대중매체를 통해 쏟아져 나온 수많은 정보화 담론들이 이러한 인상을 대중적으로 유포시키는 데 큰 영향을 미쳤다. 그러나 그렇다고 해서 이러한 인상이 아무런 실제적 근거가 없는 것은 물론 아니었다. '지구적 정보화 경쟁'은 확실히 1990년대에 들어와서 시작된 현상이기 때문이다.

---

3) 예컨대 베니거(Beginer, 1986)는 정보화가 산업혁명에서 비롯된 제어의 위기에 대응하기 위해 시작된 것으로 본다. 그에 따르면 산업혁명이 이룩한 생산력의 발전은 지속적인 정보화를 통해 근대 사회의 형성으로 이어질 수 있었다. 이 변화를 그는 '제어혁명(control revolution)'으로 부른다.

이 경쟁은 무엇보다 각국의 자본과 국가가 주도하는 새로운 경제프로
젝트이며, 또한 '자본주의의 구조조정'을 통한 '정보사회의 제도화 과
정'이기도 하다. 이를테면 1990년대 이후의 지구적 정보화 경쟁은 정
보사회를 지구적인 차원에서 구체적인 현실로 확립하기 시작하는 과
정이었던 것이다. 그러나 이렇게 해서 나타난 정보사회는 그 동안 미
래학자들이 주장했던 것과는 달리 현실의 여러 문제들을 고스란히 안
고 있다. 이 점을 강조하기 위해 필자는 '현실 정보사회'라는 용어를
사용하고자 한다.

　이 책의 중요한 목적은 정보화 경쟁의 이데올로기를 통해 우리가
살아가고 있는 현실 정보사회의 특성을 살펴보는 것이다. 이론적으로
보아서 이러한 목적은 우선 '정보사회론'에 대한 검토와 연관된다. 정
보사회론4)은 대체로 정보화 경쟁을 기술주의적이고 경제주의적인 방
식으로 설명한다. 이에 따르면 정보화 경쟁은 기술적 변화와 경제적
요구에 대한 사회의 필연적 적응과정으로 파악된다. 요컨대 정보사회
론은 정보화와 자본주의의 관계를 주로 생산성과 효율성의 증진이라
는 순기능적 관점에서 파악한다. 주지하다시피 이러한 설명은 궁극적
으로 자본주의의 질서에 역사적 보편성을 부여하는 이데올로기적 기
능을 수행한다.5) 이 점에서 정보사회론은 정보화 경쟁의 지배이데올
로기가 드러나는 담론체계라고 할 수 있다.

　정보사회론의 이데올로기에 대해서는 이미 많은 비판들이 제기되어
있지만, 이 책에서는 특히 정보사회론에서 '정보'에 대한 논의가 차지

---

4) 여기서 염두에 두고 있는 것은 각국 정부가 제출한 정보화 정책과 다양한 '주류
정보사회론'들이다. 후자는 다니엘 벨, 앨빈 토플러, 조지 길더, 피터 드러커, 존
내이스빗 등의 논의로 대표된다.
5) 예컨대 신경제론의 주요 이론가 중의 한 사람인 조지 길더는, '훔치고 매수하
고 몰수하는 것은 사회주의의 도덕적 및 실제적 본질이다. 사회주의가 할 수 있는
것은 그것뿐'이며, '최고로 정신 중심의 시스템인 자본주의는 자본주의의 성장의
추진력이 기술혁신과 발견임을 알고 있다'고 주장한다(Gilder, 1989: 438, 452).

하는 역할에 주목하고자 한다. 이에 따라 이 책에서는 정보사회론에서 읽을 수 있는 정보화 경쟁의 지배이데올로기를 '정보주의'로 정의한다. 이론적으로 정보주의는 사이버네틱스가 제시한 정보 중심의 새로운 물리학적 세계관에 그 뿌리를 두고 있다.[6] 다시 말해서 정보사회론은 사이버네틱스로 촉발된 '정보' 자체에 대한 이론적 논의에 뿌리를 두고 현대 사회의 근본적 전환을 주장하는 것이다. 이러한 정보주의는 1990년대 이후의 정보화 경쟁 속에서 '신경제론'으로 더욱 구체화되었다. 요컨대 기존의 정보사회론이 기술주의에 바탕을 두고 정보화 경쟁을 문명론적으로 합리화한다면, '신경제론'은 탈냉전 이후의 무한 경쟁을 배경으로 현재의 정보화 경쟁을 경제적 차원에서 합리화한다.

그러나 정보주의가 정보화 경쟁의 지배이데올로기이기는 하지만, 그것이 현실 정보사회의 모든 특성을 포괄하는 것은 아니다. 현실에는 자본주의적 경제프로젝트로서 정보화 경쟁에 대항하는 사회적 움직임이 존재하기 때문이다. 그것은 흔히 정보화로 나타나는 새로운 생산력의 발달을 비자본주의적인 방식으로 전유하고자 하는 사회적 움직임이라고 할 수 있다. 이 움직임은 무엇보다 '정보공유의 정신'을 핵심 이데올로기로 삼고 정보의 사유화에 맞서는 사회운동을 가리킨다. 이 점에서 '정보공유의 정신'은, 이것이 정보주의에 대한 강한 비판을 함축한다는 점에서, 정보화 경쟁의 대항이데올로기라고 할 수 있다. 여기서 주의할 것은 정보공유운동이 정보화 자체를 거부하는 것은 아니라는 점이다. 이 운동은 정보의 중요성과 정보화의 필요성

---

6) 사이버네틱스는 종래의 질량과 에너지 중심의 물리적 세계상을 질량과 에너지와 정보로 구성된 것으로 바꾸어 놓았다(윤완철, 1997). 정보에 관한 현대의 모든 이론적 논의들은 사이버네틱스가 제시한 이 새로운 정보패러다임에 기초한다. 이에 대한 고전적 논의로는 위너(Wiener, 1954)를 참조. 사이버네틱스는 자연과학뿐만 아니라 사회과학에도 폭넓은 영향을 미쳤는데, 예를 들어 김진균·여정동(1973)은 근대화의 조건 및 사회조직에 관한 연구에서 사이버네틱스의 논리를 적용하고 있다.

을 인정한다는 점에서 정보주의와 마찬가지로 '정보패러다임'에 기초를 두고 있다.

그러나 이 운동에 주목했을 때, 정보화 경쟁은 자본주의의 구조조정이라는 경제적 맥락을 넘어서는 훨씬 더 큰 사회적 맥락에서 파악될 수 있다. 요컨대 정보화 경쟁은 자본주의의 구조조정뿐만 아니라 그에 저항하는 방식으로 정보화를 이루고자 하는 흐름까지도 포괄할 수 있다. 쉽게 말해서 정보화 경쟁은 이중의 전선에서 펼쳐지고 있는 것이다. 하나는 정보의 사유화를 정보주의의 형태로 합리화하는 자본간의 경쟁이고, 다른 하나는 그에 맞서서 정보공유의 중요성을 강조하고 실천하는 사회적 세력의 도전이다. 현실 정보사회라는 용어는 정보화 경쟁의 이러한 이중성을 강조해서 정보사회를 형성되는 과정에 있는 것으로 보고자 하는 의미를 담고 있다. 이러한 현실 정보사회의 관점은 결국 현재의 변화를 주도하고 있는 자본의 힘이 아니라 그에 맞서서 다른 변화를 추구하는 시민의 자발적 노력에 초점을 맞추고 있는 것이다.

2. 정보화, 정보사회, 이데올로기

정보화와 관련된 기존의 이론적 논의는 대체로 '정보사회' 개념을 중심으로 전개되었으며, 그 주요 논점은 정보사회가 산업사회 및 자본주의와 어떤 관련을 맺고 있는가에 관한 것이었다. 물론 이런 논의들은 정보사회론의 이데올로기에 대한 연구로 주요하게 고려되어야 하지만, 정보화 경쟁의 이데올로기에 대한 본격적인 연구라고 하기에는 역시 미흡한 점이 있는 것으로 보인다. 특히 정보사회론의 주요한 이데올로기로서 '정보주의'의 문제는 거의 다루어지지 않았다. 신자유주의에 대한 논의들은 대단히 많지만, 이것이 현재의 정보화 경쟁과 맺고 있는 연관, 그리고 그 경제적 논리로서 신경제론에 대한 연구는 드물다. 대체적으로 정보사회의 제도화에 관한 논의는 흔한 편이지만, 이것을 자본주의의 구조조정과 연관지어 정보화 경쟁의 이데올로기를 다루는 논의는 드물다. 한국과 미국의 연구를 대상으로 기존 연구성과를 정보화와 정보사회, 정보화와 이데올로기로 나누어 이에 대해 살펴보고자 한다. [7]

1) 정보화와 정보사회

한국에서 정보화를 둘러싼 논의가 크게 활성화된 것은 확실히 1990년대 중반부터지만, 현실의 변화를 바탕으로 논의가 전개되기 시작한 것은 이미 1980년대 중반부터이다(서울대 사회과학연구소, 1985; 1986; 한국사회학회, 1987). 여기에 가장 직접적으로 영향을 미친 사회적 배경으로는 정보기술 및 정보산업의 발전에 관한 당시 정부의 정책적 강조를 들 수 있을 것이다. 5공화국 정부는 1983년을 '정보산업의 해'로 선포하였을 뿐만 아니라, 1985년에는 '정보화사회'의 조기 촉진과 그 기반(하부구조) 조성을 위해 〈국가기간전산망 기본계획〉을 수립·확정하여 행정, 금융, 교육연구, 국방, 공안 등 5대 전산망의 구축을 추진'하였던 것이다(김환석, 1991: 309; 고영삼, 1998: 109-114). 이같은 정책적 변화를 배경으로 종래에 후기공업사회론 혹은 탈산업사회론이라는 '거대담론'의 맥락에서 이론적으로 소개되던 차원에 머물렀던 정보사회론은 한국 사회의 변화라는 좀더 구체적인 차원에서 분석되고 평가되기 시작하였다. 그러나 정보사회론의 1차물결은 좀더 폭넓은 사회적, 이론적 반향을 일으키지 못한 채 일부의 관심사

---

7) 한국과 관련된 부분은 홍성태(1998)을 부분적으로 재정리한 것이다. 이 글은 정보화와 정보사회를 중심으로 1980-90년대 한국의 정보사회론을 비판적으로 정리한 것이다.

로 한정되고 말았다. 그 주요한 이유로는 아마도 1980년대 한국의 사회상황과 '정보사회론'에서 제시되는 사회상이 아직 여러 면에서 부합하지 않고 있었던 사실을 들 수 있을 것이다. [8]

정보사회론의 1차물결이 별다른 반향을 일으키기 못하고 사라진 것에 비해, 그 2차물결은 현실의 변화를 배경으로 커다란 반향을 일으켰다. 정보사회론에 대한 본격적인 연구를 의미하는 이같은 2차물결은 1990년대 중반[9] 부터 시작되었다(한국사회학회, 1996; 1997; 권태환·조형제 편, 1997; 한국정보사회학회 편, 1997; 한국언론학회·한국사회학회, 1998). 여기에 가장 큰 영향을 미친 것은 아마도 탈냉전으로 지칭되는 세계사적 변화를 들 수 있을 것이다. 탈냉전은 이데올로기적 대립을 종식시키는 동시에 지구적 차원에서 이른바 '무한경쟁의 시대'를 열었다. 이로부터 경쟁력 강화의 요구가 유례없이 강화되었으며, 그를 위한 가장 중요한 조건으로서 제시된 것이 바로 정보화였던 것이다. 이와 함께 1980년대 초에 개발된 개인용 컴퓨터를 시발로 빠른 속도로 변화에 변화를 거듭한 정보통신기술이 1990년대에 들어와 국내에서도 폭넓게 사용됨으로써 정보사회론에서 제시되는 사회상이 우리의 현실로 나타나기 시작했다. 이런 변화를 배경으로 경쟁력강화론으로서의 정보화 담론은 포괄적인 사회변화를 지칭하는 정보사회론

---

8) 이와 관련하여 이 시기에 이루어진 국내의 주요한 산업적 변화로는 반도체산업의 형성을 들 수 있다. 반도체산업은 1981년 3월에 입안된 전자산업육성방안에서 부품산업으로 선정되었으며, 삼성이 1983년에 64KD램과 256KD램의 개발에 성공함으로써 전자산업의 목표이자 핵심수출산업으로 급부상하게 되었다. 이같은 상황을 배경으로 1986년부터 1993년까지 7년간에 걸쳐 '초고집적 반도체기술 공동개발사업'이라는 범국가적 프로젝트가 추진되었다(김재훈, 1996: 165-170).
9) 물론 정보화(나 정보사회)에 관한 연구는 1980년대 중반 이후 지속되고 있었다. 그러나 그것은 대체로 전문 연구자들을 중심으로 전개되는 양상을 보였다. 그러나 1990년대 중반을 지나면서 정보화는 사회 일반의 관심사로 급부상하였으며, 이에 따라 이에 대한 연구도 크게 늘어났다. 이 점에서 정보화에 관한 국내의 연구사는 1980년대 중반에 시작되어 1990년대 중반 이후 본격화하는 것으로 파악될 수 있다.

으로 빠르게 변모하게 되었다.

1990년대 중반을 지나며 정보화 혹은 정보사회에 관한 논의들이 정보사회론의 형태로 종합되기는 했지만, 그 구체적인 내용은 논자마다 크게 다르게 나타났다. 따라서 논점을 정리하기 위해서는 우선 정보사회론으로 통칭되는 다양한 논의들을 분류해볼 필요가 있다. 여기서 핵심적인 논점은 정보사회가 산업사회 및 자본주의와 맺는 관계이다. 이와 관련하여 미국에서의 연구성과들을 유형화한 강상현(1994)의 연구는 기존의 정보사회론을 연구사적인 차원 및 개념적인 차원에서 이해하는 데 많은 도움이 된다. 그는 우선 정보사회를 새로운 사회구성체로 파악하고10) 이에 대한 담론들을 크게 불연속성을 강조하는 입장과 연속성을 강조하는 입장으로 구분했다. 그리고 전자는 정보경제론, 정보사회론, 정보양식론으로 구분하고, 후자는 산업경제론, 자본주의 산업사회론(도구주의, 구조주의), 지배양식론으로 구분하였다(126). 이 연구에 따르면, 그 동안 정보사회론은 정보기술의 경제적 영향을 다루는 데서 출발하여 거시적 사회변동론으로 발전하고 종국에는 새로운 사회구조의 형성에 관한 논의로 나아가게 된 것으로 파악된다. 강상현의 연구는 그 제목이 시사하는 것과 같이 전체적인 논의의 '지형'도로서 유용하다. 이 지형도는 다양한 내용과 형식으로 더욱 구체화될 수 있을 것이다.

강상현의 지형도를 좀더 구체적으로 재구성한 연구로는 김해식(1997)을 들 수 있다. 그는 우선 강상현과 마찬가지로 기존 정보사회론을 단절론과 연속론으로 나누고, 각각의 변화를 시계열적으로 정리

---

10) 강상현의 연구는 이제까지 제시된 다양한 정보사회 담론을 '사회구성체'의 변화라는 관점에서 분류한 것으로 의미가 있다. 그러나 사회구성체가 맑스주의의 이론적 전통 속에서 자본주의의 이행과 관련하여 주로 다루어졌던 데 비해, 그는 주로 산업사회의 변화라는 맥락에서 이 개념을 사용하고 있다는 점에 유의할 필요가 있다.

하고 있다. 그는 강상현의 연구를 따라서 전자를 정보경제론, 정보사회론, 정보양식론의 순서로, 그리고 후자를 산업경제론, 자본주의 산업사회론, 지배양식론으로 발전해 온 것으로 파악한다. 김해식의 재구성에서 핵심은 이같은 발전순서를 정보사회론의 단초, 정착, 확산기에 각각 대응되는 것으로 보고, 각 시기가 대표하는 이론적 관심을 경제, 사회구조, 문화·지배인 것으로 파악하는 점이다(67). 김해식의 연구는 기존 정보사회론의 이론적 분화과정을 정보화의 진척과정과 연결시켜 파악할 수 있는 관점을 제시한다. 정보사회론의 단초, 정착, 확산이라는 시기구분은 이 점에서 단순히 편의적인 시기구분에 그치는 것이 아니라 정보화에 따른 실제적인 사회변화를 반영하는 것으로 된다. 그러나 그 이론적 관심이 경제, 사회구조, 문화·지배의 순서로 변화했다고 보는 것은 너무 단순화한 것으로 보인다. 예컨대 정보사회론에서 경제의 문제가 지금보다 더 중요하게 연구되고 구체적으로 다루어졌던 시기는 없었다. 따라서 현재의 주요한 이론적 쟁점은 정보화에 따른 경제와 사회구조의 실제적인 변화가 문화·지배의 문제와 맺는 연관으로 파악하는 편이 옳을 것으로 보인다. 이러한 맥락에서 정보화 담론의 이데올로기가 주요한 연구주제로 떠오를 수 있다.

　미국을 포함하여 서구 선진국의 경우에, 정보화 및 정보사회에 대한 연구는 1950년대부터 시작되어 1980년대에 들어서면서 본격화하는 것으로 보인다.[11] 대체적인 연구성과는 앞의 강상현의 '지형'도에서도 제시되었듯이, 단절론과 연속론으로 대별될 수 있으며, 이것은 '주류 정보사회론'과 '비판 정보사회론'으로 재정의될 수 있다. 대중을 사로잡고 정책에 강한 영향을 미친 주류 정보사회론의 핵심은 정보화를 통해 기존의 사회구조가 발본적으로 변하게 된다는 주장에 있다. 이같

---

11) 예컨대 다니엘 벨은 애초에 정보사회라는 용어를 부적절한 것으로 거부(Bell, 1976)했으나, 1980년대에 들어와서는 이 용어를 적극적으로 사용하게 되었다.

은 주장을 초기에 주도한 것은 다니엘 벨의 '탈산업사회론'이었지만, 1980년대 이후의 대중적인 영향력으로는 단연 토플러의 '제3의 물결론'이 두드러졌다. 토플러는 '제3의 물결'이라는 용어를 통해 정보화(로 대표되는 현대 과학기술)의 의의를 인류의 문명사적 전환이라는 맥락에 위치지웠다. 이러한 문명전환론의 장점은 무엇보다 급변을 거듭하는 이해하기 어려운 역사발전의 흐름을 일관된 방식으로 설명한다는 데서 찾을 수 있을 것이다. 그러나 이러한 장점은 쉽게 단점으로 바뀔 수 있는 것이기도 하다. 너무나 거시적이어서 현실의 사회적 변화에 대한 구체적인 설명력을 가지기가 어렵기 때문이다. 이와 달리 토플러의 문명전환론이 강렬한 호소력을 가질 수 있었던 것은 분명히 현실에 대한 비판적 분석을 행하고 있었기 때문이었다. 그것은 주로 맑스주의에 대한 비판, 산업주의에 기반을 둔 경제·정치·사회구조에 대한 비판으로 나타났다. 결국 그의 문명전환론은 이데올로기 비판의 의미를 강하게 내포하고 있었던 것이다. 그러나 그의 이데올로기 비판은 문명전환이라는 거시적 변화 속에서 자본주의의 문제가 문명사적으로 해소되는 것으로 파악함으로써 오히려 새로운 지배이데올로기의 성격을 강하게 지니게 되었다.

이같은 주류 정보사회론에 대한 비판은 주로 맑스주의 정치경제학의 입장에 선 언론학자와 사회학자들을 중심으로 전개되었다. 가장 주요한 논점은 역시 정보사회와 산업사회의 연속성 여부, 정보사회와 자본주의의 연속성 여부에 있었다. 요컨대 정보사회가 과연 그 주류 논자들의 주장대로 기존 사회와 비약적 단절을 이룬 사회인가의 여부가 핵심적인 쟁점으로 부각되었던 것이다. 비판자들의 주장에 따르면, 정보사회는 여전히 산업사회이며 자본주의이다. 즉 정보화는 산업생산을 다른 것으로 대체할 수 없으며 다만 그 효율에 영향을 미칠 수 있을 뿐이라는 것이다. 또한 정보화는 본질적으로 자본의 이윤축적논리에 의해 추동되는 것이며 그것을 위해 이용되는 것이다.[12] 따라서 정보사회와 기존 사회의 관계는 비약적 단절보다는 연속선상의 변화로 설명되었다(Mosco & Wasco, 1988). 단절론과 연속론의 대립이 중요한 것은 그것이 현재의 사회구성을 설명하는 데서 나아가 미래의 변화방향을 설정하는 데도 영향을 미치기 때문이라고 할 수 있다. 양자의 대립을 명확히 하기 위해 단순화해서 말한다면, 단절론은 자본주의와 산업주의의 문제점들이 결국 정보화(로 대표되는 현대 과학기술)를 통해 빠르게 약화(되거나 '소멸')될 것으로 주장하는 반면에, 연속론은 그같은 문제점들이 형태를 달리 해서 지속적으로 생성(되거나 악화)될 것으로 주장한다. 여기서 제기되는 핵심적인 논점은 기술결정론의 문제이다. 이와 관련하여 비판 정보사회론의 연속론은 기술이 사용되는 사회적 맥락과 구조의 중요성을 강조하는 입장이라고 하겠다. 이같은 입장은 기술의 현실적 영향력을 폄하하지 않는다면, 기술과 사회의 관계를 파악하는 올바른 관점이라고 생각된다.

정보화와 정보사회의 관계에 대해 이 책은 기본적으로 비판 정보사회론의 관점을 받아들인다. 따라서 정보사회는 주류 정보사회론의 그것과는 달리 상당히 제한된 의미로 파악된다. 그것은 '발전된 산업사회 혹은 공업사회'라는 관점에서 다루어지며, 자본주의의 기본법칙이 여전히 관철되는 사회로 파악된다. 이 논문은 다음과 같은 두 가지 방식으로 비판 정보사회론의 논의에 기초를 두고자 한다. 첫째, 단절론과 연속론의 대비를 현상론과 본질론의 차이에서 비롯되는 것으로 본다. 주류 정보사회론이 정보화(로 대표되는 과학기술의 발달)에 따라

---

12) 이 문제는 벨에 의해 '노동가치설에서 지식가치설로의 변화'라는 형태로 부정되었다(1973; 1981). 이것은 맑스주의의 근간을 이루는 상품가치론을 부정하는 것으로, 주류 정보사회론이 수렴하고 있는 지점인 지식사회론은 이 논리에 기초하고 있다. 이에 대해 맑스주의의 입장에서 정보화를 자본주의의 이윤축적이라는 맥락에서 다루는 것으로는 Davis et al. (1997)과 한은경(1990)을 참조.

나타나는 현상적 변화를 강조한다면, 비판 정보사회론은 그 저류에서 여전히 관철되는 본질로서 사회구조의 연속성을 강조한다. 이같은 양자의 대비와 관련하여, 이 책은 정보화 경쟁으로 나타난 정보사회의 제도화 과정을 자본주의의 구조조정이라는 맥락에 위치지우는 동시에, 이 과정을 통해 나타나는 현상적 변화들이 자본주의의 구조조정에 미치는 영향을 함께 검토하고자 한다.

둘째, 주류 정보사회론의 분류가 범하고 있는 '범주상의 혼동'에 주목할 필요가 있다. 예컨대 주류 정보사회론은 물질과 정보의 관계를 서로 대체될 수 있는 것으로 파악하고, 이에 따라 산업사회에서 정보사회로의 단절적 이행을 주장한다. 그러나 벨도 지적하고 있듯이 '정보는 정보이고 물질은 물질'이다.[13] 양자는 상호연관되어 있지만, 대체관계에 있는 것은 아니다. 정보화는 인간의 생존과 생활에 필수적인 물질대사과정에 영향을 미치지만, 그렇다고 해서 정보의 대사가 물질의 대사를 대체할 수는 없는 것이다. 그러나 주류 정보사회론은 정보화가 물질대사과정에 미치는 영향을 강조하는 과정에서 비약과 과장의 수사학을 동원하여 일종의 범주혼동을 범하고 있는 것으로 보인다. 이러한 수사학적 문제는 주류 정보사회론의 이데올로기에서 중요한 기능을 수행하고 있는 것으로 비판 정보사회론에 의해 지적되어 왔다(Poster, 1990). 이 책에서는 이 문제를 좀더 인식론적인 차원에서 다루고자 한다.

2) 정보화와 이데올로기

정보사회의 개념화를 중심으로 정보사회론의 이론적 정합성을 다루

---

13) 이것은 사이버네틱스를 창시한 위너의 지적이다(Bell, 1981: 21). 이 점은 다음과 같이 설명될 수도 있다. '지식도 하나의 자원이며 또 그것이 모든 자원 중에서 가장 중요하게 취급되는 것은 모든 물질적 및 인적 자원의 소재를 알고 그것을 효용화시킬 수 있다는 데 있는 것이다'(김진균·여정동, 1973: 90).

는 논의들에 비해 그것이 갖는 이데올로기적 성격에 관한 연구는 상대적으로 적은 것으로 보인다. 많은 연구들이 '정보사회'라는 용어에 대한 비판적 고찰을 통해 정보화의 이데올로기를 비판하고 있지만, 본격적인 이데올로기 비판의 견지에서 정보화를 다룬 연구는 상대적으로 드물다고 할 수 있다.14) 예컨대 정보사회가 자본주의 및 산업사회와 맺는 관계에 대한 분석이 정보사회론의 이데올로기에 대한 이제까지의 연구에서 중심을 차지하고 있는 것으로 보인다. 사실 이 문제는 정보사회론에서 가장 첨예한 이데올로기적 문제라고 할 수 있다. 그리고 이런 맥락에서 보자면, 정보사회라는 용어 자체가 가장 첨예한 이데올로기의 전장이라고 할 수 있다. 그러나 논자에 따라 다양한 함의를 지니기는 하지만, 정보사회라는 용어가 이미 대중적 환기력을 지닌 사회학적 개념으로 사용되고 있다는 점을 염두에 둔다면, 현실의 정보화와 관련지어 정보사회론의 이데올로기를 좀더 구체적으로 분석할 필요성이 있을 것이다.

이런 문제의식 하에서 제시된 국내의 주요한 연구성과로는 김환석(1991)을 들 수 있다. 그는 과학기술의 이데올로기가 한국사회에 미친 영향을 분석하는 연구에서, 그 가장 대표적인 사례로 정보사회론의 정책적 확산을 들고 있다. 이것은 주류 정보사회론 및 한국사회에 대한 그 적용을 비판하는 것인데, 그에 따르면 이것은 경제적 및 정치적 위기를 타파하려는 정권의 요구에 부응하여 확산된 '위로부터 주입되는 이데올로기의 성격'을 지니고 있었다. 이같은 지배이데올로기로서

---

14) 이것은 아마도 기존의 주류 정보사회론이 기술주의의 입장을 강하게 견지하고 사실상 자본주의 옹호론으로 귀결된 것과 관련이 있는 것으로 보인다. 주류 정보사회론에 찬동하는 편에서는 당연히 이데올로기적 분석의 필요성을 느끼지 않고, 그에 비판적인 편에서는 너무 당연한 것이어서 역시 그런 분석의 필요성을 느끼지 않았을 수 있는 것이다. 예컨대 정보사회론 자체를 '극단적인 기술결정론적 테크노피아론'(이영희, 1991: 39)으로 파악하는 데서 이런 태도를 엿볼 수 있을 것이다.

정보사회론의 가장 큰 문제점은 '정보기술의 속성과 잠재력을 사회변화 추세의 예측에 확장, 적용시킨 기술결정주의적 미래예측'이면서, '정보기술의 확산은 마치 만인에게 복지를 선사하는 것처럼 선전되어 그것이 실제로는 독점자본의 축적과 국가의 지배력 강화에 가장 도움을 준다는 사실은 쉽게 감'춘다는 점이다(315-318). 김환석의 연구는 지배이데올로기로서 주류 정보사회론과 그것이 한국사회에 적용되는 과정에서 나타난 일종의 '국가동원이데올로기'로서의 문제에 대한 정확한 비판으로 보인다. 그러나 그의 연구가 중요한 논점을 제시하는 것이기는 하지만, 너무 소략하기 때문에 그것을 주류 정보사회론의 이데올로기에 대한 전면적인 분석으로 보기는 어려울 것이다. 또한 정보사회론이 주류 정보사회론과 등치되는 형태로 논의가 전개되는 점도 이 연구의 문제점으로 지적할 수 있을 것이다.

미국의 경우에 먼저 1980년대의 상황을 배경으로 수행된 정보사회론의 이데올로기에 대한 연구의 예로는 슬랙 등의 연구(Slack and Fejes, 1987)를 들 수 있다. 이 연구는 주류 정보사회론에서 제시하는 이른바 '정보시대'라는 새로운 시대규정을 주류 정보사회론의 주요 이데올로기로 파악한다. 일반 저널에서도 흔히 사용하는 이 시대규정은 정보화를 둘러싸고 나타나는 다양한 쟁점과 갈등들을 대단히 일반적인 차원에서 융합하는 효과를 지닌다. 이 효과는 정보화를 현실의 필연적인 추세로 인식하도록 하는 동시에, 주류 정보사회론에서 설정된 정보화의 방향과 목표를 보편적인 것으로 수용하도록 한다.

이 연구는 이처럼 정보시대라는 용어가 고안되어 이용되는 과정에서 작동하는 이데올로기에 주목한다. 그 이데올로기는 '정보시대가 무엇이며, 어떻게 존재하며, 어떻게 경험되며, 무엇이 될 것인가에 스며들어 있'다. 따라서 주류 정보사회론에 점령되어 있는 매체환경 속에서 일반인들이 그 이데올로기를 명확히 인식한다는 것은 결코 쉽지 않은 것으로 파악된다. 여기서 더 중요한 점은 이데올로기가 단순한 허위의식이 아니라, '현실에 대한 지도(map)'로서 그 자체가 현실의 부분이라는 사실이다(2). 이같은 관점은 이론적으로 구조주의의 이데올로기론을 수용하는 것으로서, 그것은 이데올로기를 '언어로 매개되는 지식의 생산과정 안에서 보려는 관점'(한상진, 1984: 19)이다. 이런 점에서 이 연구는 이데올로기 분석의 필요성을 적절히 제시하고 있는 것으로 보인다. 즉 이데올로기는 그 자체가 하나의 사회적 현실일 뿐만 아니라, 동시에 현실의 변화에 영향을 미치는 중요한 요인으로서 분석의 대상이 된다는 것이다.

1990년대로 접어들면서 정보화를 둘러싼 담론의 이데올로기 지형은 훨씬 더 복잡해졌다. 정보화를 주도하는 지배이데올로기가 더욱 다양한 내용으로 확장되었을 뿐만 아니라, 대안적 정보화를 추진하는 세력들이 등장하면서 새로운 대항이데올로기들이 나타났기 때문이다. 여기에는 정보화가 경제적으로, 정치적으로, 그리고 문화적으로 어느 때보다 큰 영향을 미치게 되었다는 사실이 반영되어 있다.

이러한 변화를 배경으로 정보화의 이데올로기를 다루는 1990년대의 연구 중에 가장 포괄적인 것으로는 버드솔(Birdsall, 1996)을 들 수 있다. 그는 1990년대에 들어와 정보화의 상징이 되어버린 인터넷을 둘러싼 주류 정보화담론에서 '정보기술의 이데올로기'라는 일관된 정치이데올로기를 발견할 수 있다고 주장한다. 그는 인터넷이 사회를 변혁시키고 있다는 주장을 일축하면서 현재의 변화는 정보기술이 아니라 경제에 의해 추동되고 있다고 본다. 그에 따르면, '정보기술의 이데올로기는 경제적 및 문화적 생활영역 전부를 상업화하려는 자본주의의 고유한 추동력의 확장을 보여주는 일련의 가치와 명제들로 구성'되며, 이것은 '정보기술의 사용을 자유시장의 가치체계 및 정보의 상품화와 연결시킨다'(1). 이 이데올로기는 정보기술의 이용이 중대한 경제적 및 정치적 사안이 되었다는 것을 보여주는 예로서, 1990년대에 들어와 강화되고 있는 '자유시장 경제, 신보수주의 정치, 그리고 기술결정론의 결합'체로 파악된다(2). 이런 분석을 통해 버드솔은 기술적 담론의 이면에서 작동하는 경제적 및 정치적 이해관계를 읽어내고자 한다. 정보기술의 이데올로기는 이러한 이해관계를 기술적 요구로 전치하는 기능을 수행한다는 것이다. 이런 점에서 버드솔의 분석은 대단히 시사적이지만, 정보기술의 이데올로기를 '책의 이데올로기'[15]와 대비시키는 결론은 쉽게 수긍이 되지 않는 것이기도 하다.[16]

1990년대의 정보화는 인터넷뿐만 아니라 '가상현실'이라고 불리는 새로운 컴퓨터기술과 밀접한 연관을 맺고 있다. 가상현실[17]은 이른바 '사이버공간'을 둘러싼 여러 가지 논의들을 낳은 기술적 원천이면서, 정보화의 현실과 환상을 혼동하게 하는 문화적 효과를 발휘하기도 한다. 이 점에서 가상현실기술과 그 담론은 정보주의의 강화에 큰 영향을 미친 것으로 중요하게 검토할 가치가 있다. 체셔의 연구(Chesher, 1994)는 이러한 가상현실의 이데올로기에 대한 분석이다. 그는 1990년대 정보화 담론을 문화적으로 주도하고 있는 사이버담론 혹은 가상현실 담론에 대한 분석을 통해 가상현실기술이 어떤 식으로 정보화에

---

15) 공공도서관의 원리와 연결되어 있는 "이것의 핵심원리는 누구나 필요한 지식을 이용할 수 있어야 한다는 것이다. 이 이데올로기에 따르면, 지식은 공공재이며 그 광범위한 접근가능성은 열린, 민주사회의 시민들의 문화적, 경제적, 정치적 발전에 결정적이다"(1). 이에 반해 정보기술의 이데올로기는 이같은 원리를 침해하는 '정보와 지식의 상품화'를 합리화한다는 점에서 중대한 문제점을 안고 있는 것이 된다.

16) 버드솔은 현실 정보사회의 핵심적인 논점을 제시하고 있는데, 그것은 바로 정보의 사유와 공유에 관한 것이다. 버드솔은 논점을 정확히 찾았으나, 그것을 잘못된 이름으로 불렀다. 중요한 것은 '책'이 아니라 '정보의 공유'이다.

17) 이것은 최신의 인터페이스 기술을 뜻한다. 인터페이스란 접촉면이란 의미로서, 비유적으로 말하자면 사람과 컴퓨터가 만나는 지점이다. 예컨대 자판과 마우스가 그것이다. 가상현실기술이 제시하는 인터페이스는 이와 전혀 다르다. 그것은 또 다시 비유적으로 말하자면 컴퓨터가 구현하는 환경 속으로 사람이 들어가서 활동하는 방식으로 컴퓨터를 이용하는 것이다. 마이클 더글라스와 데미 무어가 주연한 치정물인 〈폭로〉라는 영화에서는 이 기술이 비교적 사실적으로 묘사되었다.

영향을 미쳤으며, 정보통신산업은 그 담론을 어떤 식으로 이용했는가를 꼼꼼히 따진다. 체서에 따르면, 그 기술은 사실 그 주창자들이 주장하는 것처럼 완벽한 형태로 실현되지 않은 상태임에도 불구하고, 나아가 그것이 완벽하게 실현될 수 있는가의 여부 자체가 컴퓨터과학의 중대한 쟁점[18] 임에도 불구하고, 정보통신산업은 가상현실 담론의 유포를 통해 1980년대 중반 이후 컴퓨터산업의 급성장을 유도했던 것으로 분석된다.

바브룩 등의 연구(Barbrook & Cameron, 1996)는 '정보자유주의'에 대한 최초의 본격적인 비판이다. 정보자유주의는 1990년대에 등장한 대안적 정보화의 한 흐름으로서 '전자개척자재단(EFF)'을 중심으로 상당히 큰 영향력을 행사하고 있다. 이 연구에서 바브룩과 카메론은 정보자유주의의 이론적 기반인 '제퍼슨 자유주의'의 한계에 대한 분석을 통해 정보자유주의를 '캘리포니아 이데올로기'로 비판한다. 제퍼슨 자유주의는 역사적으로 노예제도에 기반하고 있다는 점에서 큰 한계를 가지고 있으며, 정보자유주의는 '히피자유주의'가 기술결정론과 결합하여 나타난 기묘한 혼혈아라는 것이다. 이것이 기묘한 혼혈아인 까닭은 자연 속에서 자유와 평등을 실현하고자 했던 히피자유주의가 역설적이게도 첨단기술과 결합했기 때문이다. 나아가 정보자유주의는 사실상 캘리포니아를 주무대로 하는 신흥자본가로서 '가상계급'의 이해관계를 대변하는 것으로 분석된다. 이에 대해서는 많은 반비판이 제시되었는데, 그 한 예로 스탈만의 연구(Stahlman, 1996)를 들 수 있다. 그는 '캘리포니아 이데올로기'를 주도하고 있는 와이어드[19] 지의 배후

---

18) 이 쟁점은 인공지능의 완벽한 기술적 실현과 관련된다. 수많은 공상과학물을 통해 오래 전부터 널리 유포되어 있는 인공지능은 주류 정보사회론의 저류에 놓여 있는 미래학적 상상력의 기술적 원천이라고 할 수 있다. 그러나 현대의 생물학적 인식론은 이같은 가능성을 부정한다. 인공지능을 완벽히 구현하려면 인간의 인식 작용을 완벽하게 재현할 수 있어야 하는데 그것이 불가능하기 때문이다. 이에 대해서는 Maturana & Varela(1984)를 참조.

에는 영국 자본이 있으며, 이런 점에서 '캘리포니아 이데올로기'는 사실상 '영국 이데올로기'라고 주장한다. 이같은 주장은 바브룩과 카메론이 영국의 연구자라는 사실에서 비롯되는 것으로 보인다. 정보자유주의에 대한 그들의 비판은 수긍할 수 있는 면이 있지만, '국가와 자본주도의 정보화 경쟁'에 대한 시민사회의 대응으로서 정보자유주의의 의미를 올바로 평가하고 있지는 못한 것으로 보인다.

정보화의 이데올로기에 대한 이같은 연구들에서 특히 두드러지는 점은 언론에 의해 상업적으로 과잉홍보되고 있는 정보통신영역 중심의 신기술 및 신산업 예찬론에 대한 비판이다. 이 책의 문제의식도 이같은 비판과 궤를 같이 하고 있다. 요컨대 이 책은 주류 정보화 담론의 이데올로기에 대한 분석을 통해 신기술과 신산업이 형성되는 방식과 그 결과에 대한 비판적 이해를 추구한다. 그러나 이 책은 현재 전개되고 있는 정보화의 지배이데올로기를 정보주의로 파악한다는 점에서 기존의 연구들과 적지 않은 차이를 지니고 있다. 정보주의는 현재의 정보화를 과학기술에 기대어 합리화하며, 사회적 변화를 기술적 변화에 따른 필연적이고 자연스러운 결과로 제시한다. 다른 한편 이 책은 정보화의 진척과 함께 그 효과를 사회적으로 확산시키려는 중요한 흐름으로서 정보공유운동에 주목할 필요성을 강조하고자 한다. 1990년대에 들어와 빠르게 확산되고 있는 이 '새로운 사회운동'에 대한 분석은 국가와 자본을 중심으로 형성되어 있는 정보화 경쟁의 구도를 더 큰 사회적 맥락에서 파악할 수 있도록 할 것이다.[20]

---

19) 1993년부터 미국의 샌프란시스코에서 발행되고 있는 월간지로서 정보화와 관련된 다양한 논의들을 세련된 문화적 감각으로 다룸으로써 컴퓨터세대가 애독하는 대표적인 잡지로 자리잡았다.
20) 정보화와 관련된 사회운동의 변화는 기존의 사회운동이 새로운 정보망을 이용하는 경우와 새로운 정보망 자체의 특성을 옹호하려는 경우로 대별될 수 있다. 이 논문은 특히 후자에 초점을 맞추어 1990년대 정보화의 특징을 살펴보고자 한다. 관련 연구로 전자의 경우는 예컨대 노동운동의 대응을 다룬 에릭 리의 연구

3. 현실 정보사회의 동요

이 책의 전체적인 주제는 1990년대부터 지구적 차원에서 전개되고 있는 정보화 경쟁의 이데올로기를 분석하고, 이에 근거하여 현실 정보사회의 특성을 자본의 주도와 시민사회의 대응이라는 맥락에서 이해하는 것이다. 이 책은 크게 네 가지 내용을 담고 있다. 첫째, 국가 주도의 정보화 정책을 중심으로 정보화 경쟁의 전개 양상을 살펴보고 이 과정에서 나타나는 정보주의의 특징을 검토한다. 둘째, 정보주의의 형성이라는 관점에서 주류 정보화담론의 이데올로기에 대한 체계적 이해를 추구한다. 이 작업은 주류 정보사회론과 신경제론에 대한 분석으로 전개된다. 셋째, 자본주의의 구조조정이자 정보사회의 제도화 과정으로서 정보화 경쟁의 모순에 대한 이해를 추구한다. 이 작업은 지적재산권을 통해 드러나는 정보주의와 정보사유론의 문제를 중심으로 전개된다. 넷째, 자본이 주도하는 새로운 경제프로젝트로서 정보화 경쟁에 대한 시민사회의 대응으로서 정보공유운동에 대한 이해를 추구한다.

이 책의 출발점은 정보화 경쟁의 이데올로기에 대한 비판적 관심이다. 주지하다시피 이데올로기는 정의하기가 까다로운 개념으로 정평이 나있다.[21] 개념사적으로 보자면, 처음에 이데올로기는 형이상학과 심리학에 대립하여 '사고력에 대한 과학적 분석을 의미하는 것'으로 제기되었다. 그러나 이같은 원래의 적극적 의미는 나폴레옹에 의해 '아

(Lee, 1997)를, 후자의 경우는 이광석의 연구(1998)를 각각 참조. 국내 사례를 대상으로 정보기술과 시민사회의 관계를 분석한 연구로는 윤영민(1998)을, 정보화에 따른 새로운 사회운동의 형성에 관한 연구로는 백욱인(1999)을 참조.

21) 예를 들어 테리 이글턴은 현재 통용되고 있는 정의만도 16가지나 되는 것으로 파악하고 있다(Eagleton, 1991: 1-2). 또한 슈네델바하와 부동같은 학자들은 이데올로기 개념이 그 연구자의 수만큼이나 다양하다고 지적하기도 한다(유팔무, 1991: 15).

무런 객관적 근거도 없으면서 기존 질서를 위협하는 비현실적이고 파당적인 교조에 지나지 않는 것'이라는 부정적 의미로 바뀌었다(Reboul, 1980: 15-16). 이로부터 현대의 이데올로기 개념의 저변에는 부정적 인식이 놓이게 되었다. 곧 이데올로기 개념은 어떤 담론의 진리성 및 진실성에 대한 의문을 함축하게 된 것이다. 물론 이 의문은 단순히 한 담론의 논리적 정합성에 대한 것을 넘어서, 그 담론이 제기되는 사회적 이해관계 및 정신사적 맥락과 연관되는 것으로 파악된다(Manheim, 1929).

인식론적으로 이러한 연관은 현실의 투명한 인식이 불가능하다는 사실에서 비롯되는 것이라고 할 수 있다. 현실은 인식 주체의 외부에 독립적으로 존재하는 것이지만, 주체의 인식 과정과 결과로서 인지적으로 구성되는 것이기도 하다. 즉 현실은 인식 주체에게 직접적으로 주어지지 않으며 주체의 인식과정을 통해 인지적으로 구성된다. 물론 이러한 인지적 구성은 단순히 개인적 차원에서 발생하는 것이 아니라 사회적 의미공간을 배경으로 전개된다. 예컨대 인식 주체로서 개인은 생물학적으로 인식능력을 갖추고 있지만, 그것은 사회적 산물인 언어를 매개로 사회 속에서 발현한다(Maturana & Varela, 1984). 또한 사회적으로 구성된 인지적 현실로서 사회적 의미공간은 우리의 인식을 일정한 방향으로 이끄는 인지적 틀로서 기능한다. 여기에서 인지적 현실에 대한 분석은 결국 '현실의 사회적 구성에 대한 분석'(Boyle, 1996: x)이 된다. 요컨대 이데올로기는 인식 주체가 현실을 어떻게 인식하고 있는가, 혹은 현실이 사회적으로 어떻게 구성되는가에 관한 질문을 바탕에 깔고 있다.

이데올로기의 문제가 언제나 제기될 수 있는 근본적인 이유는 이처럼 인지적 현실을 매개로 해서만 비로소 우리의 인식으로부터 독립된 물질적 현실을 인식할 수 있기 때문이라고 하겠다. 좀더 구체적으로 말하자면 이데올로기의 문제는 인지적 현실과 물질적 현실이 맺게 되는 특정한 관계에 대한 인식 속에서 제기된다. 인지적 현실의 한 성분으로서 이데올로기는 담론의 형태를 취하게 되는데, 바로 그 형태의 면에서 이데올로기는 과학일 수도 있고 환상일 수도 있다. 요컨대 이데올로기는 특정한 담론을 지칭하지 않는다. 그러므로 이데올로기는 담론의 특정한 형태가 아니라 그것의 특정한 사회적 효과에 주목하여 담론을 다루는 방식이라고 할 수 있다. 과학의 이데올로기에 관한 논의들이 그 좋은 예라고 할 수 있다. 이에 대해 알뛰세는 다음과 같이 주장한다.

> "…이데올로기 바깥에서…일어나고 있는 듯 보이는 것은 사실 이데올로기 안에서 일어나고 있는 것이다. 그러므로 실제적으로 이데올로기 안에서 일어나고 있는 것은 그 바깥에서 일어나고 있는 듯이 보인다. 이데올로기 내에 있는 사람들이 정의에 의해 스스로 이데올로기 바깥에 있다고 믿고 있는 이유는 바로 그 때문이다"(Althusser, 1971: 179).

다시 말해서 모든 이데올로기는 그 안에 있는 주체들로 하여금 그것을 '허튼 생각'으로 여기지 못하게 한다. 그러므로 이데올로기에 대한 분석은 논리나 사실의 오류를 증명하는 수준을 넘어서야 한다. 그렇게 하기 위해서는 이데올로기로 정의된 어떤 담론이 물질적 현실에서 관철시키고자 하는, 혹은 관철시키고 있는 실제적 효과를 검토할 필요가 있다.

이러한 논의를 바탕으로 이 책에서는 이데올로기 비판을 세 가지 요소로 파악하고자 한다. 첫째, 이데올로기의 사회적 기능이다. 이 점에서 이데올로기는 물질적 현실의 구조적 불평등을 배경으로 지배 이데올로기와 대항이데올로기로 구분된다. 양자는 어떤 '진리주장'이라는 점에서는 형태상으로 동일하다. 그러나 전자가 물질적 현실의 지배적 상태를 보편적인 것으로 제시하는 반면에, 후자는 그 상태를 특수한 것으로 파악한다는 점에서 서로 대립하게 된다. 현재의 정보화 경쟁을 예로 들자면, 정보주의와 정보공유론이 이러한 관계를 형성한다고 할 수 있다. 다른 한편, 지배이데올로기가 곧 지배계급의 이데올로기를 뜻하지는 않는다는 점에 주의할 필요가 있을 것이다. 지배이데올로기가 지배계급의 이익에 복무하는 것이 사실이라고 할지라도, 그것은 그같은 관계를 적절히 은폐함으로써만 그렇게 할 수 있다. 실상 이것이야말로 이데올로기의 실제적 효과에서 가장 핵심적이며 일반적인 것이라고 할 수 있을 것이다. 그러므로 여기서 이데올로기의 '진리주장'에 대한 문제가 부각된다. 즉 어떤 이데올로기의 논리나 사실에 대한 검토는 그 실제적 효과에 대한 검토의 요구 앞에서 무시되어 사라지는 것이 아니라 이데올로기의 사회적 기능을 비판적으로 검토하기 위한 전제가 되는 것이라고 할 수 있다.[22]

　둘째, 이데올로기의 이론적 내용이다. 이것은 어떤 이데올로기가 설득력을 가지기 위해 취하는 비이데올로기적인 형태와 밀접하게 연관된다. 요컨대 이데올로기는 무엇보다 특수이익이 아니라 보편이익을 추구하는 것으로 제시된다. 이를 위해 가장 흔하게 취하는 이데올로기의 담론형태는 과학 혹은 이론이다. 이데올로기 비판은 이러한 중립적 형태의 이면에서 특수이익이 관철되고 있으며, 이러한 특수이익을 보편화하기 위한 사회적 의미투쟁이 전개된다고 본다. 정보화

---

22) 이와 관련하여 알뛰세는 다음과 같이 쓰고 있다. "지배계급의 이데올로기가 지배이데올로기로 되는 것은 신의 은총 때문이 아니다. 국가권력만을 거머쥐었다고 해서 되는 것도 아니다. 지배계급의 이데올로기가 지배이데올로기로 되는 것은 이데올로기적 국가기구의 설치를 통해서이다. …한 사회구성체 내에 존재하는 이데올로기들을 설명할 수 있는 건 계급, 즉 계급투쟁의 관점일 뿐이다"(Althusser, 1970: 189). 이것은 그가 '맑스를 위하여'에서 제시했던 '최종심급론'의 반복이지만, 그가 말했듯이 '최종심급이라는 고독한 시간은 결코 오지 않는다'(Althusser, 1965: 130). 그러므로 이런 당파적 관점을 견지하는 것보다 더 중요한 것은 아마도 현실의 변화를 '객관적으로' 분석하기 위한 지속적인 노력일 것이다.

경쟁의 경우를 예로 들자면, 정보화는 정보기술이나 관련 제도의 변화일 뿐만 아니라, ‘정보화가 무엇인가를 둘러싼 사회적 의미의 변화’이기도 하다. 23) 정보사회론은 이러한 사회적 의미의 변화를 일정한 방향으로 유도하는 이론적 담론이라고 할 수 있다. 따라서 이에 대한 평가는 정보주의의 분석에서 주요한 부분을 차지한다. 물론 이데올로기 비판은 어떤 현상 혹은 담론을 그 자체로 평가하는 것이 아니라, 그것이 제기되는 사회구조적 배경과 연관지어 평가하는 것이라고 할 수 있다. 이 점에서 정보사회론에 대한 평가는 특히 정보화와 자본주의의 관계를 염두에 두고 이루어져야 할 것으로 생각한다.

셋째, 이데올로기의 사회적 실현방식이다. 이것은 이데올로기의 사회적 기능과 밀접한 연관을 맺고 있는데, 궁극적으로 이데올로기가 실현하고자 하는 사회상에 대한 관심이라고 할 수 있다. 좀더 구체적으로 이것은 어떤 사회적 현상이나 변화의 제도화와 관련하여 이데올로기의 영향을 검토하는 것을 의미한다. 제도화는 개별 행위자들의 무정형적 행위를 정형화하고, 그 결과 사회의 구조적 안정화를 도모하는 것이라고 할 수 있다. 이러한 제도화에 관한 논의는 대체로 실제적인 법 혹은 정책을 둘러싼 기술적 논의들에 의해 주도된다. 그러나 그 자체로 중립적인 것으로 제시되는 이러한 기술적 논의들은 더 큰 사회적 맥락에서 검토될 필요가 있다. 예컨대 정보재의 생산을 촉진하기 위해 지적재산권을 강화할 필요가 있다는 기술적 논의는 자본주의 시장경제의 타당성과 적합성을 전제하고 제시되는 주장이라고 할 수 있다. 이같은 관점에서 보자면, 어떤 사회적 현상이나 변화의 제도화는 결국 그와 관련된 이데올로기를 제도로써 구체화하고 공고화하

---

23) 이같은 점에 주목하여 한 연구자는 “바로 지금, 기술과 경제분야에서 전개되는 가시적인 정보혁명 이면에서, 중대하지만 연구되지 않은 수사적 및 해석적 구조가 형성되고 있다”(Boyle, 1996: ix)고 주장한다. 이데올로기에 관한 문제의식은 바로 이러한 수사적 및 해석적 구조에 대한 해명과 깊게 연관되어 있다.

는 것이라고 할 수 있다. 즉 이데올로기는 궁극적으로 제도를 통해 사회적 실체를 획득하게 된다는 것이다.

이 책은 정보화 경쟁이 지배적인 면과 대항적인 면으로 구분될 수 있으며, 현실 정보사회는 양자의 대립 속에서 동요하고 있다는 가정에서 시작한다. 우선 정보화 경쟁은 구조, 제도, 이데올로기의 연관관계 속에서 파악될 수 있다. 이 세 가지 요소의 지배적인 면은 각각 '자본주의의 확장', '정보사회의 제도화', '정보주의의 강화'로 파악된다. 여기서 구조는 제도의 규정자로, 그리고 제도는 구조의 응축점으로 파악된다. 즉 제도의 변화는 구조의 요구를 실현하는 방식으로 전개되며, 구조의 요구는 제도의 변화를 통해 구체화하는 것으로 이해되어야 한다.

현재의 정보화 경쟁에서 가장 중요한 구조의 요구는 이른바 정보재의 생산과 분배를 활성화하고 안정화하는 것이며, 이같은 요구는 1990년대에 들어와 지구적인 지적재산권체제의 재형성을 중심으로 추진되고 있다. 한편 기술적 논의들을 제외한다면, 현재의 정보화에 관한 논의들은 대체로 구조와 제도의 차원에 초점을 맞추고 있다. 그러나 구조와 제도의 변화는 그것을 합리화하는 이데올로기를 필요로 한다. 여기서 일종의 순환관계를 보게 되는데, 이데올로기는 구조와 제도의 변화를 선도하는 논거이자 그것이 목표로 하는 변화를 통해 더욱 강화되는 것이기 때문이다.

따라서 이데올로기는 구조와 제도의 변화가 실제로 어떻게 나타나고 있는가와 연관하여 설명되어야 할 것이다. 여기서 무엇보다 중요한 것은, 현재의 정보화 경쟁에서 구조와 제도의 변화가 신자유주의를 강화하고 있는 점이다. 지구화로 불리는 경제개방의 확대, 시장기능의 일방적 강화, 이른바 린생산방식의 확산 등은 신자유주의의 주요한 양상들이다. 주지하다시피 이같은 신자유주의의 관철은 지구 곳

곳에서 많은 문제점들을 야기하고 있다. 금융자본의 횡행에 따른 각국의 경제불안, 노동자계급의 지속적인 지위약화, 부익부 빈익빈의 심화, 지구적인 생태위기의 악화 등은 그 대표적인 예들로서 이미 오래 전부터 다양한 토론들이 많은 곳에서 진행되어 왔다.[24] 이러한 신자유주의 문제는 대개 노동과 자본의 관계를 중심으로 다루어지지만, 이와 함께 생산력의 발전이 어떻게 이루어지며 어떻게 이용되는가의 문제에 대해서도 충분히 유념해야 한다. 특히 정보기술(Information Technology, IT)로 통칭되는 새로운 생산력을 누가 어떻게 이용할 것인가, 다시 말해서 정보화의 사회적 방향과 목표를 중요한 문제로 다루어야 한다. 이런 점에서 정보주의는 결국 신자유주의적 정보화를 문명론적으로, 그리고 경제적으로 합리화하는 역할을 한다.

이러한 판단에 바탕을 두고 이 책에서는 정보주의를 정보화 경쟁의 지배이데올로기로 파악한다. 정보주의의 내용은 다양한 이론을 통해 검토될 수 있다. 대체로 이 이론들은 근대 과학의 핵심인 실증주의적 '진리주장'에 기반하여 정보주의를 탈이데올로기화하는 것으로 보인다. 따라서 정보주의의 내용에 대한 분석은 이러한 이론들을 대상으로 전개되며, 좀더 구체적으로 그것은 '정보사회론'과 '신경제론'으로 구분될 수 있다. 정보주의가 안고 있는 이데올로기적 문제는 정보사회의 제도화와 관련하여 더욱 분명하게 드러나는데, 이 점은 새로운 지적 재산권체제의 형성과 정보사유론의 강화를 통해 검토하고자 한다.

한편 국가와 자본이 주도하는 정보화 경쟁에 대항하는 대안적 정보화의 움직임이 존재한다. 이 책에서는 정보공유운동을 중심으로 이

---

24) 1997년 말에 폭발한 국내의 외환위기와 뒤이은 IMF의 경제관리를 계기로 신자유주의에 대한 논의가 국내에서도 본격적으로 전개되었다. 이와 관련하여 국내에서 최근에 간행된 주요 저서들로는 민주와 진보를 위한 지식인연대 편(1998), 서울국제민중회의 조직위원회 편(1998), 전태일을 따르는 민주노조운동연구소 편역(1998), Moody(1997), Bonefeld and Holloway eds. (1996) 등이 있다.

움직임에 대해 살펴보고자 한다. 25) 이것은 정보화의 사회적 중요성에 대해서는 정보주의와 사실상 공감대를 형성하고 있지만, 그 방향과 목표에 대해서는 크게 대립되는 이데올로기에 기반을 두고 있다. 이 논문에서는 이 이데올로기를 정보공유론으로 일반화하여 부르고자 한다. 실제 분석은 정보주의와 정보사유론의 연관을 살펴보고, 이어서 정보공유론의 특성과 사회적 역할을 검토하는 것으로 진행된다. 그 결과로 현실 정보사회의 체계적 모순과 이데올로기 지형을 제시하게 될 것이다.

---

25) 이와 관련된 필자의 다른 연구들로는 홍성태(2001ㄱ ; 2001ㄴ ; 2002)를 참조.

<h1 style="text-align:center">2장
정보화 경쟁과 정보주의</h1>

1. 머리말

오늘날 정보화는 정보기술(Information Technology, IT)의 발달과 그 사회적 이용의 확대에 따른 사회변화를 가리키는 용어로 확립되었다.[1] 그러나 그렇다고 해서 그 의미가 완전하게 통일되어 있는 것은 아니다. 더욱이 직관적으로 보았을 때 정보화란 용어는 마치 '물질의 정보화'를 의미하는 것으로 여겨질 수도 있다. 이런 혼동은 초보적인 것이기는 하지만 대중문화와 관련하여 상당히 강한 호소력을 발휘하고 있는 것이기도 하다.[2] 그러므로 정보화를 정의할 때에는 이처럼 대중문화를 통해 널리 유포된 존재론적 혼동에 대해서도 주의할 필요

---

1) 원래 이 용어는 1960년대 말 일본에서 정보소비수준을 측정하기 위해 처음으로 사용되었다(한상진, 1995: 56).

2) 가장 대중적인 예로는 〈스타트랙〉의 '순간이동장치'를 들 수 있다. 이것은 스타트랙의 승무원들이 빛처럼 이동하게 하는 장치로서, 문화적으로는 매력적인 발상임에 틀림없자만 실제로는 결코 있을 수 없는 장치이다. 이에 대해서는 Krauss (1995)를 참조. 영화 〈더 플라이〉에서는 이러한 장치가 좀더 기괴한 형태로 제시되었다. 가장 최근의 예로는 영화 〈론머맨〉에서 주인공 론머맨이 가상현실장치를 통해 완전히 '정보화'하는 것, 곧 디지털 정보로 변해버리는 것을 들 수 있다.

가 있을 것이다. 이런 혼동을 의식적으로 배제하면서 이루어진 정보화에 관한 가장 일반적인 정의로는, '정보를 물질, 에너지 등에 대응하여 제3의 요소로 인식하여 그 생성, 가공, 전달, 축적, 이용을 의식적으로 행하게 되는 활동의 총칭'(방석현, 1985: 33)으로 파악하는 견해를 들 수 있다. 그러나 이 정의는 사이버네틱스의 정보 개념에 그 뿌리를 둔 것으로서, 분명히 올바른 것이기는 하지만 인간의 인지활동 일반을 정보화로 파악한다는 점에서 지나치게 추상적이라고 할 수 있다.

정보화는 보통 극소전자기술에 바탕을 둔 정보처리기술 및 정보소통기술의 발달과 그 사회적 이용에 따라서 나타난 복합적인 사회변화를 뜻한다. 즉 정보기술의 발달과 그에 따른 사회변화가 현재의 정보화 개념에서 핵심을 차지한다. 이같은 사회적 변화의 차원에서 흔히 강조되는 것은 효율성의 증진이다. 예컨대 '정보를 생산, 유통 또는 활용하여 사회 각 분야의 활동을 가능하게 하거나 효율화를 도모하는 것'으로 정보화를 정의한 〈정보화촉진기본법〉의 경우가 그렇다. 정책적 관점에서는 이것과 비슷하면서도 좀더 의식적인 활용을 강조한다. 이러한 관점에서 정보화를 정의하고자 하는 시도에서는 '정보화는 정보기술을 활용하여 바람직하지 못한 사회상태를 보다 바람직한 사회상태로 변화시키고 개혁시키는 과정'(최성모, 1998: 25)을 의미한다. 요컨대 정보화는 정보의 처리 및 소통과 관련된 인간의 의식적 활동, 그런 활동의 결과로 사회적 효율성이 증진되는 과정, 그리고 그러한 변화과정을 한층 목적의식적으로 전개하여 사회를 개혁하는 과정 등의 다양한 방식으로 정의되고 있다.

그러나 이러한 정의들은 정보화가 전개되는 구체적인 맥락과 방식을 추상하고 이루어진 정의라는 점에서 모두 일반론적이라고 할 수 있다. 정보화의 실제적인 전개과정에 초점을 맞추었을 때, 현실에서 그것은 무엇보다 산업구조의 변화와 연관된 '경제프로젝트'[3] 로 나타나고 있다는 점에 주의할 필요가 있다. 이같은 사회적 맥락을 사상한 정보화 개념은 단순히 추상적이라는 차원을 넘어서 정보화로 통칭되는 사회변화를 결국 기술결정론[4] 적으로 파악할 가능성이 높다. 정보화는 분명히 정보 및 정보기술과 관련된 사회변화를 가리키는 것이지만, 그것은 현실의 구체적인 사회관계 속에서 전개되는 것이기도 하다. 이 경우 무엇보다 먼저 염두에 두어야 할 것은 자본주의의 지배라는 현실이다. 정보화가 우선 '경제프로젝트'로 추진되는 까닭은 이같은 현실을 배경으로 한다.

이 책에서는 이처럼 정보화가 자본주의의 지배라는 현실 속에서 정부와 자본 주도의 '경제프로젝트'로 전개된다는 사실을 강조하기 위해 '정보화 경쟁'이라는 용어를 사용하고자 한다.[5] 즉 정보화는 기술발달에 따라 자동적으로 전개되는 사회변화를 의미하는 것이 아니라, 사회변화의 내용을 둘러싸고 다양한 사회세력들이 치열한 각축을 벌이는 과정을 의미하는 것이다. 이같은 각축의 과정이 정보화의 사회적 동학을 구성하게 된다. 따라서 정보화의 일반론적 의미가 아니라 그 구체적인 전개과정에 초점을 맞추었을 때, 정보화는 그와 관련된 각 사회세력이 다양한 방식으로 각축을 벌이는 '정보화 경쟁'으로 파악되

---

3) 경제적 이해관계는 정치적 역학관계와 밀접히 연관되어 있다. 따라서 '경제프로젝트'는 동시에 '정치프로젝트'이기도 하다.
4) 기술결정론의 문제는 정보화 혹은 정보사회와 관련하여 제기되는 핵심적인 논점이다. 이것은 사회변화에 대한 기술의 자율성, 필연성, 보편성을 가정함으로써 기술의 사회적 성격을 오도할 위험을 강하게 안고 있다는 점에서 문제가 된다. 이에 대한 비판으로는 사회문화결정론과 사회적 구성주의가 있다. 특히 후자는 기술의 중요성을 부정하지 않으면서도 그 개발과 이용의 사회성을 부각시킨다는 점에서 종래의 논의를 한 단계 진전시킨 것으로 평가된다(윤영민, 1997).
5) 물론 이것은 정보사유론에 입각한 흐름을 대상으로 한 평가이다. 이 흐름이 현재의 정보화에서 지배적 위치를 차지하고 있는 것은 사실이지만, 이것만으로 현재의 정보화를 포괄할 수는 없다. 왜냐하면 정보공유론에 입각한 대항적 정보화의 흐름이 있기 때문이다.

는 것이다. 1990년대부터 본격적으로 전개되기 시작한 정보화 경쟁에서 가장 두드러지는 양상은 이른바 정보고속도로의 건설을 둘러싸고 각국이 벌이고 있는 경쟁이다. 이 경쟁은 각국의 산업구조조정으로 이어졌으며, 그 과정에서 자본간 경쟁이 국내외적으로 계속해서 격화되었다.

한편 1990년대 이후의 정보화 경쟁은 다음과 같은 특징을 보인다. 첫째, 그 배경에는 냉전체제의 급격한 해체를 계기로 한층 강화된 국가간 경제경쟁이 자리잡고 있다. 흔히 '무한경쟁 시대의 도래'라고 불리는 국제경제질서의 변화가 1990년대 이후의 정보화 경쟁을 촉발한 가장 직접적인 요인으로 제시된다. 이 점에서 현재의 정보화는 무엇보다 정부와 자본 주도의 '경제프로젝트'로서 추구되며 합리화되고 있다. 둘째, 정보화의 핵심은 하루가 다르게 변화하고 있으며 갈수록 그 연관효과도 커지고 있는 정보통신기술의 개발과 이용에 있는 것으로 여겨진다. 이러한 기술적 연관의 강화는 자본주의세계체계의 경제적 연관에서 비롯되는 것이면서 그것을 더욱 강화하는 기능을 한다. 셋째, 1990년대 이후의 정보화 경쟁은 1990년대에 들어와 놀라운 호황을 구가했던 미국 경제를 그 생생한 실례로 삼고 있다. 그 결과 정보화는 단순히 정보통신기술을 이용하여 경제성장을 꾀하는 데 그치는 것이 아니라, 경제구조와 그 운영방식을 미국식으로 변화시키는 의미를 지니게 되었다. 이 점에서 정보화는 일종의 '미국화 프로젝트'로 추진된다.[6]

이같은 정보화 경쟁이 전개되는 현실의 인지적 차원에 주목했을

---

[6] 여기서 중요한 것은 이러한 목표설정이 사회 전체적으로는 유럽식 복지국가 모델의 쇠퇴와 미국식 신자유주의 모델의 부상을 의미한다는 점이다. 이와 관련하여 1980년대와 1990년대는 크게 대비된다. 1980년대가 일본의 부상과 미국의 쇠퇴의 시기로서 일본식 모델이 세계적인 주목을 받았다면, 1990년대에는 이러한 상황이 극적으로 역전되는 양상을 보이는 것이다.

때, 우리는 정보 자체의 사회적 의의와 역할에 바탕한 새로운 지배이데올로기로서 '정보주의'가 작동하고 있는 것을 볼 수 있다. 이것이 지배이데올로기인 까닭은, 실로 우리가 일상적으로 접하면서 사실상 무의식적으로 승인하는 이데올로기로서, 현실의 지배체제인 자본주의의 정보적 재구조화를 촉진하는 데 이바지하고 있기 때문이다. 그렇다면 정보화 경쟁과 정보주의는 어떤 관계를 맺고 있는가?

2. 정보화 경쟁의 전개

1990년대를 지나면서 정보화 경쟁은 말 그대로 지구적인 차원으로 확장되었다. 이 경쟁은 흔히 생존경쟁에 비견되고 있을 정도로 치열하다. 더 나아가 이 경쟁은 경제주의의 강화 속에서 '전쟁'으로 여겨지기도 한다. 전쟁은 전사를 필요로 한다. 그리고 전쟁의 담론 속에서 주체는 전사로 호명된다. 정보화 경쟁의 담론은 이제 종래의 '산업전사'를 대신하여 '정보전사' 혹은 '지식전사'가 역사의 전면에 떠오르고 있다고 선언한다. 더욱이 이 새로운 전사는 어느 특정 산업부문에만 해당하는 것이 아니라 모든 사회 성원에게 해당하는 것이다. 즉 정보화 경쟁의 회오리 속에서 모든 사람은 정보전사 혹은 지식전사가 되어야 한다.[7] 이처럼 새로운 전사를 요구하는 지구적 정보화 경쟁은 어떻게 전개되고 있는가? 이 문제는 자본주의세계체계의 불균등성을 고려하여 선진국의 경우와 비선진국의 경우로 나누어 검토될 필요가 있다. 여기서는 미국과 한국의 예를 통해 이에 대해 살펴보고자 한다.

---

7) 이것은 정보화가 종래의 자동화와 구별되는 핵심적인 차이점이라고 할 수 있다. 자동화가 기계를 지능화하고 그것을 다루는 새로운 전문가들을 필요로 하는 것이었다면, 정보화는 이른바 '지능기계'의 사용이 보편화하면서 모든 사람들이 그 기계를 사용할 수 있도록 변화할 것을 요구한다.

1) 미국과 정보화 경쟁

  1990년대 이후의 정보화 경쟁에서 가장 두드러진 특징은 그것이 지구적인 차원의 국가적 경쟁으로 나타나고 있다는 점이다. 본질적으로 그것의 핵심은 자본간의 경쟁이지만, 현상적으로 그것은 각국 정부의 정보화 정책을 통해 가장 명확하게 나타나고 있다. 이같은 정보화 경쟁은 미국에서 시작되었을 뿐만 아니라 미국을 중심으로 지구적으로 확산되었다.

  현재의 지구적 정보화 경쟁은 1980년대 미국 경제의 구조조정에서 비롯되었다. 당시 미국의 레이건 행정부는 기존 산업부문의 급속한 경쟁력 약화에 따른 막대한 무역적자 및 재정적자로 심각한 경제적 곤경에 처하게 되었다. 이같은 곤경을 극복하고 다시금 자본주의세계체계의 지배국으로 부상하기 위해 무엇보다 생산성 향상이 최우선의 과제로 제기되었다. 그리고 그를 위한 가장 유력한 수단으로 채택된 것이 바로 정보기술의 광범위한 응용이었다. 정보기술의 응용을 통한 산업생산성 향상은 크게 두 가지 방향으로 진행되었다. 하나는 산업자동화이고, 다른 하나는 사무자동화이다.[8] 물론 이같은 변화는 이미 오래 전부터 진행되어 온 현상이었다. 예컨대 일찍이 노버트 위너는 자동화가 제2의 산업혁명을 가져올 것이라고 예견하며, 그 사회경제적 영향에 대해 우려섞인 전망을 하기도 했다(Wiener, 1954: 186-201). 그리고 1980년대에 들어와서 피오르와 세이블은 위너의 예견에 대해 '제2차 산업분기'로 화답하였다. 대량생산방식의 위기와 전환을

---

8) 주지하다시피 전자가 생산방식의 변화를 둘러싸고 '포스트 포드주의' 논쟁을 야기했다면, 후자는 세계적인 '비지니스 리엔지니어링'의 열풍을 몰고 오는 계기가 되었다. 이같은 변화는 단순히 직접적인 생산방식의 변화를 의미하는 것이 아니라, 자본과 노동의 관계에 초래된 심대한 변화를 의미하는 것이었다. 신기술과 자본-임노동 관계의 변화에 대해서는 박준식 · 이영희 편저(1991), 강석재 · 이호창 편역(1993), 박준식 · 이병남(1995), 윤진호(1992)를 참조.

중심에 둔 이 시대사적 진단을 통해 그들은 발달한 극소전자기술을 이용한 생산의 유연전문화로 새로운 경제성장의 시대가 개막될 가능성을 역설하였다(Piore and Sabel, 1984).

그러나 주로 기존의 생산방식 및 자본-임노동관계에서 초래된 이러한 변화들의 이면에서 훨씬 더 포괄적이고 장기적인 변화가 진행되고 있었다. 그것은 작업장과 사무실뿐만 아니라 일상공간까지 아우르는 사회 전반의 기술환경9) 을 변화시키는 것이었다. 다니엘 벨은 이러한 기술환경의 변화를 무엇보다 하부구조(Infrastructure)의 변화로 설명하였다. 그에 따르면 최초의 하부구조는 수송부문이었으며, 제2의 하부구조는 에너지설비였고, 그리고 제3의 하부구조는 통신수단으로서, 바로 이 부문의 변화에서 앞으로 중대한 사회적 변화가 초래될 것으로 예측하였다(Bell, 1981). 그의 예측은 1980년대 중반부터 현실화하기 시작하였다. 1986년에 앨 고어가 소속되어 있던 미 상원 과학위원회는 '수퍼컴퓨터 네트워크 조사법'을 발의해 입법화시키고, 1987년에는 과학기술정책실이 '고성능 컴퓨터 연구개발전략'이라는 보고서를 발표했으며, 1989년에는 앨 고어가 '국가 고성능 컴퓨터기술법'을 미 의회 통상위원회에 제출했다. 고어가 제출한 법안은 당시에는 통과되지 않았으나 그는 1991년에 '고성능 컴퓨팅법'을 다시 상원에 제출했으며, 이 법은 같은 해 12월에 '고성능 컴퓨팅과 통신법'으로 바뀌어 입법화되었다. 이어서 민주당 정권이 들어선 직후인 1992년 12월에 '전미연구교육망(NREN) 프로그램'이 의회에 제출되었으며, 1993년 2월에는 '전미정보하부구조'라는 이름의 정보고속도로 구상의 기본골격이 정식으로

---

9) 가장 일반적인 의미에서 환경이란 인간 주체와 그를 둘러싼 모든 것을 의미한다. 인간은 이러한 환경을 변화시키는 동시에 그것에 적응함으로써 살아간다. 한편 환경은 자연환경과 사회환경으로 크게 구분될 수 있는데, 이 논문에서는 사회환경 중에서 특히 제도환경과 기술환경에 주목한다. 기술적인 면에 초점을 맞출 경우 정보화는 바로 기술환경에 초래된 전면적인 변화로 파악된다.

발표되고, 같은 해 9월에는 '전미정보하부구조 구축을 위한 행동계획'
이 공표되었다(박태견, 1995: 43-61; 김정탁, 1997: 3장; IITF, 1994).

　이러한 일련의 과정을 거치면서 가장 중요하게 부각된 것은 인터넷
이었다. 원래 군사적 목적으로 개발된 인터넷은 처음 개발 이후 20여
년의 시간이 지나면서 그 누구도 예측하지 못했던 결과를 낳았다. 그
것은 군사적 목적으로 출발한 여러 가지 정보기술 관련 프로젝트들 중
에서 결과적으로 가장 성공한 사례가 되었다.[10] 정보고속도로의 구축
은 사실 인터넷의 확장과 상업적 이용을 전면화하는 것이었다. 1991년
에 인터넷의 기간망 관리를 책임지고 있던 미국의 국립과학재단(NSF)
은 당시까지 연구망으로 이용되고 있던 인터넷의 상업적 이용을 전면
적으로 허용하였는데, 그 결과 인터넷의 이용자 수가 빠른 속도로 늘
어나게 되었으며, 이것이 자연스럽게 정보고속도로 구상의 실제적 기
반으로 연결되었던 것이다.[11] 그러나 이렇게 인터넷의 상업화가 빠른
속도로 진척되면서 인터넷이 연구망으로서 제구실을 하지 못하게 되
는 결과가 빚어졌다. 이것은 정보고속도로 구상의 핵심목표 중의 하
나인 '지식자본'의 축적에 영향을 미치는 것이므로 이에 대한 대응책으
로서 '차세대 인터넷 구상'(The White House, 1996)과 '제2 인터넷 프

---

10) 군사적 목적을 가지고 1980년대에 추진되었던 정보기술 관련 주요 프로젝트들
로는 초고속집적회로개발계획(VHSIC), 반도체제조기술개발계획(SEMATECH),
전략컴퓨터주도권계획(SCI), 통합컴퓨터지원제조기술개발(ICAM), 제조자동화기
술개발계획(MANTECH) 등이 있으나, 군의 주도로 극소전자기술을 발전시킨다는
목적을 가지고 추진된 이 계획들의 결과는 그다지 성공적이지 못했던 것으로 평가
되었다(김진균·홍성태, 1996: 113).
11) 물론 인터넷의 변화가 자연스러운 진화과정이었던 것만은 아니었다. 여기서
중요한 것은 인터넷이 단순한 통신망이 아니라 일종의 공동체로 여겨지고 있다는
점이다. 인터넷을 새로운 공동체로 여기는 사람들에게 무엇보다 중요한 것은 '정
보의 자유와 공유'이다. 이 점에서 인터넷의 상업화는 그것을 공동체로 일궈왔던
많은 사람들에게 심각한 위협으로 여겨졌다. 이에 대한 문화적 비판으로는 Besser
(1995)를 참조. 또한 인터넷과 전미정보하부구조(NII)의 관계에 대한 미 정부측
의 포괄적인 보고서로는 NRENAISSANCE Committee(1994)를 참조.

로젝트'(Internet2, 1996)가 잇따라 발표되었다.

산업생산성 향상과 경제성장에 큰 영향을 미치는 정보기술[12]의 이용은 이처럼 1990년대 중반을 지나면서 무엇보다 인터넷을 중심으로 전개되어 왔다.[13] 그리고 이같은 변화를 통해 미국이 거둔 1990년대의 경제적 성공은 다른 나라들에게 변화를 촉구하는 강력한 촉진제로서 구실하고 있다. 이런 상황을 더욱 격화시킨 것은 1994년 3월에 개최된 국제전기통신연합(ITU)의 제1회 개발회의에서 앨 고어 미 부통령이 발표한 '지구정보하부구조(GII) 구상'이었다. 이것은 사실상 미국의 우위를 지구적으로 관철시키고자 하는 의도를 드러낸 것으로서 다른 나라들의 경계심을 부추기는 결과를 빚었다.[14]

미국의 지구정보하부구조 구상이 발표된 직후 선진국들을 중심으로 지구적 정보화 경쟁은 본격적으로 전개되기 시작하였다. 먼저 같은 해 5월에 일본이 〈21세기의 지적 사회로의 개혁을 향하여—정보통신기반 정비 프로그램〉이라는 보고서를 발표했다. 이어서 6월에는 EU가 〈유럽과 지구정보사회: 유럽위원회의 권고〉라는 보고서를 발표하였다. 이처럼 선진국들이 정보고속도로 구축계획을 정비해 가면서 지

---

12) 많은 논자들이 정보기술은 생산성을 향상시킨다는 주장을 당연한 전제로 받아들인다. 그러나 정보기술을 이용해도 생산성이 향상되지 않는 사례들이 다수 발견되었다. 이것을 정보기술의 '생산성 역설'이라고 부른다. 그러나 이러한 역설은 정보화가 진척되면서 결국 해소될 것으로 전망된다. 이와 관련해서는 개별 기업 차원의 '생산성 역설'과 전체 사회 차원의 '생산성 향상'을 구분할 필요가 있을 것이다.

13) 이처럼 인터넷이 중요하게 부각된 까닭은 그것을 이용하여 성장잠재력이 막대한 신산업이 형성되고 있기 때문만이 아니라, 인터넷이 새로운 플랫폼으로서 다양한 정보통신기술의 이용에 큰 영향을 미치고 있기 때문이기도 하다. 또한 개인통신과 위성통신도 인터넷과 연결되는 추세에 있다. 이에 대해서는 각각 Tachikawa et al. (1995)와 이동규·김태은(1995)를 참조. 또한 정보통신 분야의 향후 핵심기술과 산업에 대한 포괄적인 전망으로는 한국전자통신연구원(1997)을 참조.

14) 이러한 미국의 입장은 '정보패권주의'로 비판받기도 한다(박태견, 1995: 25-26). 허버트 쉴러는 이 구상이 초국적자본과 미국을 위한 정보화전략으로서 지구적 위기상황을 더욱 악화시킬 것이라고 비판했다(Schiller, 1995).

구정보하부구조를 구축하기 위한 계획도 빠르게 구체화하기 시작하였다. 1995년 5월에는 G7회의에서 지구정보하부구조 구축을 위한 세계적인 협력사업으로서 'G7 정보사회 시범사업'의 추진을 결정하였다. 15) 이같은 변화가 기술적으로는 결국 인터넷을 중심으로 정보하부구조를 정비하는 것이었다면, 경제적으로는 결국 인터넷의 상업화를 확대하고 안정화하는 것이었다. 이러한 사실은 전자상거래16) 에 관한 국제적 논의를 통해 빠르게 가시화되었다. 1997년 6월에 미국은 이와 관련하여 〈지구적 전자상거래의 틀〉을 발표하였으며, 같은 해 7월에는 EU의 주최로 세계 33개국 대표가 참석한 가운데 독일의 본에서 개최된 '전자상거래 자유무역에 관한 각료회의'에서는 〈본 선언〉이 채택되었다. 17) 이런 논의의 연장선상에서 같은 해 11월에는 경제협력개발기구 (OECD) 주최로 핀란드에서 '전자상거래 구현을 위한 장벽의 제거'라는 주제의 민관공동회의가 열렸으며, 이 회의에서는 〈전자상거래 확산을 위한 10대 원칙〉이 채택되었다(매일경제, 1997/11/27).

　미국을 중심으로 전개되는 선진국의 정보화 경쟁에서, 선진 각국이 국내적으로 정보하부구조 구축계획을 실행해 가면서 지구정보하부구조의 구축이 주요한 현안으로 부상하게 되었으며, 이러한 물리적 하부구조가 어느 정도 정비되면서 이번에는 그것을 이용한 새로운 경제

---

15) 한국은 1996년 9월에 이 사업의 공식참여를 결정하였다.
16) 전자상거래란 기업간 또는 기업과 소비자 간의 상거래 활동을 통신네트워크를 통해 수행하는 것으로 정의된다. 이것은 종래부터 인터넷과 무관하게 추진되어 온 전자서류교환(EDI)를 통한 기업간 상거래, 제품의 설계·개발·생산에서 물류·폐기에 이르기까지 제품의 수명주기 전반에 관련된 자료를 복수의 기업이 공유 및 교환함으로써 비용 절감 및 리드타임 단축을 추구하는 광속상거래(CALS), 인터넷에 홈페이지, 가상상점, 가상상점가 등을 개설하여 일반소비자를 대상으로 마케팅과 판매활동을 수행하는 사이버사업(Cyber Business) 등의 세 가지로 구성된다. 일반적으로 전자상거래란 이 중에서 세 번째 것을 의미한다(노재범, 1996). 여기서 알 수 있듯이 전자상거래의 핵심은 인터넷의 상업화, 곧 인터넷의 상업적 이용에 있다.
17) 양자의 개략적 비교로는 정명주 외(1997)를 참조.

구조의 창출이 당면과제가 되었다.[18] 그리고 전자상거래의 형태로 추진되는 인터넷의 상업화에 기초한 새로운 경제구조는 '디지털경제'라는 이름으로 총괄되는 양상을 보이고 있다(US. DOC, 1998). 결국 인터넷의 상업화에 대한 우려[19]에도 불구하고 인터넷은 정보화 경쟁의 가장 중요한 기반으로 빠르게 변모한 것이다.

2) 한국과 정보화 경쟁

미국을 중심으로 시작된 선진국의 정보화 경쟁은 신흥공업국들과 개발도상국들이 잇따라 정보화 경쟁에 참여하면서 지구적 차원으로 빠르게 확산되었다. 예컨대 싱가폴은 1996년 1월에 〈하나의 싱가폴〉이란 계획을 발표하였다. 이것은 1996-2004년 사이에 실행될 계획으로서 싱가폴 전체를 개방형 광대역 네트워크로 연결한다는 구상이다. 한편 말레이시아는 1996년 9월에 〈멀티미디어 수퍼코리도〉라는 계획을 발표하였다. 이것은 쿠알라룸푸르 시내에서 쿠알라룸푸르 국제공항에 이르는 동서 15km, 남북 50km, 총면적 2억 2,700만평에 이르는 광대한 지역(여의도의 250배로서 싱가포르보다도 넓다)을 멀티미디어 산업의 플랫폼으로 개발하여 세계 유수업체들을 유치하려는 구상이다(NCB, 1997; MDC, 1996; 한국전파신문, 1998/2/9).

이처럼 신흥공업국과 개발도상국의 정보화 구상이 본격적으로 전개되기 시작하면서 그 가능성과 타당성에 대한 논의도 다양한 형태로 제

---

18) 선진 각국의 정보화 정책에 관해서는 @BRINT(1998)을, 지구정보하부구조의 정책에 관해서는 OECD(1997)을 참조.

19) 이같은 우려는 정보공유의 장으로서 '인터넷의 기본 성격과 조직적인 대규모 상업간에 존재하는 중요한 가치의 상충'으로 말미암아 인터넷의 기본 성격이 변질될 가능성과 상업망으로 사용되기에 인터넷은 너무나 개방적이고 무정부적이라는 것에서 비롯되며, 물론 여기서 더 중요한 것은 전자의 측면이다(Burstein & Kline, 1995: 150, 176-178).

기되고 있다. 여기서 우선 주목할 만한 것은 선진국이 주도하는 지구
정보하부구조 구축계획이 이전부터 존재해 온 세계체계상의 불평등구
조를 정보화의 영역으로 확장시킬 가능성에 대한 우려이다(정국환
외, 1996: 42). 비선진국의 정보화는 선진국에 비해 해결해야 할 과제
가 훨씬 더 다층적이고 복합적이다. 이같은 특성은 무엇보다 정보화
가 고도의 산업화를 전제로 한다는 점에서 비롯된다. 당장 적용해야
할 기술적 능력의 차원에서나, 그리고 특히 필요인력과 관련하여 두
드러지는 문화적 자원의 차원에서나, 정보화는 비약적 발전을 가능하
게 하는 전가의 보도가 아니라 고도의 기술경제적 발전에 기초하여 전
개되는 새로운 변화의 도정인 것이다. 이런 맥락에서 비선진국의 정
보화는 '강제된 정보화'의 성격을 갖는다고 할 수 있다. 이러한 강제성
은 자본주의세계체계의 속성에서 비롯된다. 이 체계에 엄존하는 지배
질서는 후진국이 일방적으로 선진국을 따를 것을 요구하기 때문이다.
즉 이 체계의 변화는 선진국이 일방적으로 선도한다. 기술경제패러다
임이 지적하듯이 경제성장에 대한 기술의 영향력이 갈수록 커가는 현
대의 경제구조에서 이러한 일방성은 더욱 더 강화되는 경향을 갖는다.
이러한 상황에서 지구정보하구구조 구축에 대한 비선진국의 참여는,
특히 산업화의 정도가 후진적인 국가일수록, 외형상으로는 변화에 대
한 능동적 적응으로 보일지라도 실제로는 선진국이 주도하는 변화에
대한 강제적 적응의 성격을 갖게 된다. 한국이 지구적 정보화 경쟁에
참여하는 맥락은 이러한 것이다. 다시 말해서 한국은 선진국이 아니
라 비선진국의 일원으로서 이 경쟁에 참여하고 있다.

　한국의 정보화는 일찍이 1980년대 초부터 시작되었다. 물론 당시의
정보화는 5공화국 정권이 취약한 정치적 정당성을 보완하려는 '국가동
원이데올로기'의 성격을 다분히 가지고 있었다(김환석, 1991). 그러나
기술적으로 보자면 지금의 인터넷으로 연결되는 중요한 변화가 이 시

기부터 시작되었다. 1982년 7월에 SDN이라는 이름의 전산망이 설치되었는데, 이것은 '한국 전산망의 시작이자 한국 인터넷의 시초'로 여겨진다. 그 까닭은 이 전산망을 연결한 프로토콜이 현재의 인터넷 프로토콜과 같은 것이었기 때문이다.[20] 그러나 국내의 네트워크가 인터넷 프로토콜을 이용해 실제로 인터넷에 직접 연결된 것은 1990년 3월부터였다. 이때부터 국내에서도 본격적인 인터넷 시대가 개막된 것으로 평가된다. 그 뒤 1994년에 몇몇 회사들이 미국과 직접 연결되는 전용선을 설치하여 상업 접속서비스를 시작하면서 인터넷의 이용은 대중적으로 빠르게 확산[21]되어 갔다(박현제, 1996).

　이러한 기술적 변화를 염두에 두고 국내의 정보화 정책의 전개[22]를

---

20) 인터넷의 기본 프로토콜은 TCP/IP인데, TCP(Transmission Control Protocol) 소프트웨어는 부가적인 자료전송과 어플리케이션을 제공하고, IP(Internet Protocol) 소프트웨어는 서로 다른 기종의 컴퓨터와 네트워크 사이에 기본적인 커뮤니케이션을 제공한다(백욱인, 1995: 10). 이 프로토콜에 의해 인터넷은 비로소 '컴퓨터 네트워크들의 네트워크'로서 인터넷(internet, 네트워크 사이의 네트워크)이 될 수 있었다. 이 때문에 이 프로토콜을 이용한 컴퓨터 네트워크인가의 여부가 인터넷인가를 판가름하는 기준이 된다.
21) 인터넷의 대중적 확산은 세계적으로도 1990년대 중반 이후의 현상이다. 여기에는 두 가지 요인이 크게 작용하였다. 첫째, 제도적 요인으로 인터넷의 기간망 관리를 책임지고 있던 전미과학재단에서 1991년에 인터넷의 상업적 이용을 허용하였다. 이것은 당시까지 군사 및 학술연구 목적에 제한되어 일부 전문가들만의 네트워크였던 인터넷이 대중에게 개방되는 커다란 계기가 되었다. 둘째, 인터넷을 쉽게 이용할 수 있는 새로운 기술들이 개발되었다. 이와 관련해서는 두 가지 사항이 핵심적이다. 먼저 1991년에 유럽입자물리연구소(CERN)의 팀 버너스-리가 하이퍼텍스트로 인터넷 문서를 작성할 수 있는 WWW소프트웨어를 공개했다(Berners-Lee, 1999). 이것은 인터넷을 종래의 텍스트기반에서 멀티미디어기반으로 바꾸어 놓는 구실을 했으며, 서로 연관된 문서들을 비순차적 방식으로 연결하고 찾아 볼 수 있도록 만들어 주었다. 이어서 1993년에 미국의 수퍼컴퓨팅기술연구소에서 인터넷 문서를 쉽게 찾아 볼 수 있는 그래픽 웹브라우저인 모자이크(Mosaic)를 공개했다. 이 두 가지 기술에 힘입어 인터넷은 폭발적으로 확산되었으며, 실로 인터넷이 세계적인 관심사로 급부상한 것은 이때부터이다.
22) 이에 대해서는 이철수(1995), 한국전산원(1997), 손연기(1998), 한세억(1998) 등을 참조.

간단히 살펴보면, 대체로 그 기점으로 평가되는 1983년에는 〈정보산업육성법(안)〉과 〈국가기간전산망계획(안)〉이 마련되었으며, 그 뒤에 1987년은 '정보통신의 해'로 공표되기도 하였다. 당시 '국가기간전산망' 구축을 중심으로 진행되던 한국의 정보화는 1990년대에 들어와 미국을 중심으로 선진국의 정보화 경쟁이 본격화하면서 큰 전기를 맞게 된다. 이것은 자본주의세계체계 상의 기술경제적 요구에 따른 '강제된 정보화'가 본격적으로 진행되는 것을 의미했다. 이런 맥락에서 '문민정부'는 탈냉전과 함께 몰아닥친 이른바 '무한경쟁'에 대응하기 위해 정보화를 국정의 최우선 과제로 설정하게 되었던 것이다. 이 과제는 '국가사회 정보화'로 압축되었는데, 이것은 새로운 정보하부구조를 건설하는 동시에 정보통신산업을 집중적으로 육성하는 것으로 집약되었다.

　이같은 상황을 배경으로 1994년 12월에 체신부가 정보통신부로 개편되었으며, 1995년 4월에는 〈초고속정보통신기반구축 종합추진계획〉이 확정되었다. 23) 이어서 1996년 4월에는 정보화추진위원회가 구성되었고, 같은 해 12월에는 정부계획으로 확정된 〈정보통신산업발전종합대책〉과 정보통신부의 주관 하에 작성된 〈소프트웨어산업 육성 실천계획(안)〉이 발표되었다(정보통신부, 1996a, 1996b). 이 작업들의 결론은 새로운 정보하부구조의 구축 위에서 소프트웨어 및 멀티미디어산업을 육성하여 산업구조를 고도화하고, 이른바 '벤처기업'의 활성화를 통해 대기업 중심의 고비용·저효율체제를 개혁한다는 것으로 요

---

23) '초고속정보통신기반은 개념적으로 음성, 문자, 영상 등 여러 유형의 정보를 동시에 빠른 속도로 송수신이 가능한 초고속정보통신망뿐만 아니라 정보기기, 소프트웨어, 그리고 그 주변환경인 사회제도·문화 등을 포함하는 개념'으로 정의되었다(천조운, 1995: 303). 이 사업은 한국판 정보고속도로 구축사업으로서 그 정보통신망 부문은 초고속국가망, 초고속공중망, 선도시험망으로 구성되며, 전체 3단계 중에서 현재는 2단계가 실시중이고 최종완료 시한은 2010년으로 계획되어 있다(정보통신부, 1998). 이 사업의 추진경과에 대한 비판적 평가로는 이상길(1998)을 참조.

약된다. 실제 변화를 이끌 주체의 형성이라는 관점에서 보자면, 이러한 정책적 흐름의 핵심은 결국 '벤처기업'의 활성화라고 할 수 있다. '기술집약형 중소기업'으로 정의된 '벤처기업'은 대기업 중심의 소품종 대량생산방식을 혁신하고, 정보기술을 비롯한 신기술을 중심으로 산업구조를 고도화하며, 저비용·고효율의 경제구조를 달성할 전략적 주체로 간주되었다.[24] 이런 배경에서 1997년에는 가히 '벤처기업 열풍'이라고 부를 법한 현상이 빚어지기도 하였다.

문민정부에서 시작된 정부 정보화 정책의 이같은 기조는 '국민의 정부'로도 그대로 이어졌다. 예컨대 '국민의 정부'의 대통령직 인수위원회는 1998년 1월에 개최된 '21세기 정보화사회의 준비'라는 토론회에서 발표된 같은 제목의 자료를 통해 정보화 정책의 기본방향을 밝혔다. 이 자료에서는 민간부문의 활발한 투자와 시장기능에 의해 정보화가 전개되도록 하는 것을 전략목표로 설정하되, 초고속정보통신망이 구축되는 2010년까지는 정부가 주도하는 강력한 추진체계를 통해 정보화와 정보통신산업의 발전을 추구할 것임을 밝혔다(대통령직 인수위원회, 1998: 3).

한편 '국민의 정부'와 '문민정부'의 차이점에 주목할 필요도 있다. 첫째, '국민의 정부'는 민간부문의 역량을 적극적으로 조직하고자 했다. 이를 위해 1998년 5월에 '한반도 정보화추진본부(사)'가 발족하였다. '문민정부' 당시에는 관련 기업인들을 중심으로 '국가경쟁력강화민간위원회 정보화촉진특별위원회'가 구성되어 정보산업발전정책의 수립에 영향[25]을 미쳤으나, '국민의 정부'의 '한반도 정보화추진본부'는 그 구

---

24) 이를 위한 정책적 방안으로 추진된 〈벤처기업육성을 위한 특별조치법〉은 뒤에 〈신기술·지식집약형기업 육성에 관한 특별조치법〉으로 이름을 바꾸어 국회에 상정되었다.

25) 이 위원회에서는 1995년 12월에 〈국가사회 정보화 민간종합계획〉이라는 제목의 방대한 보고서를 작성하여 전경련에 제출하였다.

성을 사회적으로 확장하여 정보화를 일종의 국민운동으로 전개할 민
간기구로 설립되었다. 26)

둘째, '문민정부'가 '국가사회 정보화'를 전략목표로 제시했다면, '국
민의 정부'는 '지식사회' 혹은 '지식기반경제'를 강조했다(류석상,
1998). 이처럼 정보기술보다 지식을 더욱 강조하는 것은 1990년대 중
반 이후의 선진국의 강력한 추세(OECD, 1996; WORLD BANK,
1998)로서 '국민의 정부'는 이것을 따르고자 했던 것이다. 그러나 이러
한 변화의 핵심은 결국 지식의 '정보화'와 '상품화'로 요약될 수 있을
것으로 보인다. 27) 이와 함께 당연하게도 '정보화'하거나 '상품화'할 수
없는 지식의 가치는 사회적으로 절하되는 현상이 강화되었다. 이런
점에서 이른바 '지식사회'는 오히려 지식의 자기생성적 발전을 위협하
는 사회일 수도 있다는 점에 주의할 필요가 있을 것이다.

셋째, 이처럼 경제주의적 '지식사회' 혹은 '지식기반경제'가 강조되
면서 그 새로운 주체로서 '신지식인'의 개념이 제시되었다(정보통신
부, 1999a). 요컨대 '문민정부'의 '국가사회 정보화'와 '벤처기업'은 '국
민의 정부'에서 '지식사회'와 '신지식인'으로 대체된 양상을 보였다. 28)
물론 이같은 표명된 목표의 변화가 실제 내용의 변화를 반영하고 있는
것으로 보이지는 않는다. 29) '21세기 새로운 도약'을 위해 경제구조적

---

26) 마치 제2건국위원회의 정보화판처럼 보이기도 하는 이 기구는 별다른 활동성
과를 보이고 못 했다. 인터넷에 홈페이지가 개설되기도 했지만, 그 내용은 초보적
인 상태를 벗어나지 못 했다.
27) 근대사회에서 지식은 무엇보다 자연의 한계를 넘어설 수 있는 '힘'이었다. 그
러나 이제 지식사회에서 그 '힘'은 '돈'으로 바뀌어 버린다. '힘'이 될 수 없는 지식
이 '비지식'으로 전락했던 것처럼 이제 '돈'이 될 수 없는 지식이 '비지식'으로 전락
하게 되었다(홍성태, 1999ㄱ).
28) 수많은 책에 둘러싸여 열심히 읽고 생각하는 학자는 '구지식인', 곧 '낡은 지
식인'이 되었다. 대신에 개그맨이 새로운 지식인의 전형으로 떠오르고 널리 선전
되기에 이른다. 어느 모로 보다 '국민의 정부'의 신지식인론은 경제적 지식론의 대
표적인 예이다(홍성태, 1999ㄴ).
29) '국민의 정부'의 정보화는 제2기 정보사회의 구축을 목표로 한다고 보는 견해

으로는 '열린 시장경제'를 지향(재정경제원, 1997)하며, 산업구조적으로는 소프트웨어와 멀티미디어산업을 육성하고, 기술적으로는 새로운 정보하부구조를 구축하는 것이 여전히 핵심목표인 것이다.

지금까지 살펴 본 한국의 정보화에서 지적되는 일반적인 문제점은 다음과 같다. 첫째, 정부 주도의 성격이 강하다는 것이다. 예컨대 이념형적으로 보아서 정보화의 추진방식에는 신자유주의 모델과 개입주의 모델이 있으며, 한국의 경우는 후자에 속한다는 견해가 이러한 입장을 지지한다(Moore, 1997).

둘째, 기술중심적인 방식으로 진행되어 왔다는 것이다(최성모, 1998: 36). 예컨대 정보화지표에서 볼 수 있듯이 컴퓨터를 비롯한 각종 정보통신기기의 보급률이나 전산망의 구축 정도가 정보화의 핵심인 것처럼 비치는 데서 이러한 문제가 잘 드러난다. 이 문제는 흔히 하드웨어와 소프트웨어에서 하드웨어에 치중한 정보화로 표현되기도 한다. 그러나 여기서 더 중요한 것은 이런 식의 대비가 아니라 기술의 사회적, 경제적, 정치적 성격에 관한 것이다. 즉 기술이 생활을 편리하게 해준다는 정보사회의 낙관론 자체가 문제인 것이다.

셋째, 정치적 요인이 큰 영향을 미친다는 것이다(이철수, 1995; 최성모, 1998: 34). 예컨대 한국전산원의 이철수 원장은 이에 대해 '새로운 사회, 정보사회로의 가장 큰 걸림돌이 정치를 하고 정책을 결정하고 하는 정치인과 공직자들'(284)이라고 신랄하게 비판하였다. 또 다른 전문가는 초고속통신망사업이 정치적 목적을 위한 '역사적 기념물'로 남을 가능성을 우려하기도 하였다(안문석, 1995: 351). 이것은 정보화 경쟁이 경제프로젝트인 동시에 정치프로젝트라는 사실을 반증

도 있다. 제1기가 '산업사회를 컴퓨터와 네트워크라는 수단을 통해 정보화시킨 사회'라면, 제2기는 '정보화한 산업사회를 토대로 구현되는 사회'라는 것이다(서현진, 1998). 이렇게 볼 경우 '국민의 정부'는 '문민정부'와 사회적으로 중요한 차이를 보이는 것이 된다.

하며, 이 때문에 장기적인 관점에서 경제-합리적인 방식으로 추진되어야 할 사업이 정치적 요구에 의해 크게 왜곡되고 있음을 보여준다.

그러나 이러한 문제들보다 더욱 중요한 것은 자본주의세계체계 상의 위치와 연관되어 지니게 되는 '따라잡기식 정보화'의 성격이다. 이를테면 1990년대 이후의 정보화는 종래의 산업화와 마찬가지로 선진국을 따라잡기 위한 '모방적 변화'(강정인, 1997)로 나타난다는 것이다. 이런 상황에서 한국의 정보화는 산업화와 마찬가지로 압축적인 성격을 강하게 지니고 전개된다. 동시에 이러한 압축성은 선진국이 주도하는 자본주의세계체계의 변화에 경제적으로 적응해야 할 필연적 요구와 맞물려 강력한 경제주의적 성격을 지니게 된다.30) 물론 오늘날 이 경제주의는 신자유주의적 방식으로 관철되고 있다.

3. 정보화 경쟁과 현실 정보사회

이처럼 선진국과 비선진국 사이에 본질적인 차이를 안고 있는 상태에서 지구적 차원으로 전개되고 있는 1990년대 이후의 정보화 경쟁은 정보사회와 관련하여 어떤 결과를 낳고 있는가? 여기서는 이 문제를 '정보사회의 제도화'라는 관점에서 살펴보고자 한다. 물론 정보사회라는 용어를 둘러싼 개념적 논의는 아직도 계속되고 있다. 따라서 여기서 말하는 정보사회는 일단 '주요 인간 활동이 정보 및 통신기술이 제

---

30) 이 점에서 무어의 구분은 문제를 안고 있다. 그는 신자유주의를 협소한 경제적 관점에서 정보화를 추진하는 것으로 보는 반면에, 개입주의를 사회 전체적 관점에서 정보화를 추진하는 것으로 파악하기 때문이다(Moore, 1997: 282-283). 과연 그런가? 정부가 정보화를 주도한다고 해서 사회 전체적 접근법이 실행되는 것은 아니다. 비선진국의 개입주의는 오히려 경제적 목표에만 집중함으로써 많은 부작용을 낳고 있다.

공하는 서비스의 지원을 받아 이루어지는 사회'(권태환, 1997: 15)라
는 다소 중립적인 개념으로 정의된다. 이처럼 기술적 측면에 초점을
맞추는 정보사회는 선진국은 물론이고 여러 비선진국에서도 이미 상
당한 정도로 현실화된 상태이다.[31] 그런데 이러한 정보사회의 일반적
상은 1990년대 이후의 정보화 경쟁을 통해 사회적으로 어떻게 구체화
되고 있는가? 여기서는 구조와 제도의 차원에서 그 특징을 살펴보도
록 한다.

1) 신자유주의와 현실 정보사회

구조는 어떤 사회적 변화가 추동되고 전개되는 가장 근원적인 틀로
서 그 핵심은 사회를 물질적으로 (재)생산하는 방식과 과정 자체라고
할 수 있다. 현대 사회에서 그것은 자본주의로 대표된다. 따라서 정보
사회의 구조는 결국 정보사회와 자본주의의 관계를 통해 드러나게 된
다. 이 관계의 성격은 정보사회 혹은 그와 유사한 다양한 미래학적 용
어들이 제기된 이래 지속적으로 토의되고 있는 문제이기도 하다. 정
보사회는 자본주의사회인가 아닌가 라는 식으로 제기되는 문제가 그
것이다. 그 종국적인 논점은 결국 자본-임노동관계가 사라질 것인가
의 여부라고 할 수 있는데, 이에 대해 지금 우리의 현실은 결코 그것
이 사라지지 않았다는 것을 명확히 보여주고 있다. 물론 정보사회가
이미 완성된 것은 아니기 때문에 이후의 발전을 통해 비자본주의적 사
회로 변화할 가능성 자체를 부정할 수는 없을 것이다. 그러나 이런 가
능성만을 두고 어떤 구체적 논의를 한다는 것은 불가능하다.[32] 이같

---

31) 물론 인터넷은 고사하고 전화나 라디오와 같은 '낡은 정보통신매체'조차도 여
전히 제대로 보급되어 있지 않은 나라들이 이 세상에는 아직 많이 있다. 그러나
이런 나라들에서도 인터넷을 중심으로 하는 정보화는 중요한 정책적 목표이다.
요컨대 변화를 일으키는 힘으로 분명히 작용하고 있다.

은 문제를 지적하기 위해 필자는 '현실 정보사회'라는 용어를 사용하고
자 한다. 요컨대 '현실 정보사회'는 자본주의사회이며, 그것도 신자유
주의가 지배하는 자본주의사회이다. 다시 말해서 현재의 정보화 경쟁
은 지구적 차원에서 신자유주의를 관철시키는 유력한 계기로 작동하
고 있다. 그런데 신자유주의는 무엇인가?

　1990년대에 들어와서, 특히 국내에서는 1997년의 경제위기와 뒤이은
IMF의 개입 이후, 신자유주의는 자본주의의 지구화가 전개되는 양상
을 가리키는 개념으로 광범위한 토론 대상이 되었다. 그러나 비록 1990
년대에 들어와서 더욱 강화되고 있는 것이기는 하지만, 신자유주의의
역사는 최소한 1980년대 초까지로 거슬러 올라간다. 당시 레이건과 대
처 행정부 하의 미국과 영국에서 취해진 경제정책을 가리키기 위해 신
자유주의라는 개념이 사용되었던 것이다. 이같은 신자유주의 정책은,
'케인즈주의/사민주의적 정책에 대한 비판명제로서 1970년대 중반 이
래의 세계구조공황을 배경으로 하여 경제사상적, 정치적 헤게모니를
장악하였는데, 핵심사상은 시장과 이윤운동을 제한하는 국가의 개입을
철폐하고 사적 자본과 시장에 자본주의 재생산의 조절을 위임해야 한
다는 것'을 의미한다. 그러나 이론사적인 면에서 신자유주의는 원래
1930년대 독일에서 제창된 것으로서 이후 서독에서 '사회적 시장경제
론'으로 발전해 간 경제사상을 가리킨다. 그 내용으로 보았을 때, 최근
의 신자유주의는 오히려 독점자본주의 이전 단계의 자유주의와 같은
것이다. 이런 점에서 최근의 신자유주의는 미국을 중심으로 전개된 '자
유주의의 복원'에 불과한 것으로 평가된다(김성구, 1998: 15, 54-56).

---

32) 미래학적 정보사회론이 구체적인 듯하면서도 사실은 추상적인 까닭은 이 때
문이기도 하다. 즉 그것은 필연성이 확인되지 않은 가능성, 즉 추상적 가능성으로
현실의 변화를 예측하려고 한다. 이러한 시도에서 중요한 것은 미래를 미리 인식
할 수 있게 해 주는 데에 있는 것이 아니라, 현실의 변화를 특정한 방향으로 유도
할 수 있다는 데에 있다.

이같은 신자유주의 정책의 결과로 나타난 현대 자본주의의 변화는 다음과 같은 세 가지 측면에서 검토될 수 있다(전태일을 따르는 민주노조운동연구소, 1998: 23-25). 첫째, 자본과 노동의 관계이다. 종래의 케인즈주의는 양 계급 사이의 타협에 바탕한 것이었다. 그 타협의 내용은 '테일러적 노동통제를 받아들이는 대가로 그 결과 향상된 생산성의 일정 지분을 노동자들에게 분배'하는 것으로 요약될 수 있다(Lipietz, 1989: 78). 신자유주의는 이러한 타협을 자본측이 철회하는 것으로 설명된다. 그 결과 노동측은 '보호할 대상이 아니라 무력화해야 할 대상'이 되며, 복지는 '사회-복지로부터 근로-복지' 즉 '노동을 강제하는 복지'로 전환된다(Jessop, 1993). 둘째, 자본과 국가의 관계이다. 케인즈주의 국가는 정책수단을 이용하여 경제를 관리했을 뿐만 아니라 그 자신이 각종 공기업들을 경영하는 직접적인 경제주체로 기능했다. 그러나 신자유주의는 이러한 것들을 경제에 대한 잘못된 개입으로 간주한다. 공기업은 민영화라는 이름으로 사유화되며, 경제정책은 탈규제 혹은 규제완화의 이름으로 포기된다. 셋째, 자본과 자본의 관계이다. 케인즈주의는 국민국가를 기본단위로 하여 성립하였다. 그러나 신자유주의는 이른바 '탈국경경제'를 추구한다. 경제의 개방과 자본의 자유화가 그 핵심적인 현상으로서, 이것은 결국 초국적자본의 요구를 자본주의세계체계의 차원에서 관철시키는 기능을 한다.

1990년대에 들어와서 이러한 신자유주의가 세계적으로 확산된 것은 현실 사회주의의 몰락과 자본주의의 지구화라는 시대사적 변화와 밀접하게 연관되어 있다. 이것은 결국 현재의 지구적 정보화 경쟁과도 직접적으로 연관되는 것인데, 정보화 경쟁은 주로 기술경제적 요인의 변화에 따라 전개되는 것으로 보이고 있지만,[33] 그 이면에서는

---

33) 그 좋은 예가 정보화 경쟁을 '정보기술혁명'에 대한 자연스러운 적응의 과정으

정치경제적 요인이 크게 영향을 미치고 있다. 특히 주목할 것은 탈냉전의 정치경제적 효과이다. 1990년대는 사회주의세계체계의 몰락이라는 역사적 사건과 함께 다소 극적으로 시작되었다. 이 역사적 사건은 한편에서 2차대전 이후 현대 세계를 지배해 온 냉전체제의 해체[34]를 뜻하는 것이었지만, 다른 한편에서 이제 세계가 자본주의의 완전한 지구화에 따라 전면적인 경제경쟁에 접어들게 되었음을 뜻하는 것이었다. 요컨대 자본주의의 무조건적 확장을 견제하는 가장 강력한 세력이었던 사회주의 진영이 사라짐으로써 이제 자본주의는 지리적으로 뿐만 아니라 사회적으로 명실상부한 지구화를 달성할 수 있게 되었던 것이다. 사회주의세계체계의 몰락을 역사적 사건이라고 하는 것은 바로 이러한 이중적 의미에서이다. 이것의 중요성은 무엇보다 지구화라는 이름으로 신자유주의를 세계 전역으로 확산시킨 데서 찾을 수 있다.

이처럼 신자유주의가 지배하는 물질적 현실을 바탕으로 1990년대 이후의 정보화 경쟁은 무엇보다 정부와 자본 주도의 경제프로젝트로서 추진된다. 정부와 자본의 관계에서는 앞에서 살펴본 것처럼 자본이 중심적 역할을 수행하지만, 그렇다고 해서 정부의 역할이 사라지는 것은 아니다. 정부는 신자유주의적 변화의 촉진제이자 그에 대한 저항의 억제자라는 역할을 지속적으로 수행할 책무를 부여받게 된다. 또한 정부

로 설명하는 기술결정론적 논리이다. 그러나 정보기술의 가속적 발전은 정보화 경쟁을 유인하는 요인이 되기는 하지만, 그 자체가 정보화 경쟁을 유발하는 요인이라고 보기는 어렵다. 기술을 이용하는 사회적 방식은 여러 가지가 있을 수 있기 때문이다. 따라서 정보화 경쟁은 자본주의라는 구조를 떠나서 설명될 수 없다.
34) 물론 이것이 탈군사화를 의미하지는 않는다. 비록 탈냉전이 세계적 차원에서 기존의 군사질서에 큰 변화를 가져온 것은 사실일지라도, 분쟁의 측면에서나 군비증강의 측면에서나 탈군사화는 아직 요원한 과제일 뿐이다(김진균·홍성태, 1996: 1장 참조). 세계 최강대국인 미국의 경제가 지나치게 군수의존적이라는 점에서 보자면, 미국의 탈군사화가 이루어지지 않고서 세계의 탈군사화는 결코 이루어지지 않을 것이다.

의 역할과 위상은 선진국과 비선진국 사이에 중요한 차이를 보이고 있기는 하지만, 이른바 '민간 주도'를 궁극적인 원리이자 목표로 채택하고 있다는 점에서는 동일하다. 이것은 한편으로는 주로 선진국에 기반을 두고 있는 초국적자본의 요구에 따른 결과이지만, 다른 한편으로는 정보화의 당위적 요구이자 자연적 결과로 주장된다. 예컨대 '정보시대에서 정부의 역할은 자명하다. 즉 정부가 해야 할 일만 하고 해서 안될 일을 하지 않는 것이다. 더 이상 개인과 기업활동의 걸림돌이 되어서는 안된다'(한세억, 1998: 114)는 주장은 그 좋은 예이다.

여기서 주목해야 할 것은 정부의 역할에 관한 자유주의적 주장의 반복이 아니라, 이런 주장의 바탕에 깔려 있는 암묵적인 논리 자체이다. 그것은 정보화가 신자유주의적 경제구조를 필연적으로 요청한다는 논리이다. 즉 정보화는 개별 경제주체들의 대단히 복잡하고 빠른 기술혁신을 통해 전개되는 변화이므로, 중앙화된 조절자로서 정부의 역할이 약화되는 대신에 정보가 빠르게 교환되는 장으로서 시장의 역할이 강화되어야 한다35)는 것이다. 이런 점에서 신자유주의는 정보화를 달성하기 위한 필연적 선택의 문제로 귀결된다. 다른 길이란 존재하지 않는 것이다. 이런 논리에서는 정보화 경쟁이 바탕에 두고 있는 자본주의의 물질적 현실은 그저 당연한 것으로 받아들여지고 만다. 요컨대 정보화는 자본주의의 현실 속에서 정보화 경쟁의 형태로 전개될 수밖에 없으며, 동시에 그것은 가장 효율적인 방식으로 입증된 신자유주의를 따를 수밖에 없다는 것이다.

이와 관련하여 미국주의 혹은 미국화의 문제에 대해 살펴볼 필요가

---

35) 이것은 아담 스미스 이래의 고전경제학에서 비롯되는 뿌리깊은 시장주의의 논리에 바탕하고 있는 것으로 하이에크는 이러한 논리를 체계이론과 연관지어 한층 발전시켰다. 그에 따르면 '확대된 분업은 널리 흩어져 있는 정보를 기초로 하여 오직 비인격적인 신호만을 사용함으로써 가능'했으며 '이 신호는 시장과정에서 발생'하는 것이다. 나아가 이같은 사실은 '사회의 기능을 위한 최선의 것'으로 검증되었다고 그는 주장한다(Hayek, 1979: 22).

있다. 1990년대 이후에 신자유주의가 이처럼 강력한 위세를 떨치게 된 이유는 무엇보다도 1990년대 이후에 이루어진 '미국의 성공'36) 과 직접적으로 연관되어 있기 때문이다. 미국 경제의 놀라운 부흥 자체가 신자유주의의 올바름을 입증해 주는 가장 강력한 증거로 여겨지고 있다. 사실 1990년대 초까지만 해도 미국 경제의 회복가능성과 그 혁신능력에 대해서 상당히 신중한 견해들이 제시되기도 했었다(송위진, 1993). 그러나 1990년대 중반을 지나면서 이런 견해들은 찾아보기 힘들게 되었고, 일종의 '미국 배우기'가 당면 과제로서 세계적인 유행처럼 번져갔다. 이같은 '미국 배우기'는 보통 세 가지 측면을 지니고 있는데, 실리콘밸리로 상징되는 기술혁신체제, 마이크로소프트로 대표되는 신산업, 그리고 시장중심의 경쟁체제로서 신자유주의 등이 그것이다. 그리고 이 모든 것을 응축한 것이 이른바 '실리콘밸리 모델'로서 이것은 '기술 주도'와 '시장 주도'에 기반한 새로운 혁신체제37) 를 의미한다

---

36) 1999년 1월 29일 미국 상무부는 1998년 4/4분기 미국 경제가 5.6%의 높은 성장률을 기록했으며 연간 물가상승률은 1%에 그쳤다고 발표했다(한겨레신문, 1999/2/1). 지속적인 기술혁신에 기반한 정보산업의 성장은 이러한 미국 경제의 지속적인 호황을 이끌고 있는 동력으로 평가된다. 그러나 여기에는 문제점이 내재되어 있다는 평가도 제기되고 있다. 예컨대 미국 연방준비제도이사회(FRB)의 앨런 그린스펀 의장은 1999년 1월 28일에 인터넷 관련주식의 폭등을 일확천금을 노리는 복권구매 심리에 비유하여 경고했다(한겨레신문, 1999/1/30). 이런 경고는 2002년에 들어와 정확하게 들어맞고 있다. 미국 경제는 결코 투명하거나 건실하지 않으며, 오히려 적나라한 탐욕이 지배하고 있다는 사실이 분명하게 드러났다(한겨레신문, 2002/7/24). 경제를 포함해서 미국 문명을 '보편문명'이라고 부르며 깊이 배워야 한다고 주장했던 사람들은 이런 사실을 어떻게 받아들이고 있을까?
37) 실리콘밸리 모델에서 주의해야 할 점은 그것이 거둔 외형적 성공 자체보다도 그것이 형성되어 온 과정과 그 과정에서 배태된 특유의 문화이다. 이 때문에 실리콘밸리 모델을 다른 곳에 이식한다는 것은 대단히 어려운 과제가 된다. 일반적으로 그 핵심적인 전제조건은 활발한 기술창업을 가능하게 하는 경제구조의 실현과 자유롭고 개성적인 문화적 토양의 배양으로 정리된다. 그러나 현재의 실리콘밸리는 지역사회의 총체적인 재활성화 노력의 결과물이기도 하다(JVSV, 1996). 실리콘밸리의 특수성에 대한 자유주의적 설명은 이같은 계획적 차원에 대한 설명으로 보완될 필요가 있다.

(Kato et al., 1995; 정이환, 1994).

그러나 자본주의의 지구화와 지구적 정보화 경쟁이 이처럼 신자유주의의 지배로 귀결되는 한편에서, 신자유주의에 맞서서 경제적 요소로 치환될 수 없는 '인간적 가치'를 위한 저항운동이 지구적으로 조직화되었다.[38] 또한 최근에는 역설적이게도 신자유주의의 문제점에 대한 우려가 초국적자본 내부에서부터도 강력하게 제기되기 시작하였다. 이것은 1997년 이래 비선진국들을 휩쓸고 있는 경제위기가 자본주의세계체계 자체를 붕괴시킬 가능성에 대한 우려이다.[39] 신자유주의에 제동을 걸고자 하는 이러한 저항과 우려는 향후 정보화 경쟁의 전개에 영향을 미칠 구조적 변수의 변화라는 의미를 가지는 것이기도 하다. 그리고 이같은 변화의 견지에서 보았을 때, 정보화의 전개방식과 정보사회의 구체화가 역사적으로 고정된 경로를 따르지 않는다는 점이 부각될 수 있다. 즉 지금과는 다른 방식의 정보화와 다른 내용의 정보사회를 모색하고 추구해야 할 필요성이 본격적으로 제기되는 것이다.

2) 현실 정보사회의 제도화

현재의 정보화 경쟁은 정보화가 관철되는 역사적 방식으로서, 그

---

38) 그 대표적인 예는 멕시코의 '사파티스타 민족해방군'의 저항운동이다. 이에 대해서는 Marcos(1995)를 참조. Marcos는 '사파티스타 민족해방군'의 부사령관이며, 탁월한 매체전략으로 이 운동체를 세계에 알린 장본인이다. 그의 매체전략의 핵심에는 인터넷이 있다. 신자유주의에 저항하기 위한 대표적인 인터넷 사이트로는 http://www.geocities.com/CapitolHill/3849/gatherdx.html를 참조.
39) 예컨대 세계 최고의 금융자본가로 알려져 있는 조지 소로스는 종래에는 '열린사회'에 대한 최대의 적이 전체주의였다면, 이제는 '열린사회의 왜곡'으로서 '시장근본주의'가 그 최대의 적이 되었다고 주장하며 신자유주의를 통제할 수 있는 세계적 정치체의 형성을 요청한다(Soros, 1998). 한편 흔히 '다보스회의'로 불리는 세계경제포럼의 1999년도 회의에서도 '미국식 금융자본 모델을 전세계에 이식시키려는 오만'이 1990년대 말의 경제위기를 악화시킨 원인으로 강력히 비판되었다(문화일보, 1999/2/3).

구조적 특징은 자본주의의 신자유주의적 재구조화 과정으로서 진행된다는 데에 있다. 한편 정보화는 다른 식으로 표현하자면 결국 정보사회의 형성 및 변화과정이라고 할 수 있다. 따라서 정보화 경쟁은 이런 과정의 특수한 양태로서, 그것은 결국 정보사회의 제도화로 귀결된다. 이렇게 해서 '현실 정보사회'가 나타나게 되는 것이다. 여기서 먼저 한 사회구성은 궁극적으로 제도화를 통해 공식화된다는 점에 주의할 필요가 있다. 구조가 사회를 물질적으로 재생산하는 방식과 과정 자체라면, 제도는 그것이 복잡한 사회관계 속에서 관행화되고 나아가 공식화된 것이다. 제도에서 특히 핵심적인 것은 공식화의 측면인데, 그것은 어떤 관계 혹은 현상이 정치적 강제력에 의해 사회적으로 관철될 수 있도록 정당화되는 것을 의미한다.[40] 현대 사회에서 그것은 궁극적으로 법의 형태를 띠게 된다. 따라서 '정보사회의 제도화'라는 관점은 이제까지 주로 미래학적 담론의 형태로 논의되던 정보사회 개념을 법적 구현이라는 측면에서 볼 것을 요청한다. 그리고 이런 관점에서 보자면, 정보사회는 더 이상 미래의 사회상이 아니라 바로 지금 전개되고 있는 현실의 변화를 표상하는 것으로 인식된다. 즉 정보사회의 제도화로서 법제화를 둘러싼 복잡한 사회적 동학이 이미 국내외적으로 광범위하게 전개되고 있는 것이다. 정보화에 관한 검토를 통해 이같은 점을 좀더 자세히 살펴보도록 하자.

정보화는 크게 세 가지 측면으로 나누어 살펴볼 수 있다. 첫째, 기술적 측면이다. 이것은 정보화 혹은 정보사회에 관한 논의들에서 가장 흔하게 볼 수 있는 것으로서, 극소전자기술에 바탕을 둔 새로운 정보통신기술의 다양한 이용에 따라 현대 사회에 거대한 변화가 초래되고 있다는 논의로 대표된다. 이같은 논의들은 현대 사회에서 기술이

---

40) 이 점은 예컨대 소유권의 역사적 형성과정을 통해서도 살펴볼 수 있다. 이에 대해서는 김남두(1993: 8-9)를 참조.

차지하는 역할에 대해 상당한 계몽적 효력을 발휘하고 있다. 그러나 그 논의들은 흔히 기술결정론에 입각하고 있기 때문에 결과적으로 기술과 사회의 관계를 대중적으로 오도하는 문제를 안고 있다.[41] 그럼에도 불구하고 기술의 발달이 경제를 비롯한 사회 전반에 미치는 영향력은 갈수록 커지고 있기 때문에 이러한 논의들이 안고 있는 문제점은 극복되기보다는 오히려 대중적으로 더욱 확산되는 경향을 보인다.

둘째, 일상적 측면이다. 이것은 기술적 차원과 동전의 양면같은 관계를 이루고 있는 것으로서, 새로운 정보통신기술의 이용과 함께 나타나는 사회적 변화가 일상적 차원에서 삶을 더욱 편리하게 만들어준다는 논의이다. 생활의 '편의성 증진'론이라고 부를 수 있는 이러한 논의들은 정보화에 방향을 부여하는 역할을 하게 되는데, 그것은 근대에서 일관되게 가장 강력한 이념으로 작동했던 '진보'의 견지에서 정보화를 받아들이게 한다. 쉽게 말해서 정보화는 역사의 진보라는 것이다. 그러나 문제는 이러한 역사주의적 진보관 자체가 이미 상당히 낡은 것이거나, 적어도 대단히 편파적이라는 데에 있다. 예컨대 이러한 진보의 논리는 '근대화와 합리화에 대한 신념을 포기'하도록 만든 '대공황, 나치즘의 출현, 독일과 소련에서의 집단 수용소'(Touraine, 1984: 6)와 같은 중대한 현상들을 부차화하고 심지어 배제한다. 다시 말해서 근대의 진보에 체계적으로 내재되어 있는 명백한 반진보적 요소들을 무시하는 것이다. 따라서 생태위기의 도래나 감시사회의 형성과 같은 심각한 문제들도 근대 사회의 본질적 한계에서 비롯되는 문제로서 파악되지 않으며, 시간이 지나면서 과학기술의 발달에 따라 결국 해결될 기술적 과제로서 파악된다. 요컨대 근대의 진보관이 초래한 '위험사회'에 대한 성찰(Beck, 1992)을 사실상 부정하는 것이다.

---

41) 이 문제는 '과학의 시대'로서 근대 일반에 해당하는 것이기도 하다. 즉 지배적인 인지적 현실로서 과학주의에 바탕을 두고 있는 것이다.

셋째, 제도적 차원이다. 이것은 정보화를 사회적 구체화의 관점에서 보는 것이다. 즉 정보화가 궁극적으로 정보사회라는 새로운 사회구성을 실현하는 과정이라는 전제 위에서, 그 과정이 제도적으로 어떻게 전개되고 있으며 새로운 사회구성은 제도적으로 어떠한 형태와 내용을 가지게 되는가에 초점을 맞추는 것이다. 이와 관련해서 1990년대에 들어와서 비단 한국뿐만 아니라 사실상 전세계를 휩쓸고 있는 '경쟁력 강화'론에 주목할 필요가 있다.[42] 이것은 개인과 기업과 정부의 모든 사회적 행위주체들이 신기술을 습득해서 새로운 기술환경에 적응해야 할 필요성을 강조하는 것이었을 뿐만 아니라, 사실상 그러한 필요성을 강제할 수 있도록 제도환경을 '혁신'하는 구체적인 정책이기도 했다. 이로부터 예컨대 영어와 컴퓨터를 익히지 못하면, 즉 개인주체가 스스로 경쟁력을 강화하지 못하면, 자신의 의사와 무관하게 노동으로부터 해방되는 상황이 정당한 것으로 확립되었다. 이런 상황에서 사람은 결코 기술이 혁신되는 것과 같은 방식으로 변할 수 없다는 당연한 사실은 고려의 대상이 되지 못하는 것으로 보인다. 요컨대 새로운 제도적 조건 속에서 사람은 마치 기계와도 같이 체계의 요구에 따라 즉각적으로 변신할 수 있거나 폐기되는 존재로 간주된다. 이렇듯 정보화의 '편리성 증진'론은 실제 제도적 구체화의 과정에서 극히 편협하고 기계적인 '경쟁력 강화'론으로 전환되고 말았다. 이런 제도화의 맥락에서 1990년대 이후의 정보화 경쟁을 통해 구현되고 있는 현실 정보사회는 결국 신자유주의의 구조적 규정 하에 놓여 있는 것으로 파악된다.

현실 정보사회의 제도화가 신자유주의의 구조적 규정 속에서 전개

---

[42] 한국의 경우에 이러한 '경쟁력 강화론'은 김영삼 정부의 '국가경쟁력 강화론'을 통해 본격적으로 제기되었다(서경석·임재홍, 1994). 이것은 국가를 단일의 통합된 주체로 표상함으로써 국가 내부의 다양한 분열과 갈등을 봉합하는 국가주의의 신자유주의적 표현이라는 점에서 지구화의 한 양상이라고 할 수 있다.

되고 있다는 것을 가장 잘 보여주는 예는 '산업의 정보화'와 그에 따른 전반적인 '노동의 약화'라고 할 수 있다. 신자유주의가 예전의 구자유 주의와 본질적으로 다르지 않다(김성구, 1998)는 주장은 이런 점을 강 조하는 것이다. 더 나아가 이런 입장에 따르면 정보사회라는 개념 자 체도 비실제적인 것으로 간주되기가 쉽다. 그러나 여기에는 두 가지 문제가 연관되어 있는 것으로 보인다. 첫째, '정보의 산업화'가 갖는 실제적 함의를 올바르게 평가하지 못한다. 정보의 산업화는 산업의 정보화를 촉진하는 한편 신산업과 신주체의 형성을 가져온다. 바로 이 때문에, 그것이 비록 본질적으로 자유주의의 복귀에 불과한 것일 지라도, 그러한 복귀가 이루어지고 더욱이 지구적으로 확산되는 것이 다. 둘째, 신자유주의의 중요한 현상으로서 현실 정보사회의 형성을 올바르게 이해하지 못한다. 이것은 미래학적 정보사회론이 탈역사적 혹은 초역사적 방식으로 정보사회의 상을 구성하는 데에 대한 즉자적 대응에서 비롯된다. 이것은, 비록 뒤집어진 형태일망정, 정보사회를 탈역사적 혹은 초역사적 방식으로 파악한다는 점에서는 미래학적 정 보사회론과 마찬가지이다. 43)

현실 정보사회의 제도화에서 현재 가장 중요하게 부각되고 있는 것 은 '지적재산권체계'의 형성이다. 이것은 정보의 산업화가 경제 전 영 역으로 확산됨으로써 급부상하고 있는 '정보경제'를 제도적으로 확립 하려는 것이기 때문이다. 즉 지적재산권은 기존의 자본주의적 소유관 계에 기반하고 있는 것이며 이미 오래 전부터 기능해 온 것이지만, 현 재의 '지적재산권체계'는 그것을 단순히 지속하는 것이 아니라 기술환

---

43) 이것의 실천적 결과는 우선 미래의 사회적 전망을 제시할 수 없다는 것으로 나타난다. 이것은 결국 현실의 변화에 적극적으로 대응할 수 없기 때문에 빚어지 는 결과이다. 이런 점에서도 현실 정보사회라는 개념은 유용하다. 이 개념은 현실 의 급격한 기술발달과 그에 따른 사회적 변화를 인정하는 동시에, 새로운 기술을 누가 어떻게 무엇을 위해 이용할 것인가의 문제에 주목하기 때문이다.

경의 변화에 맞도록 제도환경을 전면적으로 재형성하려는 것이다. 요 컨대 맑스 식으로 말하자면, 결국 지적재산권체계는 생산력의 발달에 따라 변화된 생산관계를 제도적으로 확립하려는 것이다. 이 점에서 1990년대에 들어와 형성되고 있는 새로운 지구적 지적재산권체계의 형성은 현실 정보사회의 제도적 구체화의 핵심이라고 할 수 있다. 이 것은 기본적으로 정보의 생산과 분배방식을 자본주의적으로 규정하려 는 목적을 가지고 있다. 다시 말해서 정보재의 생산에 기초한 신산업 의 안정적 재생산을 확보하기 위한 자본의 요구를 사회적으로 실현하 려는 것이다. 여기서 정보재의 특성44)은 신산업의 물리적 기초가 되 지만, 그것을 지속적으로 불안정하게 만드는 자연적 요인이기도 하 다. 따라서 지적재산권체제는 이러한 자연적 불안정요인을 정치적 강 제력을 통해 안정화하려는 시도라는 성격을 갖는다. 이 때문에 지적 재산권체계는 체계적인 모순을 내장할 수밖에 없게 되며, 현실 정보 사회의 제도적 취약성과 정보주의의 문제점을 드러내주는 사회적 장 소가 된다.

한편 정보화 경쟁을 통한 현실 정보사회의 제도화는 고전적인 불평 등 문제 중의 하나인 이른바 '남북문제'를 재구성하는 효력을 가지고 있는 것이기도 하다. 즉 이 과정에서 지구적 정보사회의 불평등한 실 상이 새로운 형태로 전개되는 것이다. 이를테면 지구정보사회와 신종 속의 문제라고 부를 수 있는 현상이 강화된다(임현진, 1998: 261- 267). 이런 관점에서 신기술에 기반한 지구화는 진정한 의미에서 지구 화라기보다는 '차라리 3극화'라고 보는 견해들도 제시되었다(김환석,

---

44) 보통 비소모성, 비이전성, 누적효과성, 비분할성, 의존가치성, 자기조직성, 전유불가능성, 저장성, 무한재생산성, 무한가치성, 가치의 불확실성 등으로 정리 된다(정국환 외, 1996: 17-18). 그러나 이같은 예시는 정보의 물리적 성격과 사회 적 성격을 구분없이 제시한 것이라고 할 수 있다. 이에 대한 좀더 체계적인 구분 은 권오혁(1995: 285-291)을 참조.

1993: 136). 그러나 최근의 시점에서 보자면, 이같은 3극화는 오히려 미국화라고 불러야 더 옳을 것으로 보이기도 한다. 1990년대 말의 시점에서 이것은 일차적으로 '달러의 지배'라는 형태로 나타났다. 계속적인 경기침체 속에서 일본의 엔화는 달러에 대항하지 못했으며, 유일한 대항세력으로 기대되었던 유로(EURO)화도 고전을 면치 못했던 것이다(한겨레신문, 1999/3/5). 반면에 미국은 정보기술에 바탕을 둔 신산업의 급성장으로 유례없는 호황을 누렸다. 그리고 이와 관련하여 달러의 지배는 이른바 '글로벌 스탠다드'(지구적 기준)라는 형태로 전환되어 빠르게 확산되었다. 이것은 확실히 미국화의 제도적 형태라고 할 수 있다. 그리고 1990년대의 미국화는 기술경제적 영역에서 시작되어 결국 문화적 차원으로 거세게 확산되었다.[45] 이렇듯 현실 정보사회의 제도화에는 1990년대에 미국이 거둔 놀라운 경제적 성공의 그림자가 짙게 드리워져 있다.[46]

4. 정보화 경쟁과 정보주의

구조와 제도의 변화과정에는 그것에 대한 해석과정이 수반된다. 이러한 해석은 어떤 변화에 대한 사회적 합의를 유도하는 기능을 하며,

---

45) 물론 미국화가 새로운 현상은 아니다. 그러나 1990년대 이후의 미국화는 정보통신기술로 대표되는 신기술에 바탕을 두고 있으며, 문화산업의 유행에서 드러나듯이 문화가 가장 중요한 경제적 대상으로 변하고 있는 상황의 반영이라는 점에서 새로운 주목을 요하는 현상이다.
46) 탈냉전을 통해 팍스아메리카나가 종언을 고했다는 월러스틴의 주장(Wallerstein, 1991)은 이런 면에서 반박될 수 있을 것으로 보인다. 1990년대 중반을 지나며 미국의 경제적 및 문화적 헤게모니는 더욱 강화되었으며, 이런 사실은 오히려 팍스아메리카나의 지구적 완성으로 비치기 때문이다. 초국적 금융자본의 횡행이 그 경제적 예라면, 인터넷과 영어제국주의는 그 문화적 예로서 갈수록 강화되고 있다.

이데올로기의 형성과 유포는 그 주요한 형태가 된다. '정보주의'[47] 는
2차대전 이후 본격적으로 발전해 온 다양한 정보이론에 바탕을 두고
있다. 이 점에서 우선 주목할 것은 정보주의와 정보패러다임의 연관
이다. 따라서 여기서는 정보패러다임에 관한 논의에서 시작하여 정보
주의가 형성된 과정, 그리고 그것이 최근의 정보화 경쟁에서 수행하
는 기능과 확산방식에 대해 살펴보고자 한다.

1) 정보패러다임과 정보주의

정보주의의 주요 주장은 정보패러다임에 바탕을 두고 있다. 여기서
정보패러다임이란 사이버네틱스(Cybernetics)에 의해 이루어진 정보
에 관한 새로운 인식과 그로부터 비롯된 새로운 물리학적 세계상을 의
미한다. 따라서 정보패러다임에 관한 논의는 사이버네틱스에 관한 논
의에서부터 시작된다. 베이트슨에 따르면 '인간이 과거 2000년 동안
지식의 나무 열매를 깨물어 먹은 것 중에서 가장 크게 먹은 것'인 사이
버네틱스의 '주된 과제는 사건들이나 사물들이 아니라, 사건 및 사물
에 의해 전달되는 정보'(Bateson, 1972: 486, 409)이다. 요컨대 사이
버네틱스는 정보에 관한 학문이라고 정의될 수 있다. 위너에 따르면
이러한 사이버네틱스의 형성은 19세기 후반부터 전개되어 온 고전역
학의 변화와 깊게 관련되어 있다. 뉴턴의 고전역학은 '전미래가 엄격
히 전과거에 의존'하는 완전히 질서정연한 우주관을 제시하였으며, 이
러한 우주관은 근대적 결정론의 물리학적 근거로서 근대 과학 전반에

---

47) 정보주의라는 개념을 사용하여 최근의 정보화를 분석한 연구로는 까스뗄
(Castells, 1996)이 있다. 그는 정보주의를 새로운 '발전양식'으로 정의하는데, 발
전양식이란 노동자가 그것을 통해 작업을 수행하는 기술적 배치를 뜻한다. 발전
양식으로서 정보주의는 산업주의에 대응하는 것으로서, 그는 이러한 발전양식의
변화를 통해 '기술경제체계'는 산업자본주의(industrial capitalism)에서 정보자본주
의(informational capitalism)로 변하는 것으로 본다(15-19).

커다란 영향을 미쳤다. 그러나 점차 '사건의 불확정성과 우발성'에 대한 인식이 커졌으며, 그 결과 물리학에 확률을 도입하여 하나의 과학혁명이 일어나게 되었다. 그리고 '이 혁명이 초래한 결과는 지금의 물리학이 무엇이 항상 일어날 것이라는 것을 다룬다고는 주장할 수 없게 되었고, 오히려 무엇이 압도적인 확률로 일어날 것인가를 다룬다는 것'으로 정리된다. 한편 이러한 통계적 물리학은 열역학 제2법칙, 즉 엔트로피론과 깊은 연관을 맺고 있다. 새로운 물리학이 제시한 '우주에서는 질서는 가장 일어나기 어렵고 혼돈은 가장 일어나기 쉽다.' 그러나 이러한 일반적인 경향 속에서도 '그 영역의 방향은 전우주의 방향과 반대인 것 같이 보이고, 또 그 영역에서는 조직이 증가하는 유한하고도 일시적인 경향이 있는' 특정영역들이 존재하는데 '생명은 이와 같은 영역 내에서 안주하는 것'이다(Wiener, 1954: 5-12).

이처럼 통계적 물리학이 제시한 우주에서 발생하는 국부적인 반엔트로피의 현상을 정보의 소통과 통제로 설명하는 것이 바로 사이버네틱스이다. 따라서 이 용어 자체는 1947년에 노버트 위너에 의해 제시되었지만, 그 학문적 형성사는 19세기 중반 이래로 태동되어 온 현대물리학에서부터 비롯되는 것이다.[48] 이러한 사이버네틱스는 물리적 세계상을 질량과 에너지로 구성되는 것에서 질량, 에너지, 정보로 구성되는 것으로 바꾸어 놓았다. 즉 세계가 '질량과 에너지로 조직되어 있다면, 그리고 조직된 행동을 보인다면, 그것은 질량과 에너지 자체때문일 수는 없다. 그 결합은 정보적인 것이다. 이러한 조직체들은 환경으로부터 끊임없이 정보를 입수하여 피드백 등에 사용함으로써 열

---

48) 사이버네틱스라는 용어는 키잡이를 뜻하는 고대 그리스어에서 비롯된 것으로, 위너가 되살린 현대적 의미로는 조종과 통제를 동시에 뜻한다. 개념사의 자세한 내용에 대해서는 홍성태(1997)를 참조. 한편 위너는 샤논(Shanon)과 함께 현대 정보이론 및 커뮤니케이션이론의 비조로 꼽히는데, 양자의 차이로는 위너의 모델이 정보의 연속적인 흐름을 강조하는 반면, 샤논은 단속적인 흐름을 강조한다는 데 있는 것으로 지적된다(Rogers, 1986: 120, 124-125).

역학 제2법칙에 의해 운명지어진 혼돈화에 대항하여 견디어내고 있는 것'(윤완철, 1997: 157)임을 사이버네틱스는 보여주었던 것이다. 이렇듯 사이버네틱스를 통해 정보의 위상은 우주의 본질적 요소들 중의 하나로 확고히 정립되었다. 이러한 인식론적 차원을 넘어서 사이버네틱스가 현대 사회이론에 미친 영향은 체계이론과 관련하여 검토될 수 있다. 시스템 자체의 일반적 특성을 연구하는 학문으로서 체계이론은 부분과 전체의 유기적 의존관계에 대한 통찰에서 출발(박창근, 1997: 14-15; 59)하는데, 사이버네틱스는 '여러 다른 유형의 시스템 제어과정에 대해 보편적인 연구방법이 가능하다'(윤완철, 1997: 155)는 것을 보여줌으로써 체계이론의 발전에 중대한 영향을 미쳤던 것이다. 여기서 특히 중요한 것은 인간과 기계의 통합적 처리이다. 위너는 인간과 기계를 포함한 모든 유기체가 엔트로피의 경향에 저항하기 위해 정보를 처리해야 한다는 점에 주목하여 '생명, 목적 및 영혼과 같은 어휘들은 정밀한 과학적 사고에는 심히 부적당하다'(Wiener, 1954: 38)고 주장하였다. 이같은 주장은 공학적으로 인공지능 혹은 인공생명의 이론적 가능성으로 연결되면서 정보기술과 관련된 현대의 문화적 상상력을 크게 자극하는 결과를 빚게 되었다.[49]

사이버네틱스의 이러한 이론적 맥락은 오늘날 잘 알려져 있지 않다. 흔히 '인공두뇌학'이라고 번역되는 사이버네틱스라는 용어 자체는 사실상 거의 죽은 말에 가깝다. 그 이론적 차원은 체계이론으로 확장되었고, 공학적 차원은 인공지능의 개발로 이전되었다. 요컨대 사이버네틱스의 핵심이 발전적으로 해체됨으로써 그 용어 자체는 죽은 말이 되었던 것이다. 이런 점에서 사이버네틱스가 오늘날 정보화의 가능성을 상징하는 가장 중요한 문화적 기호가 되었다는 사실은 다소 극

---

49) 이에 대한 간략한 소개로는 조성배(1998)를, 더욱 체계적인 소개로는 Princia Cybernetica Web, American Society for Cybernetics, PANGARO Inc.의 사이트들을 참조.

적이다. 아마도 그 가장 좋은 예를 우리는 이른바 '사이버공간'이라는 표현에서 볼 수 있을 것이다. 사이버펑크(cyberpunk)라고 불리는 공상과학물의 하위장르에 속하는 한 소설(Gibson, 1984)에서 유래한 이 용어는 오늘날 흔히 인터넷과 가상현실기술로 대변되곤 하는 현대 정보통신기술의 새로움과 위력을 상징하는 기호로 확고히 자리잡았다. 특히 이 용어는 1990년대 중반 이후 세계적으로 인터넷이 새로운 대중적 매체로서 급부상하면서 널리 사용되기 시작했는데, 이와 함께 사이버네틱스는 '사이버'라는 접두어 아닌 접두어의 형태로 갑작스런 부활을 경험하게 되었다.[50] 그러나 여기서 더욱 주목할 측면은 이러한 부활의 핵심이 정보를 중심에 둔 세계관, 곧 사이버네틱스에서 비롯된 정보패러다임의 변화로서 정보주의의 급격한 대두와 연관이 있다는 것이다.

정보주의는 과학적으로는 정보패러다임에 바탕하고 있지만, 사회적으로는 결국 자본주의의 지속이라는 맥락에서 파악된다. 즉 그것은 정보패러다임의 자본주의적 변형으로 파악될 수 있다. 이러한 변형에 직접적으로 영향을 미친 것은 2차대전 이후, 특히 1960년대 이후 서구 선진국을 중심으로 현대 자본주의가 처하게 된 '이중의 도전'이다. 산업주의의 한계와 생태주의의 도전이 바로 그것이다. 양자는 서로 분리되어 존재하는 것이 아니라, 자본주의의 발전과정에서 동전의 양면과 같이 결합되어 있다는 점에서 현대 자본주의가 처한 이중의 도전이

---

50) 사이버가 이처럼 1990년대의 정보화를 상징하는 용어라면, 1980년대의 그것은 '텔레'(tele)라는 용어로 상징되었다(Pelton, 1983: 40). 여기서 우선 확인할 수 있는 것은 이러한 용어들이 모두 기술결정론적 사회관에 바탕하여 정보산업을 발전시키고자 하는 상업주의적 의도를 강하게 반영하고 있다는 점이다. 그러나 이와 함께 이러한 용어의 차이에 기술적 변화가 함축되어 있다는 것도 주목할 만하다. 요컨대 사이버는 새로운 매체의 가장 중요한 특성으로서 '양방향성'과 밀접하게 연관되어 있다고 할 수 있다. 사이버네틱스의 핵심은 피드백을 통한 조절메커니즘의 해명에 있는데, '양방향성'은 바로 이러한 피드백의 주요한 발현형태이기 때문이다.

다. 산업주의는 두 가지 측면에서 검토될 수 있는데, 하나는 인간과 자연의 관계이고, 다른 하나는 인간과 인간의 관계이다. 전자는 무엇보다 공업적 생산력으로 대표되는 것으로, 이것은 자연의 적극적 개조를 통해 인간의 욕구와 욕망을 실현하는 능력이다. 그러나 이 능력은 20세기에 들어와 파멸적 살상력이기도 하다는 사실이 명백히 드러났는데, 그 대표적인 예가 바로 양차 대전과 핵무기의 개발이었다(김진균·홍성태, 1996). 동시에 포드주의의 확산은 이른바 '소비사회'를 논할 정도로 생활상의 변혁을 초래했으나, 그 이면에서 자원고갈의 압력을 지구적 차원에서 현실화하는 결과를 빚게 되었다. 근대가 그 한 정점에서 처하게 된 이런 모순적 상황과 결과를 요약적으로 표현한 것이 바로 '성장의 위기'였다. 이러한 위기의 발현에 기반하여 다양한 생태적 사고와 실험이 전개되었으며, 이러한 변화는 현대 자본주의에 대한 중대한 도전으로 작용하게 되었다. 그리고 이같은 도전에 대한 자본의 대응과정에서 정보패러다임은 정보주의로 변형되기 시작하였다.

정보주의의 핵심은 다음과 같이 요약될 수 있다. 즉 '일반재화의 생산에는 자원과 에너지가 필요하며, 열역학 제2법칙에 의하면 일단 소모된 에너지는 재생이 불가능하다. 정보자원의 생산 및 재생산은 이러한 열역학의 법칙을 따르지 않기 때문에 확대하거나 압축할 수 있고, 대체 및 이동이 가능하며, 누설되기 쉽고 공유할 수 있다'(정국환 외, 1996: 17)는 것이다. 이미 우리에게 익숙한 이같은 주장은 사실의 관점에서 보자면 많은 혼동의 요소를 안고 있는 것으로 생각된다. 특히 중요한 것은 정보가 물질을 대체하는 것처럼 제시되는 점인데, 정보는 물질을 대체하는 것이 아니라 다만 물리적 세계를 구성하는 본질적 요소로서 물질의 한 측면이다. 따라서 정보도 엔트로피법칙에서 결코 자유로울 수 없다. 이런 주장의 의도는 명백하다. 즉 '정보사회론자들이 보기에 정보자원은 20세기 중반에 첨예하게 드러난 기존 자원의 한계—저성장, 실업, 스태그플레이션, 석유파동과 에너지 위기, 환경오염 등등—를 극복해 줄 수 있을 것이며, 많은 사람들에게 저렴한 비용으로 커다란 혜택을 줄 수 있다'(정국환 외, 1996: 17)는 것이다. 이런 논리 속에서 정보기술의 발달과 정보산업의 성장은 필연적인 역사적 과제로 부각된다. 1990년대 이후의 정보화 경쟁은 유례없이 강화된 경제경쟁을 배경으로 이같은 정보주의의 주장을 하나의 상식으로 확산시켰다.

2) 정보주의의 사회적 확산

정보주의는 현재의 정보화 경쟁을 통해 관철되고 있는 특수한 정보화의 경로를 보편적인 것으로 합리화하는 역할을 수행한다. 따라서 그것은 무엇보다도 현재 정보화 경쟁을 주도하고 있는 사회세력, 즉 초국적자본의 이해관계를 궁극적으로 관철시키는 구실을 한다.[51] 그러나 이러한 사회적 연관은 직접적으로 드러나지 않는다. 바로 이 점에 정보주의가 이데올로기로서 갖는 특수성이 있다.

현대 이데올로기론을 정초한 맑스주의의 전통 속에서 이데올로기의 특성은 대체로 '특정한 계급이익을 대변하고 봉사하'며, '그 방식이 은폐와 대체를 수반하'는 것으로 파악된다(한상진, 1984: 14-15). 이것

---

51) 물론 초국적자본 외에도 수많은 개인 주체들이 놀라운 '성공신화'의 주역이 되고자 정보화 경쟁에 자발적으로 참여하고 있다. 마이크로소프트의 빌 게이츠, 야후의 제리 양, 넷스케이프의 마크 안드레센 등은 그 대표적인 인물들이다. 마치 금세기 초의 카네기를 연상시키는 이들의 놀라운 '자수성가' 신화는 정보화를 무엇보다 경제프로젝트로 인식하도록 하는 데서 중요한 역할을 한다. 이 점에서 이러한 '성공신화'야말로 대중매체를 통해 일상적으로 접할 수 있는 정보주의의 대표적인 예라고 할 수 있다. 빌 게이츠의 성공신화에 대해서는 Manes and Andrews(1993)을, 최근의 인터넷 붐과 관련한 성공신화에 대해서는 Reid(1997)을 참조.

을 좀더 일반적으로 서술하면, 이데올로기는 특정한 이해관계와 밀접한 연관을 맺고 있으며 허위적 성격을 가지고 있는 담론이라고 정의할 수 있다. 이러한 정의는 기본적으로 다음과 같은 두 가지 대당에 바탕을 두고 있다. 첫째, 진리와 허위의 대당으로서 이데올로기는 허위의 영역에 속하는 담론이라는 것이다. 둘째, 지배와 피지배의 대당으로서 이데올로기는 지배를 합리화하는 담론이라는 것이다. 이러한 틀에서 보면 이데올로기의 문제는 결국 지배이데올로기의 문제로 인식되며, 이에 대한 비판은 그 허위를 밝히고 진리를 드러냄으로써 지배와 피지배의 문제를 해결하려는 것으로 귀결된다.52) 한편 레닌은 '이데올로기란 계급이익을 표출시키는 인지와 이론의 틀'이라고 정의함으로써 이러한 틀에 큰 변화를 초래하였다. 즉 레닌의 정의를 따르자면 모든 계급은 저마다의 이데올로기를 가지게 되는 것이며, 따라서 지배이데올로기뿐만 아니라 대항이데올로기도 존재하는 것으로 파악된다. 요컨대 이데올로기는 정치적 사상이나 신조로 정의되는 것이다. 그러나 이데올로기론의 맥락에서 비판적으로 보자면, 이로써 '이데올로기 개념은 원래의 부정적 의미를 잃게' 될 뿐만 아니라, '바로 이데올로기의 개념 그 자체가 상실 또는 소멸'되는 것으로 평가53) 된다(Larrain, 1979: 106-107).

이데올로기 개념에 관한 현대의 일반적인 용법에서는 이같은 정의들이 흔히 혼재되어 있는 것을 볼 수 있다. 요컨대 인식론적 차원에서

---

52) 그러나 실천적으로 자명한 것으로 보이는 이러한 틀은 진리를 정의하고 인식하는 것 자체가 극히 논쟁적인 과제라는 사실 앞에서 본질적인 취약성을 드러낸다.
53) 이러한 평가는 일면 타당하지만 본질적으로는 잘못된 것이라고 할 수 있다. 왜냐하면 레닌에게서는 진리와 허위의 대당이 사라진 것이 아니라, 오히려 계급적으로 확고하게 구획되는 것이기 때문이다. 즉 노동자계급이 진리를 담지한 역사적 계급이라면 부르주아는 지배를 유지하기 위해 허위의식을 유포할 수밖에 없는 계급이라는 것이다. 이렇게 보면 레닌의 진정한 문제는 진리의 인식가능성과 실현가능성을 계급적으로 선험규정한다는 데 있다고 할 수 있다.

이데올로기는 그릇된 의식이라는 부정적 평가를 분명히 함축하고 있지만, 실천적 차원에서는 지배이데올로기와 대항이데올로기의 이분법이 작동하고 있다. 문제는 이 양자가, 라레인이 지적하고 있듯이, 상충적이라는 것이다. 이런 점을 고려하여 이 책에서는 이데올로기를 인지적 현실로서 파악하고자 한다. 인지적 현실은 우리가 현실을 인식하는 인지적 자원의 총체를 지칭한다. 인지적 자원은 그 자체가 인지적으로 구성된 현실로서 사회적 현실이며, 사회 속에 던져진 존재로서 우리는 그로부터 자유롭지 못하다. 인지적 현실로서 이데올로기는 인간의 정신활동의 소산인 동시에 그 활동의 역사적 참조틀로서 구실한다. 이 점에서 이데올로기는 구조와 제도의 변화에 영향을 미치는 동시에 그 변화로부터 지속적으로 영향을 받는다. 이러한 이데올로기의 주요한 특징은 그 사회적 기능에서 찾을 수 있다. 요컨대 인지적 현실로서 이데올로기는 진리와 허위의 대당보다는 그 사회적 기능에 의해 우선 정의된다. 이 경우 중요한 것은 이데올로기가 특정한 사회적 이해관계에 기반하여 사회변화를 일정한 방향으로 유도하는 구실을 한다는 점이다.

정보화 경쟁의 지배이데올로기로서 정보주의는 고도의 기술력을 바탕으로 정보화를 경제적으로 주도하고 있는 자본의 이해관계를 대변한다. 물론 자본은 계급 전체로서 동일한 이해관계를 가지지만, 현실에서 그 내부구성은 다양한 분파로 나뉘어 존재한다. 그러므로 정보주의가 대변하는 것은 상당히 일반적인, 따라서 추상적인 자본의 이해관계라고 할 수 있다. 그러나 다른 한편 그것은 역시 구체적이라고 할 수도 있는데, 그 까닭은 정보화 경쟁에 주도적으로 참여할 수 없는 비자본 측에 대해서는 자본의 이해관계를 수미일관하게 관철시키는 역할을 하기 때문이다. 이러한 정보주의는, 정보패러다임에서 비롯되었다는 데서 알 수 있듯이, 근대의 지배과학으로서 자연과학의 발달을 기초로 삼고 있다. 쉽게 말해서 정보의 중요성에 대한 과학적 인식이 정보주의의 기원인 것이다. 이러한 정보주의는 정보통신기술의 발달 속에서 그 물질적 형태를 얻게 된다. 정보통신기술의 발달 자체가 정보주의의 주장을 사회적으로 확증하는 가장 강력한 매체가 되는 것이다. 그 결과 정보통신기술의 발달 자체를 통해 정보주의에 대한 일종의 즉물적 태도가 빠르게 확산되어 간다. 이러한 즉물적 태도는 사회변화에 관한 기술결정론적 태도로서, 예컨대 정보화라는 기술변화가 정보사회라는 새로운 사회구성을 낳는다는 식의 논의에서 가장 일반적이고 대중화된 형태로 나타난다.

오늘날 이러한 논의의 사회적 확산에 가장 큰 영향을 미치는 것은 대중매체이다. 자본주의라는 물질적 현실을 바탕으로 대중매체는 정보주의의 빠른 확산에 크게 기여하고 있다. 정보주의는 기술결정론과 동전의 양면을 이루고 있는 과학주의의 특수한 형태라고 할 수 있으며, 자본주의의 주요한 이념적 기반인 경제주의와 긴밀하게 상호작용한다. 요컨대 1990년대 이후의 정보화 경쟁 속에서 정보주의는 정보화를 과학적 발전의 성과로서, 그리고 경제적 요청의 결과로서 일반화한다. 이것은 바로 대중매체에서 정보화를 다루는 통상적인 방식이기도 하다. 문제는 이러한 일반화 속에서 정보화가 자본주의적 정보화 경쟁의 형태로 관철되고 있다는 사실이 명확히 부각되지 않는다는 점이다. 오히려 이러한 일반화 속에서 강조되는 것은 정보화가 자본주의 자체를 지양한다는 식의 탈역사적 주장이다. 정보화가 현대 자본주의의 축적양식과 노동과정에 커다란 변화를 초래하고 있는 것은 사실이지만, 그러한 변화와 자본주의적 질서 자체의 지양은 분명히 구분해야 할 문제이다. 또한 현재의 지구적 정보화 경쟁에서 정보주의는 미국주의와 밀접한 연관을 맺고 있다. 현재의 정보화 경쟁이 미국화를 명분으로 신자유주의의 지구적 확산을 촉발한다면, 정보주의는 이같은 변화를 문명사적으로 합리화하고 있는 것이다. 이런 점에서 정보주의는 미국을 중심으로 한 새로운 제국주의의 논리라는 성격을 강하게 갖는다. 그러므로 사회중립적이고 탈역사적인 형태를 취하고 있는 이 논리가 사회적으로 확산되는 과정은 미국화가 지구적 차원에서 더욱 강화되는 과정이기도 하다.54) 지구화가 무엇보다 경제적 지구화로, 특히 기술발달에 의해 주도되는 경제경쟁에 기반한 지구화로 전개되고 있는 상황에서 이같은 사실은 갈수록 더욱 더 강화될 것으로 보인다.

이데올로기의 확산과 관련하여 지배이데올로기는 두 가지 점에서 지배적으로 된다고 할 수 있다. 첫째, 질적인 측면으로 그것은 물질적 현실을 지배하는 계급·계층의 이해관계를 대변한다. 이 경우 지배이데올로기는 특수이익을 보편이익으로 치환하는 기능을 수행하기 때문에 필연적으로 강한 허구성을 지니게 된다. 둘째, 양적인 측면으로 그것은 인지적 현실로서 이데올로기의 지배적 부분을 차지한다. 이 점은 특히 대중매체의 발달과 관련해서 중요한데, 대중매체는 질적인 측면에서 정의된 지배이데올로기를 극히 빠른 속도로 사회화하는 중요한 수단으로 작용한다. 이런 관점에서 보자면 이데올로기의 문제는 두 가지의 과제를 제기하는 것으로 보인다. 첫째, 지배이데올로기의 허구성을 비판적으로 분석해야 한다. 특히 중요한 것은 이론 혹은 과학의 이데올로기라고 할 수 있는데, 그것은 그 자체가 비이데올로기 혹은 반이데올로기의 형태를 취하고 있어서 훨씬 수월하게 강력한 사회적 영향력을 행사하기 때문이다.55) 둘째, 대항이데올로기의 개발을

---

54) 이와 관련하여 1990년대의 가장 두드러진 예로는 아마도 실리콘밸리의 성공에 관한 대중매체의 지속적인 소개와 '선전'을 들 수 있을 것이다. 이에 대한 대중매체의 접근방식은 현재의 정보화 경쟁을 필연적일 뿐만 아니라 올바른 것으로 긍정하고, 이 경쟁에서 살아남기 위해 여기에 어떤 식으로 적응할 것인가를 검토하는 것으로 보인다. 여기서 실리콘밸리는 정보화 자체의 역사적 상징으로 여겨진다.
55) 이와 관련하여 니체의 영향을 강하게 받은 바티모는 다음과 같이 주장한다.

통해 인지적 현실의 지형을 지속적으로 변형시켜야 한다는 것이다.
이 과제는 훨씬 더 어려운데, 그 까닭은 인지적 현실의 지형은 결국
물질적 현실을 통해 변형되는 것이기 때문이다. 특히 중요한 것은 매
체의 문제로서 대항이데올로기를 사회화할 수 있는 대중매체를 확보
할 수 있어야 하는 것이다.[56]

5. 맺음말

1990년대의 정보화 경쟁이 낳은 두드러진 외면적 결과들 중의 하나
로 이른바 '지구정보사회'의 대두를 들 수 있다. 이것은 특히 인터넷의
발달과 관련된 것이다. 인터넷은 단순히 새로운 전자적 소통망의 지
위를 넘어서 지구적 차원에서 작동하는 '자신만의 전자적 관할권'을 갖
는 새로운 사회관계로 평가되며, 따라서 근대사회의 핵심적 기반인
국가권력의 약화를 의미하는 이러한 현상에 대처하기 위해 지구적 차
원에서 '새로운 전자적 사회계약'의 필요성이 제기되기도 한다(박민
성, 1997). 이런 관점에서 보자면 지구정보사회란 단순히 기술발달의
결과로 파생되는 것이 아니라, 이러한 새로운 정치경제적 연관관계의
제도화를 통해 사회적으로 구체화되는 것이다. 사회적 구체화는 다양

'미디어 사회에서는 투명한 의식과 사물에 대한 올바른 의식(헤겔의 절대정신이나
맑스의 이데올로기로부터 자유로운 인간)을 갖는 것이 인간해방의 방향이 아니
며, 오히려 끊임없는 진동과 다원성 그리고 종국에 가서는 '현실 원리'의 붕괴에
기초하여 인간해방을 논의해야 한다'(Vattimo, 1992: 20). 즉 과학의 이데올로기
에서 핵심적인 문제는 근대 과학의 '진리주장'으로서, 이에 대한 성찰은 그 비판자
에게도 중요한 과제인 것이다.

56) 이 점에서 인터넷은 중요한 역할을 수행한다. 기존의 대중매체에서는 체계적
으로 배제당하는 다양한 이데올로기들이 인터넷을 통해 빠른 시간에 지구적으로
전파될 수도 있기 때문이다. 인터넷이 대항매체 혹은 대안매체로 인식되는 까닭
은 바로 이 때문이다.

한 사회적 이해관계들이 복잡하게 작용하는 역동적인 변화의 과정이다. 요컨대 정보사회란 정보기술의 발달에 따라 즉자적으로 등장하는 것이 아니라, 이처럼 역동적인 사회적 변화의 과정을 통해 비로소 구현될 수 있는 것이다.

정보화와 정보사회에 관한 논의들이 여전히 미래학적인 긍정론 및 그에 대한 본질주의적 부정론으로 대별되는 이유들 중에는, 정보화와 정보사회를 현실의 변화라는 관점에서 적절히 포착할 수 있는 이론틀이 개발되지 못했다는 점도 포함되어 있다. 대체로 양자는 모두 정보화라는 기술변화가 정보사회를 낳는다는 극히 일반적인 명제를 중심으로 추상적인 논의를 전개하고 있다고 할 수 있다. 이같은 추상성은 동시에 기술주의적이라는 문제를 안고 있기도 하다. 이러한 문제를 극복하기 위해서는 '정보화→정보사회'라는 기술주의적 모형을 '정보화 경쟁→현실 정보사회'라는 사회적 구체화 모형으로 대체할 필요가 있다. 다시 말해서 흔히 정보화로 불리는 변화의 사회적 실체는 정보화 경쟁이며, 이것은 미국식 신자유주의에 바탕한 현실 정보사회의 형성으로 전개되고 있다. 현실 정보사회의 사회적 특성은 정보화 경쟁의 자본주의적 본질에 의해 일차적으로 규정된다. 또한 이런 점에서 현실의 정보화는 무엇보다 자본주의적 정보화 경쟁을 통해 구체화되는 경제프로젝트라는 성격을 갖는 것으로 파악된다.

현재의 지구적 정보화 경쟁을 구조적 차원에서 규정하는 지배적 흐름은 미국식 신자유주의이다. 미국은 이 경쟁을 기술적으로 선도하고 있을 뿐만 아니라, 미국식 경제모델을 지구적으로 관철시키려 하고 있다. 미국식 지구적 표준(글로벌 스탠다드)은 기술에 국한되는 것이 아니라 사회체계에까지 확장되고 있는 것이다. 현재 이같은 신자유주의의 구조적 규정성은 지적재산권체제의 형성을 통해 제도적으로 구체화하고 있다. 지적재산권은 정보재의 생산과 유통을 규제하는 법적 장치로서 현실 정보사회의 경제적 핵심을 구성한다. 따라서 지적재산권체제의 형성은 현재의 정보화 경쟁에서 핵심적인 문제영역이 된다. 다른 한편 지구적 차원에서 보자면, 이러한 정보화 경쟁은 종래의 '남북문제'와 밀접한 연관을 맺고 전개된다. 요컨대 선진국의 주도 속에서 후진국들은 '강제된 정보화'의 형태로 지구적 정보화 경쟁에 참여하고 있는 것이다. 이런 점에서 현재의 정보화 경쟁을 통해 형성되고 있는 현실 정보사회는 기존의 자본주의적 모순관계에서 자유롭지 못하다는 것을 알 수 있다.

정보화 경쟁의 구조적 차원과 제도적 차원이 각각 신자유주의의 지구화와 현실 정보사회의 형성으로 전개된다면, 정보패러다임에 바탕한 이데올로기로서 정보주의가 이러한 변화를 이론적으로 합리화하고 있는 것을 볼 수 있다. 이 이데올로기는 현재의 정보화 경쟁을 정보화의 보편적 경로로 합리화한다는 점에서 1990년대 정보화 경쟁의 지배 이데올로기가 된다. 지배이데올로기로서 정보주의는 지배계급의 이익을 직접적으로 대변한다기보다는 대중화된 이데올로기로서 그러한 역할을 수행한다. 대중매체는 이러한 정보주의의 대중화 혹은 사회적 확산에 큰 영향을 미치고 있다. 예컨대 '정보가 세상을 바꾼다'는, 대중매체를 통해 널리 알려진 문안은 자본이 주도하는 정보화 경쟁을 보편화하는 데서 큰 역할을 하는 것으로 보인다. 이론적으로 보자면 정보주의는 정보사유론에 근거하고 있는 정보사회론 및 신경제론으로 대표된다. 따라서 그 이론적 뿌리는 상당히 깊다고 할 수 있다. 다음의 3장에서는 이러한 두 가지 이론에 대한 분석을 통해 정보주의의 이론적 내용과 함의를 살펴보도록 한다.

3장
정보주의의 이론적 구성

1. 머리말

  '자본주의나 산업주의와 같은 핵심개념'은 '사회적 제도와 관행을 만들어 가는 행위를 이끄는 중요한 지침'(Block, 1990: 10)으로 구실한다. 이같은 관점에서 정보주의는 1990년대의 지구적 정보화 경쟁 속에서 전개되는 정보사회의 제도화에 중요한 지침으로 구실한다고 할 수 있다. 정보주의의 실천적 효과는 두 가지 측면에서 검토될 수 있다. 첫째, 적극적인 측면으로서 그것은 1990년대 이후의 신자유주의적 정보화를 정보화의 보편적인 경로로 합리화하는 구실을 한다. 둘째, 부정적인 측면으로서 그것은 정보화가 다른 방식으로 전개될 가능성에 관한 논의를 주변화한다. 이같은 실천적 효과와 관련하여 제기되는 본질적인 질문은 정보화와 자본주의의 관계에 관한 것이다. 다시 말해서 정보사회는 필연적으로 자본주의일 수밖에 없는가라는 질문이 제기되는 것이다. 물론 현실 정보사회는 자본주의사회이며, 그것도 19세기적 자유주의의 원리가 지배하는 신자유주의사회로 나타나고 있다. 이같은 사실은 정보사회가 자본주의도 사회주의도 아니라는 정보사회론자들의 주장을 반박하는 것이라고 할 수 있다. 그러나 다른 한 편 그렇다고 해서 이러한 현실 정보사회를 정보사회의 전부로 해석할 필요는 없을 것이다. 요컨대 기술의 사회적 가능성은 원리상 열려 있다. 이런 면에서 정보사회의 가능성도 역사적으로 열려 있다고 할 수 있다.

이 장에서는 정보주의의 이론적 구성을 다룬다. 이것은 정보화에 관한 주요 사회이론들을 통해 제시되는 정보주의의 내용에 대한 이론적 분석이다. 사회이론이 중요한 이유는 그것이 사회적 행위와 제도의 변화를 유도하고 규제하는 역할을 수행하기 때문이라고 할 수 있다.[1] 사회이론의 이러한 역할은 사실상 꽁뜨 이래로 사회학의 핵심적인 목표로 간주되어 왔던 것이지만, 미래를 그 연구대상으로 삼는 주류 정보사회론[2]은 이러한 역할을 특히 강조하는 것으로 보인다. 요컨대 미래라는 시간, 즉 아직 존재한 적이 없는 시간을 연구대상으로 삼는다는 것 자체가 주류 정보사회론의 이같은 특성을 잘 보여주는 것이라고 하겠다. 다니엘 벨의 경우에 이러한 역할은 '사회적 예측(fore-casting)'의 작업으로 수행되며(Bell, 1976a: 3-9), 앨빈 토플러의 경

---

1) 블럭은 이에 대해 다음과 같이 지적한다. "한 사회의 성원들이 특정 노선에 따라 사회제도를 새로운 모양으로 바꾸어가는 것은 제도적 선택의 지속적 과정을 통해서이나. 광범위한 의미로 정치적 과정이라 할 수 있는 이 과정은 서로 다른 이익을 가진 상이한 집단들이 정치적 결과에 영향을 미치기 위해 투쟁을 벌이는 과정을 말한다. 그런데 여기서 경쟁적인 집단간의 세력균형 자체는 이러한 사회를 어떻게 이해하느냐 하는 사고방식에 의해 영향을 받는다. 바로 여기서 사람들이 특정 제도를 받아들이는 인식방법을 규정하는 데 있어서 사회이론이 얼마나 중요한 역할을 하는가가 나타난다"(Block, 1994: 10).
2) 정보사회론의 일반적인 이론지형은 주류 정보사회론과 비판 정보사회론으로 대별할 수 있다. 전자가 본질적으로 기술결정론과 수렴이론에 기반하여 새로운 사회구성의 형성을 주장한다면, 후자는 이러한 논리를 비판하고 산업사회의 연장이자 자본주의의 구조조정이라는 관점에서 정보사회를 파악한다. 물론 양쪽 모두 그 내부에는 다양한 견해들이 존재하고 있으며, 여기서는 정보주의와 더욱 밀접한 연관을 맺고 있는 주류 정보사회론을 다룬다.

우에는 '미래충격'에 대응하기 위한 '새로운 적응이론'으로 제시된다
(Toffler, 1970: 13). 이 두 사람의 선구자를 따라서 수많은 후속 논의
들이 나타났으며, 지금도 계속해서 나타나고 있다. 그 내부의 여러
차이들에도 불구하고 이들을 주류 정보사회론이라는 하나의 집단으
로 묶을 수 있는 이유는 그 연구대상이 미래라는 사실에서 비롯된다.
이런 점에서 주류 정보사회론은 본질적으로 '미래학'3) 4) 이라고 할 수
있다.

이 논문에서는 정보주의의 이론적 구성을 크게 정보사회론과 신경
제론에 의해 이루어지는 것으로 파악하고자 한다. 정보화에 따라 자
본주의와 사회주의의 체제모순을 극복한 새로운 사회로서 정보사회가
등장한다는 것이 정보사회론의 핵심주장이라면, 이에 비해 정보화는
필연적으로 자본주의를 요청한다는 것이 신경제론의 핵심주장이라고
할 수 있다. 요컨대 종래의 정보사회론이 추상적인 거시담론이었다
면, 최근의 신경제론은 훨씬 더 구체적인 제도적 내용을 담고 있다. 5)
다시 말해서 종래의 정보사회론이 자본주의의 승리를 우회적으로 예
측했다면, 1990년대의 신경제론은 자본주의의 지구적 승리를 역사적
으로 정당화한다. 따라서 정보사회론과 신경제론은 신자유주의의 구

---

3) 미래학에 대한 이론적 소개로는 배규한(1994)을, 이에 대한 체계적인 비판으로
는 Dublin(1989)을 참조. 미래학의 가장 큰 문제로는 '자기충족적 예측'을 들 수 있
다. 다시 말해서 미래학은 객관적 예측의 형태로 제시된 정책적 제언이라는 특성
을 가지며, 이 점에서 미래학적 예측은 이데올로기의 성격을 강하게 지니게 된다.
4) 주류 정보사회론과 밀접한 연관을 맺고 있는 미래학에 대한 비판을 전면적으로
반비판하는 것으로 Postrel(1998)이 주목할 만하다. 이 책은 변화에 대해 우려의
눈길을 보내는 사람들을 모두 '복고주의자'로 싸잡아 비판하는데, 그 중에는 다니
엘 벨같은 사람들도 포함된다. 변화의 이름으로 이보다 더 무지막지하게 현실을
긍정하는 주장은 아마도 다시 찾아보기 어려울 것이다.
5) 이 점에서 신경제론은 '현실 정보사회'의 제도적 구체화를 뒷받침하는 경제이론
이라는 정책적 지위를 부여받게 된다. 이 점에서 신경제론은 정보와 지식의 경제
적 역할을 이론적으로 강조하는 데서 시작하여, 새로운 지적재산권체제의 형성을
촉구하고 촉진하는 것으로 나아간다.

조적 규정 속에서 전개되는 정보화 경쟁의 지배이데올로기로서 정보주의의 이론적 핵심을 구성한다.

정보사회론은 정보패러다임에 근거하여 새로운 사회의 형성을 주장하는 이론으로서, 이미 많은 사람들이 비판해 왔듯이 기술결정론적 성격을 강하게 지니고 있다. 그러나 이러한 이론적 문제점에도 불구하고 정보사회론은 과학(기술)주의에 근거하여 새로운 사회상을 제시함으로써 사회적으로 큰 영향을 미치고 있다. 물론 정보사회론이 현대 사회의 급격한 변화를 주도하는 지배담론으로 부상한 이유는 단지 그것이 과학(기술)주의에 근거하고 있다는 점만으로는 설명되지 않는다. 더 중요한 이유는 아마도 그것이 현대 사회의 지배구조에 저항하지 않는다는 사실에서 찾을 수 있을 것이다. 이런 이유에서 그것은 다양한 경로를 통해 사회적으로 널리 유포될 수 있었으며, 그 결과 대단히 강력한 이데올로기로 작동하게 되었다.[6] 한편 아담 스미스, 슘페터, 하이예크를 고전이론가로 삼는 신경제론은 신자유주의적 정보화로서 정보화 경쟁에 관한 경제이론이다. 이 점에서 신경제론은 현실 정보사회의 경제구조 및 동학에 관한 이론이라고 할 수 있다. 신경제론에서 정보사회론의 과학(기술)주의는 기술혁신의 경제이론으로 구체화한다. 요컨대 신경제론은 기술혁신론에 기반을 두고 신자유주의적 정보화 경쟁을 경제이론적으로 합리화하고 있는 것이다.

정보사회론은 1950년대의 정보경제론에서부터 비롯되는 연원을 가지고 있지만, 최근의 정보화 경쟁과 현실 정보사회의 등장은 그 이론적 구성을 한층 다양하게 만들고 있다. 현재 정보사회론의 주요 논점은 논자에 따라 다르게 제시되고 있지만, 여기서는 이것을 물질폐위론, 탈산업화론, 문명전환론으로 나누어 살펴보도록 한다. 신경제론

---

6) 이와 관련하여 특히 중요한 것은 현대 사회의 일상환경으로 자리잡고 있으며 인지적 현실의 구성에 가장 큰 영향을 미치고 있는 각종 대중매체들의 역할이라고 할 수 있다.

은 1990년대의 정보화 경쟁에 따른 경제적 변화를 설명하는 이론으로
서 아직은 새로운 경제현상들을 서술적으로 제시하는 수준을 크게 벗
어나지 못했다. 그러나 신고전파의 경제이론에 대한 비판을 기초로 정
보화 경쟁과 함께 전개되는 현재의 경제적 변화를 이론적으로 선도하
는 중요한 역할을 이미 수행하기도 했다. 여기서는 이러한 신경제론을
신성장론, 디지털경제론, 지식경제론으로 나누어 살펴보도록 한다.

2. 정보사회론과 정보주의

정보사회론은 근대 이래의 과학주의를 배경으로 자본주의 정보화를
역사필연적인 것으로 합리화한다. 정보사회론은 정보에 대한 새로운
과학적 인식에 바탕을 두고 새로운 사회구조의 형성 및 사회변동의 논
리를 제시한다. 요컨대 정보사회론은 과학기술의 발달에 따른 사회변
화를 설명하는 이론에 그치는 것이 아니라, 이른바 '예측'의 형태로 정
보화의 전개방식과 목표를 특정한 방향으로 유도하는 기능을 수행한
다. 이렇게 해서 정보사회론은 정보패러다임을 정보주의로 바꾸어 놓
았다. 그 결과 새로운 과학적 세계관으로 제시되었던 정보패러다임이
신자유주의적 정보화 경쟁의 지배이데올로기로 변모하게 되었다.

1) 물질폐위론

정보의 중요성에 대한 새로운 자연과학적 인식은 다양한 영역에 걸
쳐서 많은 영향을 미쳤다. 그것은 공학뿐만 아니라 생물학에도 큰 영
향을 미쳤으며, 나아가 사회관과 인간관에 대해서도 많은 영향을 미
쳤다(Escarpit, 1976). 이런 과정에서 정보의 경제적 역할에 주목하는

정보경제론이 나타났으며, 이것은 정보를 새로운 경제적 자원으로 파악하는 정보자원론으로 이어졌다. 또한 정보자원론은 정보의 경제적 가치를 주장하는 데서 나아가 미래학적 정보사회론의 가장 기초적인 주장이 되었다. 이 주장은 흔히 정보사회에서 '정보는 가장 중요한 전략적 자원'이며 '정보라고 하는 전략적 자원이 있으면 경제적으로 쉽게 성공할 수 있'다는 것으로 제시된다(Naisbitt, 1982: 29). 그러나 어떤 점에서 정보가 이같은 새로운 전략적 자원이 될 수 있다는 것일까?

다양한 요소들이 정보의 특징으로 제시된다. 그것은 단순한 물리적 형태나 신호부터 복잡한 인지적 의미작용까지 포함한다. 그러나 정보주의와 관련한 정보 개념의 이론적 핵심은 물질/에너지와 정보를 구분하는 데서 찾을 수 있다. 좀더 구체적으로 보자면, 이같은 구분은 두 가지 내용으로 구성된다. 첫째, 정보는 물질/에너지와 달라서 열역학법칙[7]을 따르지 않는다는 주장이다(Cleveland, 1985; Shiller, 1988: 50에서 재인용). 새로운 전략적 자원으로서 정보가 열역학법칙을 따르지 않는다는 것은 결국 무한성장이 가능하다는 의미를 함축하고 있다. 즉 자원고갈에 따른 '성장의 한계'에 대한 우려가 부정되는 것이다.[8]

둘째, 정보가 물질/에너지를 대체한다는 주장이다(Toffler, 1990: 137). 이것은 정보자원론의 가장 속류화된 주장이라고 할 수 있는데,

---

7) 여기서 말하는 열역학법칙이란 열역학 제2법칙, 즉 엔트로피법칙을 의미한다. 이 법칙에 따르면 우주의 에너지가 비가역적으로 변하기 때문에 사용할 수 있는 에너지의 양이 지속적으로 줄어들어서 결국에는 사용가능한 에너지의 양이 최소인 상태에 이르게 된다. 즉 엔트로피법칙은 소멸의 법칙인 것이다. 이에 대해서는 Rifkin(1989)를 참조.

8) 이것은 1972년에 발표된 저 유명한 로마클럽의 보고서에 대한 비판적 의미를 지니는 것이다. 로마클럽의 연구진은 '성장의 한계'라는 제목의 보고서에서 자원은 고갈될 수밖에 없으므로 모든 성장에는 한계가 있을 수밖에 없다는 것을 강조하고, 이런 한계가 몰고올 대재앙에서 벗어나기 위해서는 경쟁과 낭비에 바탕을 둔 사회를 근본적으로 바꿔야 한다고 주장했다.

왜냐하면 '정보는 어디까지나 정보이지 물질이나 에너지가 아니'기 때문이다(Wiener, 1948; Bell, 1981: 21에서 재인용). 정보는 항상 무엇에 관한 정보이며 물질/에너지를 통해 표현되고 전달된다. 그러므로 그것은 열역학법칙으로부터 자유롭지 않으며, 물질/에너지를 대체할 수 없다. 정보자원론의 정보관은 이 점에서 근본적인 문제점을 안고 있는 것이다.[9]

이러한 문제점은 다양한 형태로 변주되고 있다. 최근의 중요한 예로는 먼저 디지털기술에 대한 논의에서 찾아 볼 수 있다. 이것은 디지털기술의 권위자인 네그로폰테의 설명에서 비롯된다(Negroponte, 1995). 그는 디지털기술의 특징을 설명하기 위해 아톰(atom)과 비트(bit)를 대비시킨다. 원래 아톰과 비트는 각각 원자와 이진수[10]를 의미하는 것이지만, 네그로폰테의 수사적 논리에서는 물질과 정보를 상징하는 것으로 바뀌어 제시된다. 여기서 정보자원론의 물질/에너지와 정보의 대비가 고스란히 반복되고 있음을 알 수 있다. 물론 정보를 아날로그방식이 아니라 디지털방식으로 처리하면 많은 이점이 생겨난다. 특히 중요한 것은 두 가지인데, 하나는 모든 형태의 정보를 숫자라는 한 가지 형태로 처리할 수 있다는 것이고, 다른 하나는 전기에너지의 흐름을 이용하여 정보를 전달할 수 있다는 것이다.[11] 문제는 이

---

9) 위너의 지적을 인용한 데서도 알 수 있듯이 벨 자신은 정보의 물질구속성 자체를 부정하지는 않는다. 그러나 산업사회와 탈산업사회에 대한 그의 유명한 비교표에서 에너지를 대체하여 정보라는 새로운 전략적 자원이 나타나는 것으로 제시함으로써 결과적으로 그는 속류 정보자원론의 확산에 큰 영향을 미치게 된다.
10) 비트(bit)는 binary digit(이진수)의 약자로서 숫자로 처리된 정보, 즉 디지털정보의 양을 측정하는 기본단위이다.
11) 전자에 의해 컴퓨터는 멀티미디어가 된다. 즉 디지털기술의 발달에 의해 컴퓨터는 모든 종류의 정보를 처리하는 복합미디어로 변모하게 되었다. 한편 후자는 인터넷과 같은 컴퓨터통신망의 비약적인 발전으로 나타나고 있다. 현재 디지털 혹은 디지털화라는 용어는 대체로 이러한 기술 및 관련 산업의 변화 전체를 가리키는 것으로 사용된다.

러한 이점이 흔히 다음과 같은 방식으로 제시된다는 점이다. 즉 "수천 년 된 비석에 쓰여진 글은 아무리 정성껏 보존해도 엔트로피법칙에 따라 언젠가는 삭아 없어지고 말겠지만, 디지털 정보는 완벽한 복제가 가능하기 때문에 엔트로피법칙으로부터도 자유로우며 따라서 시간의 영향으로부터도 자유롭다"(김주환, 1996: 41)는 것이다.

디지털 정보는 숫자로 치환하여 처리된 정보이기 때문에 직접적인 물질적 재현에 바탕한 아날로그 정보와 달리 사실상 원본과 복사본의 구분이 없다. 다시 말해서 복제과정에서 정보의 엔트로피가 거의 발생하지 않는다. 이런 점에서 디지털 정보는 엔트로피법칙에서 자유롭다고 말할 수 있다. 그러나 문제는 여기에서 정보가 물질과 독립해서 존재하는 것으로 제시되고 있다는 점이다. 디지털 정보가 엔트로피법칙으로부터 자유롭다는 것은 어디까지나 아날로그로 처리된 정보와 비교해서 그렇다는 것이다. 다시 말해서 디지털기술은 정보처리와 소통방식의 혁신일 뿐, 정보가 본질적으로 물질적 현상이라는 사실을 초월할 수 있는 것은 아니다.[12] 따라서 디지털 정보도 소멸을 향한 물질의 숙명에서 결코 자유로울 수 없다. 요컨대 정보의 복제는 물질의 존재를 전제한다. 물질이 없다면 정보 자체가 존재할 수 없는 것이다. 그러므로 어떠한 정보도 엔트로피법칙으로부터 결코 자유롭지 않다.

1990년대에 들어와 널리 확산된 또 다른 예로는 이른바 '사이버담론'을 들 수 있다. '사이버'는 사이버네틱스의 준말이지만, 1990년대에 들어와 가상현실기술 및 컴퓨터통신기술을 가리키는 용어로 널리 사용되게 되었다(홍성태, 1997; 2000ㄴ의 1장). 이러한 용어법에서 두드러지는 특징은 '현실의 이중화론'이라고 부를 수 있는 것인데, 그것은

---

12) 사실 모든 전자 정보는 비전자 정보보다 물질구속적이며, 또한 디지털 정보는 아날로그 정보보다 더 물질구속적이다. 디지털 정보를 다루는 기술은 너무 빠르게 바뀌기 때문이다(Brand, 1999: 115-133).

이른바 가상현실과 실제현실의 대비를 통해 제시된다. 이 이분법은 주로 '과학적 허구물'(SF)과 연관된 문화적 상상력에 큰 영향을 미치면서 빠른 속도로 대중화되었다. 이것은 우리가 살아가는 현실의 공간과는 다른 공간의 창출, 혹은 현실 자체와 병립하는 새로운 현실의 형성이라는 이미지를 새로운 컴퓨터기술과 결합시켰다. 이로부터 이 논리는 관련 산업의 발전을 선도하는 역할을 수행하게 되었다. 실제로 이 논리를 널리 확산시킨 것은 바로 1990년대 초부터 본격적으로 발전하기 시작한 가상현실 및 컴퓨터통신 산업의 지도자들이었다 (Helsel & Roth eds., 1991; Chesher, 1994).

이 논리의 문제점은 새로운 기술의 이용과 관련하여 전개되는 현실의 변화를 올바로 이해하지 못하게 한다는 데에 있다. 현실과 다른 새로운 현실이 나타난다는 이 '현실의 이분화론'은 일종의 기술유토피아론으로서, 온갖 모순으로 가득차 있으면서 주체의 능동적 개입을 구조적으로 억압하는 현실을 넘어서 주체가 현실의 자유로운 창조자가 되는 새로운 현실을 약속한다. 물론 이 논리는 새로운 통신망을 통해 구축된 새로운 사회관계를 정부와 자본의 개입으로부터 보호하는 효과를 발휘하기도 했다. 그러나 이러한 자유주의적 방어논리는 육체와 정신의 이분법을 설정하고, 정신의 해방과 자유를 일방적으로 강조한다는 점에서 큰 문제를 안고 있는 것이기도 하다. 예컨대 컴퓨터통신의 발달에 따라 형성되는 새로운 사회관계를 '가상공동체'라는 개념으로 설명하면서 레인골드는, '가상공동체 속에서 사람들은, 우리의 육체를 뒤에 남겨 둔 채, 실제 생활에서 행하는 모든 것을 그대로 행한다'고 말한다(Rheingold, 1993: 3). 가상현실의 담론에서 더욱 명백히 나타나는 이러한 이분법은 결국 '육체를 육체의 이미지, 즉 정신의 피조물로 대체함으로써 데카르트적 이원론을 강화'하는 것이다(Penny, 1994: 88). 이처럼 사이버담론에서는 물질/에너지와 정보의 대비가 육체와 정신의 대비로 전환되어 재생된다.

　정보의 특성을 강조하려는 이러한 이분법들은 물질폐위론으로 수렴된다. 이 점에서 물질폐위론은 정보주의의 인식론적 기초라고 할 수 있다. 이것은 미래학적 정보사회론의 핵심 이론가들 중의 한 명인 조지 길더(George Gilder)에 의해 제기되었다. 그의 설명에 따르면 '물질의 폐위'(the overthrow of matter)란 정보의 중요성을 강조하기 위한 단순한 수사가 아니라, '물질의 내부 구조를 처음으로 밝힌' 양자물리학의 성과에 근거를 두고 있는 과학적 주장이다. 그에 따르면 '양자시대'의 '모든 변화는 물질의 폐위라는 획기적인 하나의 사건으로 수렴된다'. 이 역사적 사건은 네개의 단계로 진행되었다. 첫째, 양자물리학이 물질의 소우주를 밝힘으로써 물질적 고체성의 관념이 폐기되었다. 둘째, 양자물리학에 근거하여 '물질의 내부구조를 인간의 목적에 부합하게 바꿈으로써 물질을 안으로부터 조작'하는 마이크로칩과 같은 '새로운 기계들을 창조'하게 되었다. 셋째, 마이크로칩은 '물질적 자본의 대규모 축적의 가치를 감소'시키고 '물질의 부족, 중력 그리고 마찰의 제한이 없어짐에 따라 정부와 기업의 거대한 관료층은 개인적인 창조자와 기업가에 대한 통제력을 잃고' 있다. 넷째, '국가간 세력의 분배를 결정함에 있어 천연자원과 영토의 중요성이 붕괴'하고 '이제 가장 가치있는 자본은 인간의 마음과 정신이라는 자본'이 된다. 이렇게 해서 형성된 경제를 길더는 '양자경제'라 부른다(Gilder, 1989: 6-8).

　양자물리학은 물질의 구조에 대해 고전물리학과는 크게 다른 해석을 제공함으로써 현대의 자연과학뿐만 아니라 인문·사회과학 분야에도 커다란 영향을 미쳤다.[13] 길더가 주장하듯이 양자물리학은 물질의 미시구조와 미시동학을 이해하는 데 크게 기여함으로써, 이른바 '극소

---

13) 양자물리학에 대한 개설서로는 Hey & Waters(1992)를, 또한 양자물리학이 현대 철학에 미친 영향에 대해서는 Reihenbach(1951)를 참조.

전자혁명'을 촉발하고 오늘날과 같은 전자문명을 이룩할 수 있는 과학적 기초가 되었다. 그러나 그의 주장은 과학적 사실에 대한 이해에서 상당한 문제를 안고 있는 것으로 보인다. 무엇보다도 그의 '물질폐위'라는 표현 자체가 이러한 문제를 잘 보여주는 것이라고 할 수 있다. 양자물리학의 핵심은 물질을 폐위하는 것이 아니라, 물질의 미시구조와 운동에 대한 고전물리학의 해석을 크게 수정한 것이기 때문이다. 즉 양자물리학은 물질의 '개념'을 바꿔 놓았다. 양자물리학에 따르면 물질은 파동인 동시에 입자의 성격을 갖는다. 이런 성격을 가지기 때문에 물질은 기계적 인과론으로 설명될 수 없으며 확률론적 인과론이 지지된다(최종덕, 1995: 1장, 3장). 그런데 물질이 미시계(Microcosm)에서 보이는 이러한 특성은 양자물리학을 상식의 차원에서 이해하기 어렵게 한다. 길더가 말하듯이, "대부분의 보이는 물체와 기계는 대부분의 시간 동안 매크로코즘(Macrocosm)의 규칙을 지키고 있는 듯이 보이기 때문에 대부분의 인간은 매크로코즘의 세계에서 편안함을 느"끼기 때문이다(18).

이런 난점을 해결하기 위해 길더는 양자물리학에 대한 새로운 이해 방법을 고안했다. "물질의 법칙보다도 정신의 법칙에 지배되는, 개념들의 영역으로서 양자물리학을 부분적으로 처리한다면 양자물리학을 이해할 수 있다"는 것이다(28). 이것은 양자물리학을 정신의 과학으로 뒤바꾸는 관념론적 주장으로서 그 자체로는 전혀 새로울 것이 없는 주장이다. 그럼에도 불구하고 길더는 양자물리학이 물질적 고체성의 관념을 폐위했다는 사실을 아예 물질 자체의 폐위를 입증한 것으로 바꾸어 놓으려고 한다.[14] 여기서 보게 되는 것은 물질적 현상을 정신적 현상으로 설명하고자 했던 관념론의 부활이다. 그가 이렇게

---

14) 물리학은 물질에 관한 과학이다. 따라서 만일 물질이 폐위된다면, 다른 무엇보다 앞서서 아마도 물리학 자체가 폐위되어야 할 것이다.

과도한 주장을 펼치는 이유는 무엇일까? 그가 물질폐위론을 통해 종국적으로 노리는 목표는 '모든 형태의 유물주의적 결정론을 타도'하는 것이다(455). 그에 따르면 유물론적 결정론은 원시적 미신이며 대부분의 사람들은 이러한 미신에 기반한 일반적인 상식에 사로잡혀 있기 때문에 양자물리학을 이해하지 못한다. 즉 '대부분의 사람들은 원시인과 같이 그들이 볼 수 있고 느낄 수 있는 물건을 숭배한다'는 것이다(18). 그러나 이런 원시적 상태를 벗어난 사람으로서 그가 주장하는 것은 결국 정보기술의 중요성일 뿐이다. 그런데 정보기술은 왜 중요한가? 물질을 다루는 새로운 수단을 인간에게 제공하기 때문이 아닌가? 길더의 물질폐위론은 양자물리학을 끌어들여 물질을 정보로 치환하고, 다시 정보를 정신으로 전환시키는 논리를 취하고 있다. 그러나 그 논리는 결국 물질에 대한 새로운 이해와 그 새로운 이용방식으로 귀결되었을 뿐이다. 즉 길더의 논리도 여전히 물질에 사로잡혀 있는 것이다.

물질폐위론으로 수렴되는 정보사회론의 정보 개념은 물질/에너지와 정보, 육체와 정신이라는 두개의 대당에 기초하고 있다. 그리고 그 결론은 정보 혹은 정신을 통해 우리가 물질적 제약으로부터 벗어날 수 있다는 것으로 요약된다. 이러한 관념론적 설명이 큰 사회적 반향을 얻을 수 있는 까닭은, 그것이 한편에서 새로운 기술의 특성과 중요성을 올바로 지적하고 있기 때문일 것이다. 그러나 다른 한편에서 그것은 의도적으로 이론적 오해를 유포한다. 이러한 오해는 물질폐위론에 입각하여 사회구조의 변화를 설명할 때 단순히 이론적인 수준을 넘어서 커다란 실천적인 영향력을 행사하게 된다. 아마도 이 점에 물질폐위론의 진정한 중요성이 있을 것이다. 그것은 탈산업화론의 인식론적 기초로서 구실하면서 사회의 변화를 특정한 방향으로 유도하는 데 영향을 미치고 있는 것이다.

2) 탈산업화론

탈산업화론은 흔히 다니엘 벨로 대표되는 것으로 알려져 있지만,
사실 탈산업화론은 정치적인 좌파와 우파를 포함하여 대단히 넓은 스
펙트럼을 가지고 있다(Frankel, 1987). 이러한 일반적인 이론 스펙트
럼의 차원에서 보았을 때, 탈산업화론은 위기와 저항의 1960년대를 지
나면서 서구 사회에서 나타난 폭넓은 이론적 시도들을 의미한다.[15]
그러나 좁은 의미에서 탈산업화론은 다니엘 벨의 이론적 작업과 그에
기초한 정보사회론을 가리킨다. 물론 '벨의 논의는, 이른바 정보사회
의 원형이라는 위치를 차지하고 있지만, 그 시야는 정보사회론 전반
과 비교하면, 경제구조 및 기술형태의 영역에 한정'된 것으로 평가되
기도 한다(澤井敦 外, 1996: 41). 그럼에도 탈산업화의 맥락에서 정보
사회의 상을 정초하는 데서 다니엘 벨이 끼친 영향은 거의 절대적이
다. 이런 점에서 슬랙은 '하버드대학의 다니엘 벨보다 이 지배이데올
로기의 형성에 더 큰 영향을 미친 사람은 없다'(Slack, 1987: 6)고 주
장하기도 한다.

벨의 탈산업화론은 그의 유명한 『탈산업사회의 도래—사회예측의
한 모험』이라는 저서를 통해 개진되었다(Bell, 1976a). 이 책의 초판
(1973)에서 그는 자신의 방법론적 원칙을 밝혔다. 그것은 사회를 분석
적으로 사회구조, 정치, 문화로 구분하는 데서 출발한다. 여기서 탈
산업사회라는 개념은 우선 사회구조에서 일어나는 변화를 다루는
것[16]이다(12-14). 이러한 방법론의 의미는 재판(1976a)에 붙인 서문

---

15) 이 시도들은 기존의 산업사회에 대한 비판이라는 점에서 공통점을 가지지만,
본질적으로 서로 대립하는 두 가지 이론적 정향으로 나누어 살펴볼 수 있다. 하나
는 근본주의적 입장이고, 다른 하나는 개량주의적 입장이다. 전자는 환경문제에
대한 관심을 중심으로 이후 생태주의로 발전했고, 후자는 기술에 대한 낙관론을
중심으로 이후 정보주의로 발전해 왔다.
16) 그 분석대상은, 경제부문: 재화생산에서 서비스경제로의 변화, 직업배분: 전

에서 자본주의의 문제와 관련하여 설명되었다. 그에 따르면 '탈산업'이라는 분석틀은 한 사회의 '사회기술적 차원'과 연관되는 것이다. 이것은 탈산업사회가 자본주의의 연장이 아닐 것이라고 주장하는 사람들을 비판하는 것으로서, 그에 따르면 '자본주의'는 사회의 '사회경제적 차원'과 연관되는 것이다. 즉 탈산업사회와 자본주의는 사회의 상이한 두 가지 기축원리를 따라 조직된 두 가지 상이한 개념틀인 것이다. 따라서 탈산업사회라는 틀로 자본주의의 여부를 논하는 것은 범주상의 혼동을 범하는 것이 된다. 그러나 그의 설명에 따르면 그가 천명한 방법론적 원칙과는 달리 탈산업사회는 탈자본주의로 귀결되고 만다. 그 까닭은 우선 정보와 지식이 자본과 노동을 대체하는 것으로 나타나기 때문이라고 할 수 있다. 이 점에서 탈산업화와 자본주의를 구분하고자 하는 벨의 방법론적 전략이 성공을 거두었다고 보기는 어려울 것으로 생각된다.

분명히 벨의 탈산업사회 개념은 사회와 기술의 연관을 중심으로 사회를 분석하는 개념이다. 즉 그의 탈산업사회론의 핵심은 기술발달이 사회변화에 미치는 영향이다. 이 문제에서 가장 보편적인 논점은 기술결정론의 문제이다. 이에 대해 벨은 '자동적 요인이 아니라 분석적 요소로서 기술의 영향력에 초점을 맞추었'다고 말한다(Bell, 1976: xii). 그러나 실제로 그의 분석은 기술의 변화에 의해 '새로운 사회구조가 출현'(Bell, 1981: 9)한다는 전제 위에서 전개되었다. 즉 그의 논의는 기술결정론과 깊은 연관을 맺고 있는 것이다. 이 때문에 그는 '기술결정론을 피하려고 했지만, 실제로는 탈산업사회의 원인을 기술적 혁신에 귀속시킴으로써 스스로 모순된 진술을 한다'(Poster, 1990: 54)는 비판을 받게 된다. 물론 그는 기술결정론을 명시적으로 거부한

문기술직의 현저한 성장, 기축원리: 사회의 혁신 및 정책형성의 자원으로서 이론 지식의 중심성, 미래정향: 기술과 기술평가의 통제, 의사결정: 새로운 '지식기술'의 창출(Bell, 1976a: 14)이다.

다. 대신에 그가 명시적으로 취하는 입장은 도구주의적 기술관 및 기
술낙관론에 가깝다. 예컨대 그는 '기술 자체가 사회구조를 결정하는
것이 아니며 다만 모든 종류의 가능성을 확대시킬 뿐'이라고 말한다.
그리고 기술의 용도는 한 사회가 선택한 사회체계의 성격에 따라 정
해진다는 입장을 취한다(Bell, 1983:. 30-31, 35). 요컨대 그는 '기술
이 사회적으로 중립적인 생산력이 아니라 사회관계'(Robins and
Webster, 1987: 111, 114)라는 입장을 거부한다. 그러나 이러한 기술
도구주의와 기술낙관론은 결코 기술결정론과 무관할 수 없을 것이
다. 그것은 무엇보다 기술이 어떠한 사회적 세력관계와 이해관계를
반영하고 실현하는가의 문제에서 기술을 독립시켜 분석하고 있기 때
문이다.

탈산업사회의 기술에 대한 벨의 설명은 넓은 의미와 좁은 의미의
두 가지로 나눌 수 있다. 먼저 좁은 의미에서 탈산업사회의 주요한 기
술적 문제는 적합한 하부구조를 개발하는 것으로, 구체적으로 그것은
'커뮤니케이션 양식의 재편성'으로 나타날 것으로 전망되었다(Bell,
1976: xv; 1981: 60). 넓은 의미에서 중요한 것은 '지식기술'이라는 새
로운 기술의 역할이다. 그에 따르면 이것이야말로 탈산업사회를 형성
하는 기초이다(Bell, 1976a: xiii). 여기서 기술에 대한 관심은 정보와
지식 쪽으로 그 초점을 옮겨가게 된다.[17) 이런 맥락에서 그는 탈산업
사회가 '노동가치설이 아니라 지식가치설에 의해 특징지어진다'고 주
장한다(xiv). 그에 따르면 '지식이 자원의 변형에 적용되는 어떠한 체
계적 형태로 될 때, 지식은 노동과는 달리 가치의 원천이 된다'(Bell,

---

17) 사실 지식에 대한, 그것도 그냥 지식이 아니라 '이론지식'에 대한 그의 관심은
그가 이미 1960년대 말-1970년대 초에 유행하고 있던 지식사회나 정보사회같은
용어를 거부했던 것과 연관이 있다. 그는 적어도 『탈산업사회의 도래』 재판이 간
행되던 1976년까지는 탈산업사회라는 용어를 고집했는데, 그 이유는 변화들의 분
열적이고 일시적인 본성을 강조하고, 지식기술이라는 주요한 기축원리를 강조하
기 위해서였다(1976a: ix).

1981: 16)는 것이다. 그리고 이런 점에서 정보와 지식은 다음의 유명한 비교표에서 보듯이 탈산업사회의 전략적 자원이 된다.

<표 1> 탈산업사회: 비교표

	전산업사회	산업사회	탈산업사회
자원의 변형	자연력	인공에너지	정 보
전략적 자원	원재료	금융자본	지 식
기술	수공업	기계기술	지식기술

출처: Bell(1981: 15)의 표를 재구성.

결국 벨의 탈산업화론에서 핵심적인 것은 이른바 이론지식에 바탕을 둔 지식기술의 역할이라고 할 수 있다. 그러나 이러한 벨의 설명은 대단히 추상적인 지식의 범주를 총체화의 수사를 통해 특권화하는 것(Poster, 1990: 55)이면서, 물질/에너지와 정보/지식18)의 대비에 기초하고 있는 것이라고 할 수 있다. 즉 앞에서 살펴 본 물질폐위론이 범하고 있는 이론적 오해의 문제를 그도 역시 반복하고 있는 것으로 보인다. 사실 '모든 사회는 정보사회'(Tremblay, 1995: 10)라고 할 수 있다. 다시 말해서 물질/에너지의 대사방식과 정보처리/소통방식의 변화는 동일한 범주 속에서 발전적 대체관계에 있는 것이 아니다. 그러나 그의 비교표는 정보/지식이 에너지/자본을 대체하는 것으로 제시함으로써, 결과적으로 이러한 범주적 혼동을 사회변화의 근본적 특성으로까지 확장하는 것으로 나타나게 된다.

---

18) 개념적으로 정보와 지식은 구분된다. 예컨대 벨에 따르면, '정보는 수단적 목적에 의해 자료를 재구성하는 패턴 내지 설계'인 데 비해, '지식은 정보를 설계하는 목적과 관련하여 패턴의 타당성을 평가하는 일련의 정당한 판단'이다(Bell, 1981: 21). 그러나 정보자원론의 맥락에서 보자면, 정보와 지식은 유형의 물질과 에너지를 대체하는 무형의 것으로 동등화된다. 또한 정보처리기술의 발달과 함께 추진되는 지식의 데이터베이스화는 결국 지식의 정보화로 귀결된다. 이 논문에서 '정보/지식'은 이같은 지식의 정보화와 이에 기반한 정보재의 생산을 가리킨다.

　　탈산업화를 강조하기 위해 이처럼 정보/지식을 물질/에너지와 대비
시키고, 그것을 물질/에너지에서 독립된 새로운 전략적 자원으로 강
조하는 것은 미래학적 정보사회론의 공통적인 핵심주장이다. 이것은
탈산업사회 혹은 정보사회가 산업사회와 다르다는 것을 주장하기 위
한 가장 기초적인 논거라고 할 수 있다. 이러한 논리가 안착하는 궁극
적인 귀결점은 길더에게서 찾아 볼 수 있는데, 그것은 물질의 속박에
서 완전히 벗어난 유토피아적 자유의 왕국이다. '마이크로코즘의 시대'
혹은 '양자경제의 시대'라고 불리는 이 자유의 왕국은 '정신의 근원적
권능'이 실현되는 기독교의 천년왕국이다.

　　'태초에 말과 아이디어가 있었다. 인류는 마이크로코즘 속으로 들어감으
로써, 즉 물질세계의 내부 성역 안으로 파고 들어감으로써 물질의 강력한
미신을 극복하고 정신의 근원적 권능과 접촉했다. 이러한 새로운 권능은
과거의 모든 유물주의적 환상을 낡은 것으로 만들었다. 유물주의적 환상
이란 물건들을 이해함으로써 생각을 이해할 수 있다는 생각, 물건을 통제
함으로써 세계를 통치할 수 있다는 생각이다. 마이크로코즘의 시대에는
자유로운 남녀들이 빛의 원천을 찾으면서 신앙과 진리의 계층을 올라간
다. 이와 같은 통일된 추구에 과학과 종교가 타협하는 비결이 숨겨져 있
다. 양자론적 비전은 바로 물질세계의 근원에서 빛의 십자가를 발견한다'
(Gilder, 1989: 457)

　　길더의 주장은 지나치게 기독교적이라서 이런 주장이 경제적으로
커다란 반향을 불러 일으켰다는 사실이 다소 기이하게 여겨질 수도 있
다. 그의 주장은 신학적 수사학에 의거하고 있다는 점에서 분명히 하
나의 극단적인 사례라고 할 수 있을 것이다. 사실 양자물리학을, 물질
을 이해하고 다룰 수 있는 인간 능력의 확장이 아니라, '과학과 종교가
타협하는 비결'로 파악하는 길더의 주장에 대해 미래학적 정보사회론
자들조차 쉽게 찬동하기는 어려울 것이다. 그러나 이것이 정보와 지

식이라는 인간 정신의 소산을 강조하는 정보사회론의 논리적 귀결일 수 있다는 점에 주목할 필요가 있다. [19] 길더의 경우는 확실히 극단적인 예에 속하겠지만, 정보에 대한 관념론적 이해는 '정신의 권능'을 강조하는 사회관과 논리적으로 친화력을 가지고 있다. [20]

벨이 탈산업화의 전개와 탈산업사회의 도래를 사회학의 방법을 통해 분석하고 예측한다면, 그리고 길더가 양자물리학을 끌어들여 이 새로운 사회상을 '종교적 이상향'으로 묘사한다면, 토플러는 현대 기술의 능력에 대한 강한 신뢰에 바탕을 두고 선지자적인 어조로 '세속적인 이상향의' 실현을 선언한다. 토플러의 주장이 다른 어떤 미래학적 정보사회론자들의 주장보다 더욱 대중적인 인기를 끌고 있는 것은 아마도 이러한 특징과도 관련이 있을 것으로 보인다. 그는 선지자적인 엄숙함과 진지함을 표방한다. 그러나 그가 제시하는 사회상은 극히 세속적인 것이다. 이 세속적인 이상향은 무엇보다 기술의 발달로 이룩될 수 있다. 그리고 이러한 기술의 능력은 현대 문명 자체가 생생하게 증명해 준다. 현대 문명을 보았을 때, 비록 문제가 없는 것은 아니지만, 기술이 인류를 야만에서 구원해 준 동력이라는 것은 명백하다. 따라서 우리는 기술이 가져올 '매혹적인 새로운 가능성'에 더욱 큰 주의를 기울여야만 한다(Toffler, 1980: 21). 일찍이 토플러는 이 가능성을 '초산업사회'(Super-Industrial Society)라는 이상향으로 제시하였다.

---

19) 길더와는 다른 방법론적 전제에서 벨도 종교를 현대 사회의 근본문제로 파악한다. 그에 따르면, 탈산업사회의 근본문제가 '사람들이 종사하는 일의 종류의 지식의 조직화'인 데 비해, 자본주의의 중심문제는 '사회의 경제 관리 및 윤리관'이다. 현대 자본주의의 문화적 모순은 바로 윤리의 붕괴에서 비롯된다. 이에 대한 벨의 처방은 의미심장하게도 '종교의 재건'이다(Bell, 1976b: 27, 237-245).
20) 이러한 사회관은 물질적 부의 불평등한 분배를 둘러싸고 역사적으로 형성되는 불평등한 사회구조의 문제를 정신적 능력의 차이에서 비롯되는 본원적인 것으로 여길 가능성을 안고 있기도 하다. 길더의 경우는 과학을 통해 일종의 '종교적 이상향'이 실현된다는 주장으로 읽힐 수도 있다는 점에서 그 사회관의 문제에 더욱 주의할 필요가 있을 것이다.

초산업주의 혁명은 굶주림·질병·무지·야만성 등을 퇴치할 수 있을 것
이다. 더구나 직선적 사고방식을 가진 사람들의 비관적 예언에도 불구하
고 초산업주의는 인간을 속박하지도 않고 인간을 황량하고 고통스러운 획
일성으로 몰아넣지도 않을 것이다. 반면에 그것은 개인적 성장과 모험,
즐거움에 도움이 되는 새로운 가능성들을 제공해 줄 것이다. 그것은 눈부
시게 다채롭고 개성에 대해 놀라울 정도로 개방적인 사회가 될 것이다
(Toffler, 1970: 188).

그러나 초산업주의의 이상향이 실현되기 위해서는 세 가지의 필요
조건이 충족되어야 하는데, 그것은 '공동체에 대한 귀속의식, 이 세상
의 구조에 대한 인식, 그리고 인생의 의미 파악'이다. 이러한 조건은
산업시대의 획일화된 대중사회가 붕괴된 것과 밀접한 연관을 맺고 있
으며, 이 문제에 대응하기 위해서는 무엇보다 '우선 공동체의 원천으
로서의 가족을 재발견하지 않으면 안된다. 즉 잃어버린 가족의 기능
을 되살리고 확대시켜야 한다'(Toffler, 1980: 417, 420). 이 점에서 토
플러의 초산업사회는 이를테면 '과거의 이상화'로 읽힐 수 있는 면을
다분히 지니고 있는 것으로 보인다.[21] 요컨대 그의 초산업사회는 '상
실된 공동체의 회복'이라고 할 수 있다. 사실 토플러는 제3물결 문명
과 제1물결 문명이 여러 면에서 유사한 특색을 가지고 있다고 말한다.
그는 그것을 '변증법적 회귀와 너무도 흡사한 현상'이라고 말하는가
하면, 급기야는 '제1의 물결과 제3의 물결은 서로 일치하는 것'이라고
주장한다(Toffler, 1980: 386). 토플러는 언제나 미래에 대해 말하고
있지만, 그 미래의 모델은 다른 곳이 아니라 과거에서 발견된다. 이
러한 주장은 과거의 '공동체'가 과연 이상화될 수 있는 것인가, 그리

---

21) 가족 자체에 대해서 토플러는 그 형태의 다양화를 긍정해야 할 필요성을 강조
한다(1980: 262). 그러나 이러한 진보성은 사람들의 고통의 원인을 무엇보다 가
정의 붕괴에서 찾는 것(245)과 관련하여 평가되어야 할 것으로 생각된다. 이것은
사회적 문제를 가정의 문제로 치환하는 것으로 볼 수 있기 때문이다.

고 그것이 과연 회복될 수 있는 것인가에 관한 오래된 논란을 되살리
는 것이다.

3) 문명전환론

탈산업화론이 정보사회의 구조에 관한 설명이라면, 문명전환론은
그 역사적 위상에 대한 설명이다. 즉 정보사회론은 정보사회라는 새
로운 사회구성에 대한 사회이론일 뿐만 아니라 역사이론이기도 하다.
이 부분에서 벨은 대단히 신중한 입장을 취한다. 그는 전산업사회, 산
업사회, 탈산업사회라는 역사적 전개과정을 제시하지만, 여기서 탈
(post)은 '틈새에 있는 것'(interstitial)을 의미하며, 탈산업사회가 산업
사회를 대체하는 것은 아니라고 설명한다(Bell, 1976a: 37, xvi). 그럼
에도 불구하고 그는 현재의 변화가, 비록 양적인 차원에 국한시키고
있지만, 세계 역사상 유례가 없는 것이라고 주장한다(xxii). 이 점에
서 탈산업사회의 역사적 위상에 대한 그의 입장은 '모호한 단절론'이라
고 하겠다.

한편 그의 탈산업사회 개념은 그의 베버주의적 자본주의관과 밀접
한 연관을 맺고 있다. 그에 따르면 자본주의는 '심성(개인주의), 정치
철학(자유주의), 문화(유용성과 사실성에 관한 부르주아적 개념), 이
성구조(사회적 체면, 만족의 지연 등)를 모두 갖춘 사회경제체계로
출발'했으나, 이제 '자본주의에 남은 것은 생활수준의 향상을 약속하
고 이단적 생활방식을 촉진하는 기능적 합리성 및 효율성의 이념과 맞
물려 있는 기술적 동력'뿐이다. 이런 상황에서 '탈산업적 변혁이란 도
구적 권력의 강화를 의미하는데, 이 권력은 자연에 대해서 행사되는
것일 뿐만 아니라 인간에 대해서 행사되는 것'이기도 하다. 또한 도구
는 다양한 용도로 사용될 수 있으므로, 중요한 것은 도구를 사용하는

한 사회의 가치라고 주장한다(Bell, 1976a: xxi). '자본주의의 문화적 모순'에 대한 그의 분석은 이러한 맥락에 있는 것이다. 즉 그의 탈산업화론은 수렴이론일 뿐만 아니라 자본주의의 위기론이기도 하다. 이 점에서도 탈산업사회에 대한 그의 입장은 '모호한 단절론'이라고 할 수 있다.

사실 벨이 명시적으로 주장하는 것은 도구주의적 기술관과 기술낙관론이다. 그의 이론에서 탈산업사회와 산업사회는 중첩관계로 설명되며, 탈산업사회와 자본주의는 분석적으로 분리되어 있다. 그럼에도 불구하고 그의 삼분론은 결국 총체적인 문명전환론으로 귀결된다고 할 수 있다. 왜냐하면 그의 실제 분석에서는 '총체화'의 논리가 작동하고 있기 때문이다. 요컨대 '그에게서 탈산업사회는 이전의 모든 사회 구성체와 대립하여 정의'되며, 결국 '경제적, 정치적, 문화적 요인은 탈산업사회라는 통일적인 규정 속으로 휩쓸려 버리는' 것이다(Poster, 1990: 51, 53). 따라서 탈산업사회는 산업사회가 아니며 자본주의도 아닌 완전히 새로운 사회구성으로 이해된다. 여기서 중요한 것은 이러한 변화가 기술의 발달을 중심으로 설명되면서 나타나는 이론적 변화이다. 그의 삼분론은 이제까지의 모든 역사 자체가 기술발달을 중심으로 단계적 변화를 거쳐 온 것으로 제시한다. 그의 삼분론이 발휘하는 실제적 효과는 이처럼 역사를 기술이라는 요인에 바탕하여 인식하도록 하는 데서 찾을 수 있다. 그 결과 탈산업사회론은 사회이론의 차원을 넘어서 거시적인 역사이론으로 변모한다.

벨의 탈산업사회론이 이처럼 방법론적으로 '모호한 단절론'에 입각한 문명전환론이라면, 토플러의 '물결론'은 '명확한 단절론'에 입각한 문명전환론에 해당한다.[22] 그에 따르면 탈산업화와 정보사회의 형성

---

22) 토플러의 물결론은 벨의 시대구분과 본질적으로 동일한 것으로 볼 수 있다. 어떤 면에서 이들의 삼분론은 극히 대중적이고 전통적인 '삼분론'의 변형이라고 할 수 있다. 전통적인 삼분론은 수렵·채취시대, 농업시대, 공업시대의 틀을 취한

을 통해 인류는 제2의 물결시대를 지나 제3의 물결시대로 접어들게 되었다. 이같은 인식을 그는 다음과 같이 주장한다.

인류는 미래를 향한 일대 비약의 시기에 들어서고 있다. 사회의 근본을 흔드는 대변동, 일찍이 없었던 새로운 문명을 창조하는 변혁에 직면하고 있다. …제3의 물결에 의해 창출되는 새로운 문명의 대부분은 낡고 전통적인 산업중심주의가 낳은 문명과는 어울리지 않는다. 그것은 고도의 과학기술에 바탕을 두고 있는 동시에 반산업주의라는 성격을 띠고 있다(Toffler, 1980: 30, 31).

이같은 웅변적 수사학은 무엇보다도 인류가 일종의 급변점에 도달해 있다는 인상을 강하게 심어준다. 나아가 이러한 수사학은 위기감을 조성함으로써 변하지 않으면 안된다는 강박증을 유발하는 효과를 지닌다. 일찍이 토플러는 '미래충격'에 사람들이 대응하도록 돕겠다는 선지자적 의도를 밝혔다. 그러나 그는 실제로는 오히려 사람들로 하여금 변화의 스트레스에 시달리도록 몰아간다.[23] 그는 '우리가 미래

다. 이에 비해 미래학적 정보사회론자들은 공업을 중심으로 그 이전과 이후를 배치하는 방식을 취한다. 필자는 이들의 틀보다는 오히려 전통적인 틀이 더욱 사실에 부합하는 것이라고 본다. 이 틀은 본질적으로 '자연과의 대사'라는 기준에서 파악되어야 한다. 이 경우 수렵·채취시대는 자연에 대한 '수동적 적응'의 시대로, 농업시대는 자연에 대한 '적극적 적응'의 시대로, 그리고 공업시대는 자연의 '적극적 개조'의 시대로 파악된다. 이렇게 보자면 이른바 탈산업화 혹은 정보화란, 길더처럼 갑작스럽게 정신의 세계로 비약하지 않는 한, 결코 공업시대에서 벗어나는 시대로 파악될 수 없다.

23) 토플러의 '미래충격' 개념에서 핵심적인 것은 변화의 속도에 대한 인식이다. 이에 대해 다니엘 벨은 대단히 비판적이다. 그는 '변화의 속도란 용어는 부정확한 것이다. 도대체 무엇의 변화인가?'라고 물으며(Bell, 1977: 90), '미래충격(future shock)'을 '미래 쓰레기(future schlock)'의 유행이라고 비꼰다(Bell, 1976a: ix). 이러한 비판은 최근에도 계속되고 있다. 토플러의 오랜 친구인 뉴트 깅그리치를 비평하는 글에서 벨은 토플러의 이론을, 역사의 고속열차에 빨리 올라타지 않으면 앞자리에 앉을 수 없을 것이라고 외치는 '스타트랙 사회학'이라고 비판한다(Bell, 연도미상). 그럼에도 불구하고 토플러는 미국에서 신자유주의를 대표하는

충격이라고 불리는 것으로부터 살아 남으려면 각 개인은 종전보다 더 나은 적응력과 능력을 무한히 키워나가야만 한다'(Toffler, 1970: 49)고 주장한다. 그러나 어떤 개인도 그 적응력과 능력을 '무한히' 키워나갈 수는 없을 것이다. 이러한 요구가 사회적으로 강제된다면, 우리가 이미 익히 경험하고 있듯이, 개인들은 자유시간의 감소와 심지어 과로사라는 비극적 운명을 피할 수 없게 될 것이다.

한편 벨이 자신의 탈산업사회론을 오랜 기간에 걸친 학술적 논구의 결과로 제시[24]한다면, 토플러는 자신의 '초산업사회'론과 제3물결론을 극히 실천적인 고뇌의 산물로 제시한다. 즉 그것은 '산업 문명 전체의 위기'(Toffler, 1980: 266)와 함께 분출하기 시작한 비관론을 논파하기 위한 노력의 결과물이다. 요컨대 '1960년대 후반에 들어서자 급격하게 산업주의의 위기가 시작'되었는데, 이 위기는 '제3물결의 문명이 제2물결의 문명을 타도하기 시작한 1950년대 중반 이후'부터 비판받기 시작한 낙관론을 더욱 궁지로 몰아갔다(Toffler, 1980: 380, 338). 그는 이처럼 만연한 비관론을 불식시키고 위기 속에서 '매혹적인 새로운 가능성'을 찾아내는 불굴의 낙관론을 제시하고자 했던 것이다. [25]

긍그리치뿐만 아니라 세계 각국의 지도자들에게 큰 영향을 미치고 있다. 물론 한국의 경우도 예외는 아니다. 그는 이미 1997년에 김대중씨에게 자문역할을 약속했으며, 김대중씨가 대통령에 당선된 직후인 1998년 2월에 이같은 역할을 다시 한번 자청하고 나섰다(서울신문, 1998/2/5).

24) 벨은 탈산업사회라는 개념의 발전과정을 상세히 설명하고 있다(1976a: 33-40). 이 설명은 탈산업사회론의 이론적 형성과정, 즉 사회변화에 대한 사회학적 분석과 토론의 결과에 초점을 맞추고 있다. 따라서 이 이론이 1960년대에 서구 사회가 겪은 위기상황과 맺고 있는 실천적 연관과 영향은 거의 드러나지 않고 있다.

25) 이러한 실천적 문제의식은 벨을 포함하여 주류 탈산업사회론에 대한 지식사회학적 이해에서 핵심적인 위상을 차지한다. 이에 대해 프랑켈은 다음과 같이 지적한다. "만일 우리가 우파 탈산업 문헌들이 쓰여진 역사적 맥락을 간과한다면, 그에 대한 우리의 이해는 결점투성이의, 비역사적인 것이 될 것이다. 미국의 주도적인 탈산업 이론가들의 대부분은 냉전 논쟁에 뒤이은 1960년대와 1970년대 초의 시민권운동, 대항문화운동, 반전운동의 격렬한 전개에 맞서서 자신들의 논지를 발전시켰다"(Frankel, 1987: 3). 이와 관련하여 비트족 및 히피족에 대한 토플러

이 작업은 미래를 단순히 오늘의 연장선상에서 파악하는 '직선적 사고'를 비판하고(1970: 187), 자못 무질서로 보이는 '혼돈 속의 질서'26)를 찾아내는 방식으로 전개되었다. 이런 점에서 토플러의 방법론은, 그 자신이 그렇게 주장하고 있듯이, 카오스이론 혹은 복잡성 과학에서 많은 영향을 받은 것으로 보인다. 그러나 실제 분석은 역사의 단절적 변화를 강조하는 지나친 비약과 과장의 수사학에 압도된 것으로 보인다.

'우리는 새로운 사회를 창조하고 있다. 사회를 변화시키는 것이 아니다. 현재의 사회를 실물보다 크게 확대하고 있는 것도 아니다. 단지 새로운 사회를 만들고 있을 뿐이다. …현재 일어나고 있는 것은 자본주의의 위기가 아니라 그 정치적 형태야 어떠하든 산업사회 자체의 위기인 것이다'(1970: 186-187).

길더와 마찬가지로 그도 새로운 과학적 성과를 적극적으로 활용하고자 한다. 그러나 그는 모든 것을 산업주의의 문제로 돌리면서 결국 복잡한 현상을 지나치게 단순화하게 된다. 그리고 『제3물결』에서 이러한 주장은 문명론적 차원으로 비약한다. '서로 무관해 보이는 여러 사건들이나 동향은 서로 깊은 관련을 갖고 있'지만, '그러한 현상은 방대한 규모의 사회 현상, 즉 산업주의의 종말과 새로이 출현하는 문명의 일부분'이라는 것이다(1980: 20). 그의 주장대로 '역사의 연속성도

의 비판(1980: 338)이나, 푸코를 비롯하여 탈근대주의에 대한 벨의 비판(1976b: 76)을 참조.

26) 이것은 벨기에의 화학자 프리고진(Prigogine)의 책 제목인데, 토플러는 이 책의 영역본(Prigogine and Stegers, 1984)에 서문을 썼다. 프리고진은 1977년에 비선형·비평형 열역학에 대한 연구로 노벨 화학상을 수상하였으며, 그의 연구는 복잡성 과학의 선구적 업적으로 널리 알려져 있다. 토플러는 언뜻 무질서해 보이는 혼돈상태에서 질서가 자기조직된다는 프리고진의 이론을 자신의 방법론적 기초로 이용하고 있다.

중요하지만…그 비연속성, 그리고 단속과 혁신에 주목'(1980: 34)할 필요도 있다. 그러나 이런 방법론 자체가 사라지는 것과 나타나는 것에 대한 그의 주장을 정당화하지는 않을 것이다.

이 문제는 자본주의 및 생태주의와 관련해서 구체적인 의미를 갖게 된다. 그에 따르면, '오늘날의 위기는 자본주의의 위기도 사회주의의 위기도 아니다. …지금 우리들에게 던져진 문제는 시장의 역할이 미래의 문명 속에서 어떻게 되어 갈 것인가, 그리고 그것이 우리들의 생활에 어떤 영향을 미칠 것인가 하는 문제이다'(1980: 331-332). 시장의 역할을 이처럼 강조하는 그의 논리는 '간섭을 적게 하는 국가가 가장 많은 것을 성취하고 그 과정에서 자신의 권력을 고양시키게 될 것'이라는 주장으로 이어진다(1990: 654). 이 점에서 그의 문명전환론은 결국 신자유주의의 합리화로 귀결되고 마는 것이라고 할 수 있다. 다른 한편 생태주의에 대해서 그는 일관되게 비판적 입장을 취해 왔는데, 『권력이동』에서는 '생태적 신권정치', '생태 히틀러', '생태 중세주의자' 등의 극단적 조어를 구사하여 비난을 퍼붓고 있다. 물론 그가 환경문제의 중요성 자체를 부정하는 것은 아니다. 다만 그는 '엄격한 환경규제의 범위 내에서 기술적·경제적 발전을 지지하는 사람들'을 옹호할 뿐이다(1990: 530-537). 이러한 그의 논리는 환경개량주의를 유일하게 합리적인 생태주의로 파악하고 근본생태주의를 '생태 파시즘'과 동일시하는 대단히 편파적인 주장이라고 할 수 있다.

토플러로 하여금 결과적으로 강력한 자본주의의 이데올로그가 되도록 하는 것은 기술발달에 대한 그의 불굴의 신념이다. 그는 일찍이 '자유의 폭을 넓혀주는 것은 바로 역사상 가장 선진적 기술사회인 초산업사회'이며, '이 놀라운 경제적 실태의 배후에는 하나의 거대한 변화의 엔진, 즉 기술이 힘차게 돌아가고 있다'(1970: 315, 40)고 선언하기도 했다. 1990년대에 들어와 초산업사회의 경제적 실체는 '초기호경제'의 등장(1990: 56)으로 변하지만, '거대한 변화의 엔진'으로서 기술에 대한 그의 신념은 전혀 변하지 않는다. 물론 그가 명시적으로 자본주의를 옹호하는 것은 아니다. 예컨대 그는, 현실 사회주의가 몰락했다고 해서 '사회주의가 키워온 꿈도 죽은 것은 아니다. 풍요와 평화, 그리고 사회정의가 지배하는 세상을 창조하려는 욕구만큼은 고귀한 것이며 그 어느 때보다도 공감을 얻고 있다'고 말한다. 그러나 여기에는 '낡은 기초 위에는 그러한 세계를 세울 수 없다'는 조건이 달려 있다(1990: 587). 이 낡은 기초에는 마땅히 자본주의도 포함되어야 할 것이다. 그러나 토플러에게 그것은 다만 새로운 기술을 얼마나 적극적으로 받아들이고 이용하느냐의 문제로 인식될 뿐이며, 자본주의 자체는 직접적인 문제의 대상으로 부각되지 않는다.

정보사회론은 사회변화의 방향과 목표에 대해 대중적으로 커다란 영향을 미치고 있다. 이 점에서 '정보화의 기원'(Beniger, 1986; 김주환, 1995)에 대한 질문과 함께 '정보사회론의 기원'에 대해서 질문을 던져 보는 것도 의미가 있을 것으로 보인다.[27] 이와 관련하여 중요한 것은 정보사회론이 자본주의의 위기(전통적인 축적위기와 새로운 축적위기로서 생태위기)에 대한 이론적 대응의 산물로 제기되었다는 사실이다. 이 문제를 정보사회론은 탈산업, 탈자본, '합리적인' 친생태의 전망을 제시함으로써 회피하고자 한다. 문명전환론은 그 궁극적인 귀결점이라고 할 수 있다. 그러나 예컨대 실러의 지적을 인용하자면, '후기산업사회가 과거와 근본적으로 단절되어 있다는 주장은 어떠한 이데올로기적 이익을 가진다. 불연속성을 강조함으로써 현재의 암울

---

27) 정보화에 관한 모든 기술적 담론은 결국 정보사회에 관한 사회적 담론 속에서 이루어진다. 이런 점에서 정보화를 정보사회에 관한 논의와 떼어놓고 다룰 수는 없다. '정보화의 기원'은 사실을 다루는 것이고 '정보사회론의 기원'은 주장을 다루는 것처럼 보이는 것은 일종의 지적 환각이다. '정보사회론의 기원'을 곱씹지 않고 '정보화의 기원'을 따질 수는 없다.

한 모습이 감추어진다'(Schiller, 1988: 49). 이와 함께 미래학적 정보사회론은, 문명론적으로는 '거대한 변혁'을 주장하면서도, 새로운 사회의 구성과 관련해서는 종교, 가족, 공동체와 같은 전통적 제도를 강조한다. 이 점에서 미래학적 정보사회론은 기술의 전능성에 입각하여 현재의 모순을 초월한 이상향의 도래를 주장하지만, 실제로는 현실의 보존과 심지어 과거의 복원까지도 문명론적으로 합리화하는 것으로 보인다. 그러므로 문명전환론의 이데올로기적 성격은 사회변혁의 보수적 전망과 밀접하게 연관되어 있다고 할 수 있을 것이다.

3. 신경제론과 정보주의

신경제론의 전제는 정보사회가 더 이상 미래의 사회상이 아니라 지금 우리가 살아가는 현실을 의미하게 되었다는 것이다. 기술적으로 그것은 지구적으로 구축된 각종 정보통신망으로 나타나며, 경제적으로 그것은 바야흐로 이른바 '디지털경제' 혹은 '지식경제' 등의 이름을 통해 제도화되고 있다. 신경제론은 이같은 과정을 통해 새로운 경제질서가 형성되고 있으며, 그 핵심은 '정보의 상품화'와 그에 바탕을 두고 이루어지는 기술혁신과 경쟁원리의 확대강화에 있다고 주장한다. 이 점에서 신경제론은 신자유주의의 타당성을 입증해 주는 것으로 평가된다.[28]

1) 신성장론

---

[28] 신경제에 관한 국내 경제학에서의 체계적인 비판으로는 강남훈(2002)을 참조. 이 책은 한편으로 정보기술의 발달로 이전과 완전히 다른 신경제가 나타났다는 주장과 다른 한편으로 이와 달리 아무 것도 변하지 않았다는 주장을 모두 비판하는 이론적 분석서이다.

신성장론은 이른바 신경제의 발전원리에 관한 이론이라고 할 수 있다. 그렇다면 신경제는 무엇을 의미하는 것인가? 1990년대 미국의 사이버문화를 이끈 잡지인 와이어드지에서 펴낸 『신경제 백과사전』은 이것을 다음과 같이 설명한다.

신경제에 관해 말할 때, 우리는 사람들이 손 대신에 머리를 이용해서 작업하는 세계에 관해 말하는 것이다. 통신기술이 지구적 경쟁을 야기하는 세계. …혁신이 대량생산보다 더 중요한 세계. 새로운 기계보다는 새로운 개념을 구매하거나 새로운 개념을 고안하는 수단을 구매하기 위해 투자가 이루어지는 세계. 항상 급속한 변화가 진행되는 세계. 최소한 산업시대가 농업시대와 다른 정도로 산업시대와 다른 세계. 그 등장을 혁명이라고 말할 수밖에 없을 정도로 현저히 다른 세계(Wired, 1998).

여기서 알 수 있듯이 이론적으로 신경제는 정보사회론의 문명전환론에 바탕을 두고 있다. 길더가 말하는 '양자경제', 토플러가 말하는 '초기호경제' 등을 포괄적으로 가리키는 새로운 용어가 바로 신경제인 것이다. 물론 신경제를 가리키는 용어는 이밖에도 많이 있지만, 그 핵심에는 무엇보다 지식의 경제적 역할에 대한 새로운 인식이 자리잡고 있다.[29] 신성장론은 이러한 신경제의 역사적 특수성을 해명하는 경제이론으로서, 그 대표적인 예로는 '내생적 성장이론'을 들 수 있다.

'내생적 성장이론(Endogenous Growth Theory)'은 스탠포드대학교의 경제학 교수인 폴 로머(Paul Romer)가 1986년에 발표한 '수확체증과 장기적 성장'이라는 제목의 논문에서 비롯되었다. 이 논문에서 그

---

29) 예컨대 네트워크경제, 사이버경제, 웹경제, 디지털경제, 지식경제, 정보경제 등이 모두 신경제를 의미하는 용어라고 할 수 있다. 한 논자에 따르면, 이러한 신경제의 도래는 피터 드러커의 지식노동자론을 통해 1969년에 처음으로 인지되었다고 한다(Kelly, 1997).

는 지식의 축적에 의해 추동되는 경제성장 모델을 제안하였는데, 이것은 고전경제학 및 케인즈주의 경제학에서 제시된 경제성장 모델에 대한 동시적 비판을 함축하고 있다. 그에 따르면 양자의 거시경제정책은 '저축우선론'과 '소비우선론'으로 크게 대비되지만, 경쟁과 혁신과 발견의 경제적 역할을 제대로 이해하지 못했다는 점에서는 동일한 잘못을 저질렀다(Romer, 1994). 로머에 따르면 경제성장은 무엇보다 기술혁신에서 비롯되는 것이다. 그리고 기술혁신은 결국 인간의 지적 능력에 의해 이루어지는 것이다. 이것을 그는 요리법에 비유하여 설명한다(Romer, 1993). 로머에 따르면 원료물자는 유한할지라도 그 요리법은 사실상 무한하며, 따라서 경제성장의 가능성은 무한하다. 그러나 이 가능성이 실현되기 위해서는 경제정책의 변화가 필수적으로 요청되는데, 그것은 무엇보다 '기술변화를 지원하는 제도환경을 창출하는' 정책의 실행을 뜻하며(1994: 1), 좀더 구체적으로 그것은 '교육에 대한 보편적 보조, 기초연구를 위한 경쟁적 기금, 새로운 발상에 대해 일시적으로 독점적 이익을 제공하는 특허권 및 저작권'의 설정을 의미한다(1993: 3).

기술혁신에 바탕을 둔 로머의 경제성장론은 슘페터의 이론을 계승하고 있는 것으로서 그 자체로는 새롭다고 할 수 없을 것이다. 로머 자신도 그의 이론을 네오슘페터리안의 이론과 같은 것으로 여기고 있다(1994: 1). 그러므로 여기서 그의 이론이 '내생적 성장이론'으로 불리는 까닭에 좀더 주목할 필요가 있는데, 그것은 우선 '한 체계, 대체로 한 국민국가의 내부에서 일어나는 경제성장'을 설명하기 때문에 붙여진 이름이다. 중요한 것은 이러한 설명이 비선진국에 대해 지니는 함의이다. 로머의 이론은 모든 국가가 내생적으로 성장할 수 있음을 시사한다. 이 점에서 그의 이론은 최근의 '지구화에 대한 비판'이며, 무역에 의존하지 않는 대안적 성장의 길을 신흥공업국들에게 제시하

는 것으로 평가된다(We, 1994: 1). 이에 관해 로머 자신은 다음과 같
이 주장한다.

> 발상(ideas)에 관한 생각은 경제정책에 관한 생각을 바꾸어 놓는다. 많은
> 저개발국들의 계속적인 빈곤에 대한 전통적인 설명은 자연자원과 자본재
> 같은 대상이 부족해서 그렇다는 것이다. 그러나 일본은 1950년에 아무 것
> 도 없었으며 지금도 자연자원은 거의 없다. 그러므로 다른 무엇인가가 연
> 관되어 있음에 틀림없다. 가난한 나라들에게 부족한 것은 대상이 아니라
> 발상이라는 견해가 점점 늘어나고 있다. 극빈국 국민들의 생활수준을 크
> 게 향상시키기 위해 필요한 지식은 이미 선진국들에 존재한다. 만일 가난
> 한 나라가 교육에 투자하고 그 국민이 다른 나라에서 발상을 획득할 인센
> 티브를 제거하지 않는다면, 가난한 나라는 세계적인 지식축적(stock)에서
> 공개적으로 이용할 수 있는 부분을 빠른 속도로 이용할 수 있을 것이다.
> 덧붙여서 가난한 나라가 사적으로 소유된 발상을 그 나라의 국경 내에서
> 이용하도록 인센티브를 제공한다면(예를 들어 외국특허, 저작권, 면허권
> 을 보호하고, 외국 기업의 직접투자를 허용하는 등), 그 국민은 금방 최
> 상의 생산활동을 할 수 있을 것이다(Romer, 1993: 3).

이같은 로머의 주장은 '각국이 자신의 가용자원을 이용하여 정보경
제로 들어가는 방법이며, 현재 지구화가 그러한 것처럼 다국적 기업
들이 자신을 차취하도록 하지 않는 방법'으로 평가되기도 한다(We,
1994: 6). 그러나 현실에서 지식은 단순하게 이전되지 않는다. 그것은
자본주의의 현실 속에서 무엇보다 '지적 재산'으로 간주된다. 그리고
정보화는 이같은 지적 재산의 경제적 중요성을 더욱 더 강화하고 있
다. 사실상 로머의 이론에서 제시되는 '유일한 논리적 경로'는 '자유무
역을 전적으로 채택하고 대기업의 투자를 촉진하는 것'인데, 그 이유
는 '자유무역이 새로운 발상에 접근할 수 있다는 예상치 못한 이익'을
제공하기 때문이다(Kelly, 1996: 4). 그러나 이러한 자유무역론의 실

체는 무엇인가? 그것은 현재 선진국이 주도하는 지구적 지적재산권체
계를 비선진국이 적극적으로 수용해야 하는 것으로 나타나고 있다.
로머의 이론은 이 과정에서 발생하는 새로운 종속의 문제를 구조적인
것이 아니라 일시적인 것으로 평가하고 있다. 이 점에서 그의 이론은
'정보시대의 자유무역 이데올로기'라고 할 수 있을 것이다.[30] 따라서
아직 자유무역을 할 준비가 되어 있지 않은 나라들에게 그의 논리는
또 다른 '제국주의 개방론'으로 인식될 수 있을 것이다.

2) 디지털경제론

디지털경제라는 용어는 1998년에 발표된 미국 상무부의 보고서를
계기로 폭넓게 사용되고 있다. 이 보고서는 컴퓨터의 개발에서 비롯
된 정보통신기술의 발달을 디지털혁명이라는 관점에서 정리하고, 그
정점에 있는 인터넷을 중심으로 정보기술의 발달과 관련된 경제적 변
화를 심도깊게 추적하고 있다(DOC, 1998). 그러므로 이 보고서에서
사용하는 디지털경제의 의미는 결국 사이버경제 혹은 웹경제와 같은
것이라고 할 수 있다. 좁은 의미에서 디지털경제는 이처럼 인터넷의
발달과 관련되어 전개되는 새로운 경제현상을 가리킨다. 한편 디지털
경제라는 용어는 디지털기술의 발달에 의해 모든 형태의 정보를 컴퓨
터통신으로 소통할 수 있게 됨에 따라 나타난 것이다. 이런 맥락에서
보자면 디지털경제는 신경제의 기술적 차원을 강조하여 고안된 용어
라고 할 수 있다. 즉 이 경우에 디지털경제는 넓은 의미로서, 종래의
정보경제를 대체하여 사용되는 새로운 용어이다.

---

30) 일반적으로 로머는 '발상이 경제성장에서 수행하는 결정적 역할을 밝혀주는
모델을 구성'했을 뿐만 아니라, 성장의 한계에 따른 자본주의의 소멸론을 논파한
이론가로 찬양받는다(Kelly, 1996). 비선진국의 입장에서 보자면, 그가 자유무역
의 새로운 이데올로그라는 사실을 여기에 덧붙여야 할 것이다.

현재 디지털경제는 일반적으로 좁은 의미로, 즉 인터넷의 대중화에
서 비롯된 사이버경제를 가리키는 것으로 사용된다. 인터넷의 경제적
영향에 대해서는 이미 대단히 많은 설명과 예측들이 제시되어 있다.
1990년에 인터넷의 상업적 이용(이재규·조영희, 1997)이 처음으로
허용된 이래 인터넷을 이용하는 사람의 수는 놀라운 속도로 늘어나고
있으며, 그 결과 인터넷은 오늘날 정보통신기술의 플랫폼이자 경제성
장의 새로운 견인차로 널리 인정받기에 이르렀다(Economist, 1996a).
여기서 주목할 점은 정보기술의 발달에 따라 등장하는 신산업의 특성
은 기존의 경제원리로는 설명되지 않는다는 주장이다. 특히 소프트웨
어나 인터넷 관련 신산업은 단순히 신산업의 창출에 머무는 것이 아니
라 새로운 경제원리에 입각하여 작동하는 신경제를 낳는 것으로 설명
된다. 특히 두드러지는 것은 생물학 혹은 생태학을 통해 새로운 경제
현상을 설명하려는 시도들이다.[31] 와이어드지의 편집장이었던 케빈
켈리는 이러한 관점에서 디지털경제를 '네트워크 경제'로 부르며, 그
특징들을 '신경제의 신규칙'이라는 12가지의 새로운 경제원리로 정리
하였다(Kelly, 1997).

켈리의 '네트워크 경제'에서 기술적 핵심은 '컴퓨터 사이의 통신'인
데, 다시 말할 것도 없이 이것은 인터넷으로 대표된다. 인터넷은 '모든
존재와 모든 사물 사이의 관계와 통신'에 큰 변화를 초래함으로써 네트
워크 경제라는 새로운 경제가 나타날 수 있게 해 준다(Kelly, 1997: 1)
이것이 디지털경제로 분류될 수 있는 까닭은 이같은 네트워크를 형성
할 수 있는 기술적 기초가 바로 디지털기술이기 때문이다. 즉 디지털

---

31) 이런 시도들은 이른바 생물경제학(Bionomics)의 태동으로 나타났다. 그 한
예로 무어의 시도를 들 수 있는데, 그는 공진화의 원리를 따르는 기업생태계의 형
성이야말로 성공적인 경영의 기본원리가 되었다고 주장한다(Moore, 1996). 한편
경제나 경영에 대한 적용을 넘어서 생물학의 새로운 성과들을 더욱 포괄적인 사회
이론으로 확장시키려는 시도도 행해지고 있다(Kelly, 1994).

<표 2> 신경제의 신규칙

항목	주요 내용
연결 법칙	우둔한 힘을 포용하라. 마이크로칩의 크기가 작아지면서 우리가 만드는 모든 사물에 내장될 수 있게 됨. 네트워크 경제는 이 모든 것들을 연결시켜서 작동함.
풍요 법칙	더 많은 것이 더 많은 것을 준다. 네트워크에 연결되는 노드의 수는 산술급수적으로 늘어나지만, 네트워크의 가치는 기하급수적으로 늘어남.
지수가치 법칙	성공은 비선형적이다. 참여자가 늘어감에 따라 가치는 지수적으로 폭증하며, 가치의 폭증은 참여자를 더욱 늘리게 됨. 작은 출발이 큰 결과를 낳을 수 있으며, 큰 변동이 작은 효과를 거두는 데 그칠 수 있음.
역전점 법칙	의미가 운동에 선행한다. 한 변화가 급속히 확산되는 전환점이 존재함. 변화가 본격적으로 시작되기 전에 그 의미를 정확히 판단하는 것이 더욱 중요해짐.
수확체증 법칙	선순환을 만들어라. 성공이 성공을 부름. 네트워크의 수확체증은 전체 네트워크에 의해 만들어지고 공유됨. 시장을 선점하여 표준을 구축하는 것이 극히 중요함.
역가격 법칙	싼 제품을 기대하라. 마이크로칩의 경우에 잘 드러나듯이 성능은 향상되면서 가격은 더욱 싸지는 현상이 확산됨.
관용 법칙	무료정책을 추구하라. 일단 한 제품이 널리 사용되기에 이르면, 다른 관련 제품이나 서비스를 판매할 수 있음.
충성 법칙	우선 웹을 키워라. 인터넷은 국가와 비슷함. 개인의 번영을 보장하는 가장 확실한 길은 체계 자체를 번영시키는 길임.
퇴화 법칙	정상을 내놓아라. 네트워크 경제에서는 한 제품이 정상을 차지하고 있는 동안, 다른 제품이 규칙을 바꿈으로써 산 자체를 이동시킴. 다른 정상으로 이동하기 위해서는 먼저 정상에서 내려와야만 함.
대체 법칙	인터넷이 이긴다. 정보에 의한 물질의 대체는 네트워크 경제에서도 계속됨. 네트워크의 동학은 낡은 경제 동학을 계속해서 대체할 것임. 모든 거래와 사물은 네트워크의 논리에 복종하게 될 것임.
동요 법칙	지속가능한 비평형 상태를 추구하라. 네트워크 경제는 변화에서 동요로 이동했음. 동요는 파괴와 생성의 창조력임.
비효율성 법칙	문제를 해결하지 마라. 네트워크 경제에서 문제는 생산성이 아니라 기회를 포착할 수 있는 상상력의 부족임. 기회를 발견하기 위해서는 시간을 낭비하고 비효율적으로 되어야 함.

기술의 발달은 모든 통신망의 통합을 가능하게 하고, 이것은 궁극적으로 사회생활이 영위되는 기술환경 전체의 변화를 초래하는 것으로 파악된다. 사실 디지털 기술의 발달은 인터넷의 발달에 큰 영향을 미쳤지만, 반대로 인터넷의 대중화가 디지털 기술의 발달에 큰 영향을 미치기도 했다. 특히 인터넷이 새로운 플랫폼으로 자리를 잡아가면서 전자기기의 디지털화가 크게 촉진되었다. 요컨대 디지털 경제의 핵심은 네트워크 경제이다.

켈리의 신경제론에서 볼 수 있듯이, 신경제론자들에게 디지털기술의 통합력은 경쟁을 강화하는 요인으로 인식된다. 그들은 이것을 흔히 '동적 경쟁'이라고 부른다. 그러나 이와 달리 실제 현실은 자본주의적 독점의 경향을 유례없이 강화하는 결과를 낳고 있다.[32]

정보통신기술은 크게 하드웨어계, 소프트웨어계, 콘텐츠계의 세 가지 요소로 구성된다. 종래에 이 기술들은 각각 독자적 영역을 구축하고 있었으나, 시간이 지나면서 영역간 통합이 점차 전개되었다. 특히 1990년대에 들어와 이루어진 디지털기술의 발달과 인터넷의 대중화는 이같은 추세를 급속히 강화하였다. 컴퓨터와 통신의 융합이라는 형태로 이미 오래 전부터 전개되어 왔던 이러한 변화는 1990년대에 들어와 이제 방송과 통신의 융합이라는 새로운 형태로 전개되기에 이르렀다. 이것은 근본적으로 모든 정보를 디지털이라는 하나의 형태로 처리할 수 있게 됨으로써 나타난 현상이었다. 그 결과 유례없이 거대한 '멀티미디어 초국적자본'들이 잇따라 형성되었다(홍성태, 1996). 그것은 거대기업들 간의 잇따른 매수와 합병을 통해 이루어지거나 거대기업들

---

32) 물론 경쟁이 강화되는 측면도 존재한다. 그러나 이러한 사실이 거대기업의 영향력이나 새로운 독점의 형성을 약화시키는 것은 아니라는 점에 주의할 필요가 있다. 신경제론자들은 이러한 경향을 낡은 것으로 치부하고 있지만, 현실은 오히려 독점의 경향이 지배적이라는 것을 보여준다.

이 새로운 업종으로 진출하는 방식으로 진행되었다.

디지털기술의 통합력이 미디어 기업의 집중과 독점의 폐해를 강화할 가능성은 이미 여러 학자들에 의해 지적된 바 있다. 예컨대 맥체스니는 다음과 같이 주장하였다.

디지털기술로의 이동은 수렴을 낳으며, 이는 미디어 유형 사이의 전통적인 차이점이 사라진다는 것을 의미한다. 이것은 다시 상승작용을 고조시키는데, 이는 기업이 제국을 건설함으로써 자신의 이윤창출 능력을 확대시켜 전지구적 기업집중을 향한 기동력을 가속화시킬 수 있을 것임을 의미한다(McChesney, 1996: 181).

이같은 우려에 대응하여 제시된 논리는 '동적인 경쟁'의 실현이었다(Keyworth, 1996). 이것은 모든 정보통신분야의 융합을 제도적으로 보장함으로써 기술의 발달을 더욱 촉진할 수 있다는 시장주의적 주장이다. 1995년에 개정된 미국의 새로운 통신법은 바로 이같은 시장주의에 바탕을 두고 있었다.[33] 이에 따라 미국의 정보통신업계는 전면적인 '통신전쟁'에 빠져들게 되었으나(Iwao, 1996), 그 중요한 결과로 영역간 융합을 통한 초거대기업이 속출하게 되었다.[34] 이것은 디지털경

---

33) 이 때문에 맥체스니는 이 법을 가리켜 '미국 역사상 가장 부패한 법률 중의 하나이며, 기업에 의해 그리고 기업을 위해 만들어진 것'이라고 비판하였다(McChesney, 1996: 173).

34) 디지털 경제에서 독점의 문제는 마이크로소프트 소송에서 가장 잘 나타나고 있다. 이 소송은 1997년 10월에 미 법무부 독점국이 마이크로소프트를 반독점합의계약 위반혐의로 고소하면서 시작되었다. 마이크로소프트는 넷스케이프를 제압하기 위해 윈도즈95에 인터넷 웹브라우저인 익스플로러를 내장시켰는데, 미 법무부는 이것을 독점력의 부당한 행사에 해당하는 '끼워팔기'로 판단한 것이다(홍성욱, 1998). 빌 게이츠 자신은 시종 기술경쟁과 소비자의 합리적인 선택의 결과를 강조하지만(Gates, 1995), 이 사건은 본질적으로 마이크로소프트의 운영체계 독점에서 비롯된 것으로, 정보사회에서 운영체계라는 소프트웨어가 차지하는 위치, 디지털 경제에서 독점과 경쟁의 특성에 관한 논의를 촉발시키는 계기가 되었다. 국내에서 빚어진 마이크로소프트 논쟁, 즉 1998년의 한컴 인수 시도, 1999년의 원

제도 기존의 자본주의 경제와 마찬가지로 독점적 대기업에 의해 지배된다는 사실을 반증한다. 35) 멀티미디어가 아니라 디지털 자본의 영역으로 좁히더라도 이같은 사실은 부정되지 않는다. 예컨대 개인용 컴퓨터산업은 이른바 '윈텔(Win-Tel) 연합'36)에 의해 지배되고 있으며, 이 연합은 다시 휼렛 패커드(HP)와 노르텔(Nortel)이 참여함으로써 '4자 동맹'으로 더욱 확장되었다(한겨레신문, 1999/3/16). 또한 초국적 거대통신업체들의 합병·제휴도 계속되고 있다. 1990년대에 들어와 추진되고 있는 각국의 통신규제완화와 WTO의 기본통신서비스협정을 배경으로 진행되고 있는 이러한 추세에 따라 세계통신시장 자체가 궁극적으로 몇몇 기업들이 지배하는 과점체제로 변할 것으로 전망되고 있다(한겨레신문, 1999/4/27).

물론 이런 식의 합병·제휴가 성공적인 결과만을 낳는 것은 아니다. 그 대표적인 예가 에이오엘과 타임워너의 합병이다. 신매체와 구매체를 대표하는 두 회사가 합병을 선언했을 때, 이것은 신매체가 주도하는 신경제가 구경제를 흡수하는 대사건으로 여겨졌다. 요컨대 이합병을 통해 신경제는 자리를 굳혔다는 평가를 받을 수 있었다. 그런데 다른 한편에서는 이로부터 디지털경제의 독점이 극단화할 것으로 예측되었다. 말 그대로 거대공룡기업이 등장해서 시장을 장악함으로

도즈98 가격과 관련된 논쟁도 본질적으로 이 문제와 연속선상에 있는 것이다.

35) '전자매체 분야에 대한 탈규제정책의 강화와 초국적 멀티디미어자본에 의한 매체의 다소유집중'으로 요약될 수 있는 이러한 변화에서 선진국의 '모든 국가는 대자본가 계층의 정치적 파트너로서 그 기능을 발휘하고 있'는 것으로 지적된다(송해룡, 1990: 109-110).

36) 이 용어는 마이크로소프트의 윈도즈와 인텔의 마이크로프로세서가 개인용 컴퓨터시장을 거의 완전히 장악하고 있는 것을 의미한다. 두 회사가 새로운 제품을 발표할 때마다 전체 컴퓨터 시장이 큰 영향을 받는다. 이같은 구조는 자본의 입장에서 보자면 공생적 관계로 파악될 수 있으나, 합리적 소비의 관점에서 보자면 오히려 '공모적 관계'라고 하는 편이 더욱 사실에 부합한다. 소비자들은 제품군 자체가 변함에 따라 자신의 필요에 따라 제품을 구입하는 것이 아니라, 시장에 출시되는 새로운 제품을 사실상 강매당할 수밖에 없는 상황이 전개되기 때문이다.

써 경쟁이 크게 위축되고 소비자의 편익이 크게 침해당하리라는 우려
가 커졌다. 이런 우려에도 불구하고 두 거대기업이 합병한 것은 물론
더 많은 이윤을 위해서였다. 그러나 에이오엘은 편법을 동원해서 합
병을 성사시켰다는 사실이 드러났으며, 인터넷 거품이 빠지자 경영난
이 가중되면서 두 회사의 합병은 1년 반만인 2002년 7월에 끝나고 말
았다(한겨레신문, 2002/7/20). 세계 최대의 미디어 독점기업의 꿈은
이렇듯 실패로 끝나고 말았다. 이와 함께 신경제의 풍선도 터져 버리
고 말았다. 그러나 독점을 향한 자본의 욕망 자체는 여전히 건재하다.
독점의 시도가 늘 성공하는 것은 아니지만, 그럼에도 불구하고 그 시
도는 언제나 계속된다.

　　독점의 문제는 신경제에 관한 디지털경제론의 주장을 상당히 무색
하게 만들고 있다. 새로운 기술혁명이 경제학의 혁명을 요구하는 것
은 아니라는 지적(Economist, 1996b:4-5)이 의미있게 다가오는 것도
이 때문이다. 여기서 디지털경제가 제기하는 훨씬 더 심각한 문제에
대해 살펴 볼 필요가 있다. 이 문제는 금융자본의 운동과 관련된다.
이것은 '데이터, 아이디어, 상징 및 상징체계의 즉시적인 전달과 보급
에 의존'하는 '초기호경제'(Toffler, 1990: 56)와 '스미스가 말한 이상적
인 시장에 근접한 시장'으로서 '마찰없는 자본주의'를 실현한 외환시장
(Gates, 1995: 223)이 이미 세계경제에 제기한 현실적인 문제이다. 이
것은 1980년대 중반 이래 자본주의 세계경제에 일어난 특징적인 변화
로서, 자본이동이 세계경제를 움직이는 원동력이 되었다는 사실에서
비롯된다. 1986년에 환거래는 재화 및 서비스 무역거래의 17배였으
나, 1995년에는 무려 36배로 팽창하였다(山下勇男, 1998: 110). 이것
은 '투기적으로 과도하게 발전한 금융시장의 번창'을 의미하는 '카지노
자본주의'의 형성으로 이어졌다(Bischoff, 1993: 155). 이같은 변화는
현대 자본주의에 특징적인 투자처를 찾지 못하는 과잉자본의 심각한

누적, 그리고 실물자본과 금융자본의 괴리에서 구조적으로 비롯되는 것이지만, 이 모순이 최근에 세계 각국이 경험하고 있는 외환위기로 폭발한 것은 1980년대 중반부터 본격적으로 진행되어 온 자본이동의 디지털화와 직접적인 연관을 맺고 있다.

> 1986년에 지금까지도 '대폭발'로 알려진 사건이 일어났다. 밤 사이에 거래 장이 없어지고, 전세계 중개업자와 연결되는 수 만대의 컴퓨터 단말기로 바뀌었다. 런던 증권거래소는 국제 증권거래소가 되었다. 그리고 주요 업 무는 정보운송업무로 바뀌었다(Rheingold, 1991: 598).

이렇게 해서 투기적 금융자본이 지구적 정보통신망을 타고 실시간 으로 이동할 수 있게 되었다. 그것은 바로 금융자본이 디지털경제와 '초기호경제'로 이동했기 때문이었다. 그 결과 세계경제 자체가 위험 에 빠지게 되는 중대한 문제가 발생하였다. 이에 대해서는 심지어 세 계 제일의 헤지펀드 자본가조차 심각한 우려를 밝히고 있을 정도이다 (Soros, 1998). 그러나 신경제론에서는 이같은 중대한 현상이 전혀 다 루어지지 않고 있다. 디지털경제론은 새로운 것에 매혹되어 현실을 증발시켜 버리는 이론적 결과를 빚고 있는 것이다.

디지털경제론에는 자본이나 노동은 존재하지 않는 것으로 보인다. 나만 카오스적으로 변하는 기술환경과 그것에 빠르게 적응하여 큰 성 공을 거두는 능력있는 개인들이 있을 뿐이다. 기존의 모든 구조적 억 압은 더 이상 존재하지 않거나, 이미 낡은 것이 되어 빠른 속도로 사 라지고 있는 것으로 간주된다. 이 거대한 변화의 원동력은 기술이며, 새롭게 발생하는 문제들의 해결책도 결국은 기술의 발달에서 주어진 다. 그리고 시장은 이런 변화를 조절하고 촉진하는 유일한 사회적 장 치로 판단된다. 이 점에서 디지털경제론은 기술결정론과 시장주의가 결합해서 만들어진 이론적 혼성물이라고 할 수 있을 것이다.

3) 지식경제론

디지털경제론이 신경제의 기술적 차원과 밀접한 연관을 맺고 1990
년대에 들어와서 비로소 제기된 것이라면, 지식경제론은 지식의 경제
적 역할과 관련하여 이론적으로 이미 1960년대 중반부터 제기되었던
것이다(Stehr, 1994: 5-6). 벨의 경우는 지식사회라는 용어 자체는 거
부했지만, 그의 탈산업사회론에서 지식론은 핵심적인 위치를 차지한
다. 그는 맑스의 분석틀이 소유관계를 축으로 삼은 것이었다면, 자신
의 분석틀은 생산의 축과 사용되는 지식의 종류를 기준으로 삼은 것이
라고 밝히기도 했다(Bell, 1976a: 11). 한편 피터 드러커는 1969년에
지식사회라는 용어를 처음으로 고안하여 이 분야에서 가장 유명한 선
구자가 되었다. 드러커는 지식이야말로 가장 중요한 경제적 자원이
되었다고 주장한다.

> 자본이나 천연자원 또는 노동은 이제 더 이상 기본적인 경제적 자원이 아
> 니다. 새로운 생산수단은 지식이며 앞으로도 또한 지식일 것이다. …가치
> 는 이제 생산성과 혁신에 의해 창조되는데 생산성과 혁신은 지식을 작업
> 에 적용한 결과이다(Drucker, 1993: 29).

이러한 지식자원론은 벨의 주장과 동일한 것으로 보인다(Bell,
1981: 15). 토플러는 이러한 논리를 다소 극단적인 형태로 제시한다.
그에 따르면, '지식은 (때로는 단순한 정보와 데이터도) 다른 자산들
의 대체품으로 사용될 수 있다. 지식—이론적으로 무진장한—이야말
로 궁극적인 대체물이다'[37] (Toffler, 1990: 137)라는 것이다. 그러나

---

[37] 토플러의 이같은 과장된 주장은 생태론자들에 대한 과학주의적 비판과 밀접
하게 연관되어 있다. 그는 이렇게 주장한다. '현재의 심각한 환경문제 중 대부분
—대기오염에서 유독성 폐기물에 이르기까지—은 낡은 산업주의적 부 창출방법

이것은 단순히 극단적인 주장이라기보다는 드러커나 벨의 주장에 함축되어 있는 관념론적 측면을 더욱 명확하게 드러낸 것이라고 할 수 있을 것이다.[38]

　지식경제론에서 우선 확인해야 할 것은 그것이 가리키는 지식의 종류가 어떤 것인가 하는 점이다. 지식이라는 용어는 그것이 가리키는 대상이 너무나 포괄적이며, 인간의 모든 행위는 사실상 지식행위이기도 하다는 점에서, 어떤 지식을 어떤 방식으로 개발하고 이용하는가의 문제가 다소간 분명한 형태로 제시될 필요가 있다. 이에 관해 벨은 다양한 경험영역을 설명할 수 있는 이론지식의 중심성을 강조한다. 여기서 다시 어떤 이론인가의 문제가 제기되는데, 그것은 현대 과학기술을 낳은 극히 실증적인 이론[39] 이다(Bell, 1976a: 20-33). 이같은

의 부산물이다. 이에 반해 물질적 자원을 지식으로 대체하고, 생산을 집중화시키기보다 분산시키고, 에너지 효율을 증대시키며 또한 자원재생기술을 극적으로 발전시킬 잠재력을 지니고 있는 새로운 경제체제는 깨끗한 생태계와 경제발전을 결합시킬 수 있다는 희망을 제시해 주고 있다'(Toffler, 1990: 356). 그러나 이 희망은 현실에서 어떻게 실현되고 있는가? 지식에 의한 '물질대체론'이 오류라는 것은 갈수록 자원 및 에너지의 소비량이 증가하고 있다는 사실에서 쉽게 확인된다. 생산의 지구적 분산은 생태위기의 지구화를 격화시키고 있다. 어느 면에서도 토플러의 비판은 사실로 증명되지 않는다. 이런 점에서 '토플러의 글에는 역사도 사회학도 없다. 오직 낙관주의가 있을 뿐'(Young, 1987: 125)이라는 비판이 제기되는 것도 무리가 아닐 것이다. 여기서 또 한 가지 잊지 말아야 할 것은 그가 미국인이라는 사실이다. 미국은 세계에서 가장 많은 자원을 소비하는 나라이자 세계의 환경을 가장 많이 오염시키고 있는 나라이다. 지구적 환경보호정책의 성패는 미국의 참여에 달려 있다고 해도 지나치지 않다. 그러나 '미국의 생활양식이 협상대상이 아니다'는 부시의 오만한 주장에서 잘 드러나듯이 미국은 조금도 책임을 지려하지 않는다. 2002년의 환경정상회담에서도 이런 문제는 분명하게 확인되고 있다(대한매일, 2002/8/21). 토플러의 주장은 이런 현실을 노골적으로 부정하고 호도하는 '지적 사기'이다.
38) 지식자원론은 앞에서 살펴보았던 정보자원론과 동일한 문제를 안고 있다. 물질폐기론 혹은 물질대체론이 그것이다. 이 점에서 지식자원론은 정보자원론의 변주라고 할 수 있다.
39) 사상사적으로 이것은 그가 듀이를 충실히 계승하고 있는 사회이론가라는 사실과도 연관될 것이다(Bell, 1976a: xxv).

실증성은 드러커의 경우에 더욱 명확하게 드러난다. 그는 "우리가 지금 지식이라고 생각하고 있는 지식은 스스로 행동으로 증명한다. 우리가 지금 지식이라고 의미하는 것은 행동을 하는 데 효과가 있는 정보, 결과에 초점을 맞춘 정보이다"(84)라고 주장한다. 드러커의 이러한 정보적 지식관은 실증적 차원을 넘어서 행동주의적인 것이다.

포스트모던의 이론가인 프랑스의 료따르는 이것을 수행적 지식의 전면화로 설명하기도 했다. 그에 따르면 '정보사회에서 지식의 위상'이 크게 변하여 수행적 지식이 지배하게 된다.

> 정보기계에 의한 교수의 부분적 대체가 불완전하고 유지될 수 없게 보이는 것은, 단지 정신의 삶 그리고/또는 인류해방이라는 거대한 정당화 이야기의 관점에서일 뿐이다. 그러나 이 거대 이야기는 더 이상 지식에 대한 관심의 동기를 이루지 않는다. …명시적이건 함축적이건 간에 직업적 학생, 국가 및 고등교육기관이 제기하는 물음은 더 이상 "이것이 맞습니까?"가 아니라 "이것은 어디에 쓸모가 있습니까?"이다. 지식의 상업화란 맥락에서 이 두 번째 질문은 대체로 "이것은 팔 수 있습니까?"를 의미한다(Lyotard, 1979: 115).

실증적 지식이 강조되는 것은 확실히 정보기계의 등장과 깊은 관련이 있다. 이런 맥락에서 벨의 이론지식은 컴퓨터로 대표되는 지적 기술과 개념적 쌍을 구성하게 되는 것이다. 요컨대 실증적 지식이란 컴퓨터의 작동과 유사한, 혹은 컴퓨터의 작동에 유용한 지식이다. 이러한 지식이야말로 지식경제를 형성하는 지식인 것이다.

또한 료따르가 지적하듯이 실증적 지식 혹은 수행적 지식은 상업화를 전제하는 지식이기도 한데, 드러커는 이 문제를 지식경제의 운영 방식과 직접적으로 연결시키는 것으로 보인다. 그에 따르면, "지식들은 그 자체로서는 아무 것도 만들지 못한다. 여러 지식이 한꺼번에 결합되어 하나의 지식으로 융합될 때 생산성이 있게 되는 것이다. 그것을 가능하게 하는 것이 조직의 과업이고, 조직이 존재하는 이유이며, 조직의 기능이다"(89). 이 점에서 그의 지식사회는 조직사회가 된다. 그리고 이 '새로운 사회는 '비사회주의 사회'이고 또한 '탈자본주의 사회'라는 것은 확실'한데, 왜냐하면 이 '사회에서 제일 중요한 자원은 지식'이고, '지식사회의 주도적 사회집단은 지식근로자일 것'이기 때문이다(23, 29). 이렇게 해서 드러커에게 지식은 단순히 새로운 경제의 원동력에 그치는 것이 아니라 역사적으로 새로운 사회구성을 형성하는 근원이 된다. 이러한 지식관은 구체적인 내용에서는 다소 차이가 있기는 하지만 벨도 마찬가지로 공유하고 있는 것으로 보인다.

벨과 드러커의 주장은 다분히 이데올로기적인 편향[40]을 안고 있는 것이지만, 논리 자체는 상당히 완곡하고 이론적인 형태로 전개되었다. 이에 비해 길더는 기본적으로 이들의 주장에 바탕하고 있으면서도 관념론적 편향과 이데올로기적 편향을 명확하게 나타낸다. 이것은 그가 지식보다는 아이디어를 강조하는 데서 비롯되는 것이라고 볼 수도 있다. 그에 따르면, "아이디어는 늘 개인의 정신 속에서 생기며 궁극적으로 그곳에서 안주하는 주관적인 것이다. 양자경제로의 이전은 불가피하게 정신의 경제로의 이전을 뜻한다"(Gilder, 1989: 430-431). '개인의 정신' 속으로 비약하는 이러한 주장은 조직보다는 개인을 강조하는 입장이다. 이를 위해서 그가 요청하는 것은 국가의 역할이 현격히 약화되어야 한다는 것이다. 이 점에서 그는 기업에 약하고 국가에 강한 하이예크의 자유주의를 충실히 따르는 것으로 보인다. 이것은 그가 신경제의 형성을 자본주의의 필연적 산물로 파악하는 데서 더욱

---

40) 경제에서 지식이 차지하는 비중이 높아진다고 해서 '탈자본주의'사회가 도래했다고 주장하는 것은 비약일 수밖에 없다. 자본주의의 핵심은 자본-임노동관계이기 때문이다. 지식을 많이 사용하면 이 관계가 변하는가? 이와 관련하여 '산업'자본주의, '정보'자본주의 혹은 '지식'자본주의의 구분이 유용할 것으로 보인다.

명확하게 드러난다. 그는 '최고로 정신 중심의 시스템인 자본주의는 자본주의의 성장의 추진력이 기술혁신과 발견임을 알고 있다'고 주장한다(452). 이런 식으로 길더의 신경제론은 자본주의 옹호의 입장을 다른 누구보다 명확히 표명하고 있다.

그러나 자본주의적 신경제로서 지식경제의 특성은 길더와 같은 이데올로그가 아니라 탁월한 '복잡계 경제학'자인 브라이언 아서에 의해 해명되었다.[41] 그에 따르면 현대 산업은 대량생산 세계와 지식주도형 세계로 양분된다. 이렇게 구분되는 이유는 두 세계의 기본적인 경제 원리가 다르기 때문이다. 그것은 수확체감의 법칙과 수확체증의 법칙으로 나타난다. 수확체감이란 생산요소를 한 단위 더 추가할 때마다 늘어나는 한계수확량이 감소하는 것을 뜻한다. 반면에 수확체증이란 생산요소가 추가될수록 산출량이 기하급수적으로 늘어나는 것을 의미한다. 아서는 두 가지 경제를 다음과 같이 구분한다.

> 두 개의 경제체제란 지식은 그다지 중요하게 생각하지 않고 주로 물질적 자원을 이용해서 제품을 만들어 내는, 말하자면 마샬의 수확체감의 원리에 따라 운용되는 대량생산 경제와 약간의 물질적인 자원을 이용해서 본질적으로는 지식의 산물을 생산해내는, 즉 수확체증의 메커니즘 하에서 운용되는 지식주도형 경제를 말한다(Arthur, 1996: 80).

종래에 수확체증은 대단히 예외적인 현상으로 취급되었으나, 아서는 첨단산업이 수확체증의 법칙에 의해 지배된다고 주장하여 파문을

---

41) 아서의 이론은 원래 1983년에 처음 발표되었다. 그러나 그의 이론은 1990년대에 들어와서야 비로소 학계에 수용되었다(홍성욱, 1998: 225-226). 일단 수용되기 시작하자 그의 이론은 신산업의 경제적 가치를 설명해 주는 이론으로 속류화되면서 빠른 속도로 확산되었다. 이런 변화는 시대상황과 밀접한 연관이 있다. 아서의 이론은 이른바 지식산업의 대표적 분야로서 소프트웨어가 새로운 거대산업으로 확립된 1990년대의 시대상황을 경영이론의 측면에서 잘 설명하고 있기 때문이다.

일으켰다. 그 대표적인 예로 그는 소프트웨어를 들고 있다. 소프트웨어는 초기 개발비는 많이 들지만 한계생산비는 거의 영에 가깝다. 따라서 그 수요가 늘어날수록 한계수확량이 감소하는 것이 아니라 오히려 기하급수적으로 늘어나게 된다. 한계생산비는 영에 가깝지만 수익은 지수적으로 늘어나기 때문이다.

수확체증의 법칙은 이른바 지식산업을 마치 황금알을 낳는 거위처럼 인식되도록 만들었다. 여기저기서 서로 자기가 황금알을 낳는 거위라고 주장하는 사람들이 나타났다. 그러나 수확체증의 경제적 의미는 무엇인가?

수확체증의 특징은 일단 시장에서 성공한 제품이나 기업은 계속해서 잘 나가는 반면 한번 실패한 것은 계속해서 죽을 쑨다는 점이다. 말하자면 수확체증은 어떤 분야에서 성공한 사람이나 기업은 그 사업이 계속해서 더욱 잘 되어 나가도록 밀어주고 한번 타격을 입은 자는 갈수록 더욱 허약하게 만드는 이른바 포지티브 피드백이라는 메커니즘을 가지고 있다 (Arthur, 1996: 64).

이같은 포지티브 피드백(positive feedback)의 작동은 '잠금효과'로 설명된다. 이것은 켈리가 말하는 네트워크 경제의 특성이기도 한데, 한 제품이 일단 시장을 선점하고 관련 제품이 계속해서 등장하여 사용되기 시작하면, 기술적으로 더 뛰어난 제품이 시장에 등장하더라도 선행 제품을 대체하기 어렵게 된다는 것이다. 마이크로소프트의 도스(DOS)나 윈도즈(WINDOWS) 등의 운영체계가 바로 그 대표적인 예이다. 운영체계는 일반 응용소프트웨어처럼 다양한 대체재를 가지고 있는 소프트웨어가 아니라, 그러한 응용소프트웨어들이 기반하고 있는 '사회적 소프트웨어'[42] 이다. 따라서 어떤 운영체계가 시장을 선점

---

42) 사회적으로 개발되거나 소유되는 소프트웨어가 아니라 사회적으로 널리 사용

하게 되면 다른 운영체계가 아무리 기술적으로 뛰어나더라도 기존의 운영체계를 대체하기는 거의 불가능하게 된다. 이 예에서 알 수 있듯 이 수확체증의 법칙은 시장을 선점한 승자가 모든 것을 가지는 게임의 법칙이다. 이 점에서 아서는 신산업의 논리를 카지노에 비유하여 신산업이 요구하는 새로운 경영방식을 '기술 카지노'라고 부른다(Arthur, 1997: 32). 요컨대 카지노에서 승자가 모든 것을 다 가지는 것처럼, 포지티브 피드백이 강력하게 작동하는 신산업에서는 신기술의 고지를 선점한 기업이 모든 것을 차지하게 된다는 것이다.

　이러한 아서의 이론에서는 다음과 같은 논점들이 생겨날 수 있는 것으로 보인다. 첫째, 이른바 지식주도형 산업이 특정화될 수 있는가의 문제이다. 그는 지식주도형 산업을 의약품, 컴퓨터의 하드웨어와 소프트웨어, 항공기, 미사일, 전기통신장비, 생체공학 약품 등의 첨단기술 제품을 생산하는 산업으로 파악하고 있다. 여기서 이른바 지식산업은 특정 업종을 의미하는 것이 아니라 신기술의 개발을 중심으로 한 생산방식의 변화에 더 가까운 것으로 보인다. 다시 말해서 지식산업이라는 산업은 존재하지 않으며, 다만 지식경제라는 새로운 경제원리가 작용한다는 것이다. 둘째, 아서는 첨단기술 제품의 특성으로 높은 신제품 개발비, 네트워크 효과, 소비자의 타성을 들고 있다. 높은 신제품 개발비는 한계생산비의 급속한 절감으로 보완될 수 있다. 그러므로 중요한 것은 네트워크 효과와 소비자의 타성이 결합하여 시장을 장악하는 것이다. 독점이 형성되기만 하면 높은 투자비를 훨씬 상회하는 초고수익이 보장되기 때문이다. 이 점에서 수확체증의 법칙은 결국 '현대의 독점이론'이라고 할 수 있을 것이다. 수확체증의 법칙

되는 소프트웨어라는 뜻이다. 구태여 이런 표현을 쓰는 까닭은 운영체계가 갖는 '사회적 하부구조'의 특징 때문이다. 운영체계를 독점한다는 것은 정보사회의 가장 중요한 하부구조를 독점한다는 것과 같은 뜻이다. 떼돈을 버는 것은 따논 당상이지만, 그 돈은 사실 사회가 치루어야 하는 부당한 대가이다.

이 밝혀준 지식경제의 특성은 그것이 엄청난 시장독점의 가능성을 가지고 있다는 것이다. 여기서 수확체증의 법칙은 이러한 독점이 과연 정당한 것인가의 문제로 연결된다. 이 문제는 현재 기술개발의 동기를 부여하기 위해서 어느 정도의 독점을 허용하는 것은 불가피하다는 형태로 봉합되어 있는 상태이다. 그러나 독점의 폐해가 갈수록 명확해지고 있기 때문에 이에 대한 비판적 문제제기도 계속해서 늘어나고 있다.

4. 맺음말

현재의 신자유주의적 정보화를 역사필연적인 것으로 합리화하는 정보주의의 문제점은 무엇보다 정보화 경쟁이 노동에 미치는 심각한 영향을 폄하하는 데서 가장 잘 드러난다. 노동력 구조의 거대한 변동과 만성적인 실업자의 누적은 이미 '노동의 종말', '일자리 없는 미래', '탈노동사회'의 전망을 제출하고 있는 실정이다(Rifkin, 1994; Aronowitz and DiFazio, 1994; Aronowitz and Culter eds., 1998). 그러나 정보주의는 기술구조의 고도화에 따른 구조적 실업이 확대되고 있는 상황을 당연시하며, 이 문제가 무엇보다도 개인의 경쟁력 강화를 통해서만 해결될 수 있는 것으로 제시한다.

정보주의는 과학(기술)주의와 경제주의의 결합물이다. 그것은 기술낙관론을 앞세워서 시장주의의 강화를 추구한다. 만연한 혼돈과 좌절의 시대를 마주하여 정보주의는 낯익은 기술유토피아(technotopia)의 이상향을 다시금 정비한다. 대중매체를 통해 빠른 속도로 유포되는 여러 가지 놀라운 성공신화들43)은 이 이상향을 '실현된 유토피아'44)

---

43) 시중에 넘쳐나는 것은 그리스·로마신화만이 아니다. 사람의 마음을 쥐락펴

로 받아들이도록 만든다. 그 유토피아는 바로 미국이다. 이 점에서
정보주의는 미국주의이기도 하다. 이 유토피아에서 성공한 '가상계
급'[45]과 초국적자본은 수확체증의 독점이윤을 향유한다. 카지노 자
본주의 는 다양한 파생금융상품을 통해 이 독점이윤을 유례없는 정
도로 확대시킨다. 정보주의는 이 점에서 현대적 독점의 이데올로기
가 된다. 여기서 정보주의의 이론적 구성을 정리하면 아래의 〈표 3〉
과 같다.

<표 3> 정보주의의 이론적 구성

정보사회론	물질폐위론	정보자원론. 정보/지식에 의한 물질의 대체. 물질적 구속으로부터 해방.
	탈산업화론	정보사회의 구조적 특성. 기술 발달에 의해 산업사회와 자본주의의 한계를 극복한 새로운 사회. 개인적 자유에 기초하여 문화적 다양성과 정당한 보상 실현.
	문명전환론	정보사회의 역사적 위상. 인류 역사의 한 장이 마감되고 새로운 역사가 시작되는 대전환점.
신경제론	신성장론	내생적 성장론. 기술혁신을 통해 각국이 지속적인 경제성장을 달성. 기술경쟁시대의 자유무역 이데올로기.
	디지털경제론	네트워크 경제, 사이버 경제. 정보기술의 발달에 따라 형성되는 신경제. 멀티미디어 초국적자본의 등장과 카지노 자본주의의 형성.
	지식경제론	수확체증의 법칙. 승자가 모든 것을 차지하는 기술카지노의 경제. 첨단기술시대의 독점이론.

락하는 재기있는 글재주로 쓰여진 현대의 성공신화들도 무수히 많다. 예컨대
Reid(1997), Kaplan(1999) 등을 참조.
44) 이것은 보드리야르의 용어로 유럽식의 향수적 유토피아에 대비하여 미국식
유토피아를 가리키기 위해 고안되었다(Baudrillard, 1986: 147).
45) 이것은 컴퓨터 관련산업에서 큰 성공을 거둔 기술창업 자본가들을 가리킨다.
이들의 성공신화는 정보주의를 확산시키는 구체적인 사례들로 이용된다(Kroker
and Weinstein, 1994).

정보주의의 근원에는 정보자원론 혹은 지식자원론이라는 뿌리깊은 관념론이 자리잡고 있다. '정보에 의한 물질의 대체'라는 형태로, 흔히 영상물을 통해 현혹적인 위력을 발휘하는 이 담론은 물질/에너지와 정보라는 이분법에 기초해 있다. 요컨대 '정보시대의 지배이데올로기의 핵심 교리들 중의 하나는 정보가 정보시대의 주요 상품이자 경제적 엔진으로서 산업재화를 대체한다는 것이다'. 그러나 '변한 것은 정보가 포획되고 교환되는 에너지의 형태'일 뿐이다(Slack, 1987: 4-5). 한정된 자원을 가지고 최대이윤의 게임을 벌이는 자본주의의 경제원리는 신경제에서 전혀 변하지 않는다. 그것은 구체적인 형태와 방식에서 몇가지 특징적인 변화들을 보이고 있을 뿐이다(강남훈, 2000).

정보주의자도, '비트는 먹을 수 없다. 비트는 배고픔을 멈출 수 없다. 컴퓨터는 도덕이 아니다. 컴퓨터는 삶과 죽음의 권리와 같은 복합적 문제를 풀 수 없다'(Negroponte, 1995: 218)는 사실은 인정한다. 그는 이에 대해 '어떤 사람들은 앞으로 정보를 많이 가진 사람과 정보를 적게 가진 사람, 정보를 가진 자와 정보를 갖지 못한 자, 제1세계와 제3세계 간의 사회적 단절에 대해 염려한다. 그러나 진짜 문제는 세대 간에 이루어지는 문화단절이다'(10)라고 주장한다. 그러나 이러한 문화적 세대론은 같은 세대 안에 놓여 있는 '사회적 단절'의 깊이를 폄하한다(Luke, 1997). 이른바 '20대 80의 사회'에 대한 우려는 타성적인 비관론으로 치부될 뿐이다. 아마도 더욱 주목해야 할 것은 이러한 정보주의의 논리가 정보사회의 제도화를 통해 구체적으로 실현된다는 사실일 것이다. 그 핵심에 정보경제 혹은 지식경제를 안정화하기 위한 새로운 세계지적재산권체계의 형성이 놓여 있다.

4장
현실 정보사회와 정보주의의 모순

1. 머리말

정보화 경쟁이 갈수록 치열하게 전개되면서, 그 결과 현실 정보사회가 구체적으로 모습을 드러내게 되면서, 정보사회에 대한 기술유토피아적 전망은 실제적인 도전에 직면하게 되었다. 첫째, 현실 정보사회는 '성장의 한계'라는 문제를 결코 극복하지 못했다. 이 문제에 대해 정보주의는 '정보자원의 무한성'이라는 논리를 제시하였다. 그러나 정보기술의 발달이나 새로운 지식의 창출은 물질의 이용방식에 많은 변화를 가져오고 있지만, 그렇다고 해서 물질의 한계라는 본질적 문제 자체가 극복된 것은 아니다. 요컨대 물질의 유한성이 정보의 무한성으로 대치될 수는 없는 것이다. 둘째, 이런 점에서 현실 정보사회는 기존의 사회적 모순을 극복하지 못했다. 본질적으로 자원의 유한성에서 비롯되는 경제적 문제들은 현실 정보사회에서도 전혀 해결되지 않은 상태이다. '카지노'에 비유되고 있는 데서 잘 드러나듯이 자본주의가 안고 있는 무정부적 생산의 문제점은 정보기술의 이용이 보편화되면서 더욱 확장되고 있다. 현실 정보사회는 이렇게 기존의 구조적 문제들을 확장할 뿐만 아니라, 오히려 '사이버 포르노'나 '전자감시사회'와 같은 새로운 문제들마저 일으키고 있다.

현실 정보사회가 직면하고 있는 이러한 도전은 정보주의의 이데올로기적 성격을 드러내 보여준다. 요컨대 정보주의가 제시하는 탈역사적 전망은 현실 정보사회의 등장이라는 물질적 현실의 변화 속에서 그 이데올로기적 속성을 어쩔 수 없이 드러내게 되는 것이다. 정보사회에 대한 정보주의의 유토피아적 전망은 현대 과학기술에 대한 평가와 직접적으로 연관되어 있다. 여기서 정보주의의 입장은 무엇보다 기술낙관론으로 요약된다. 하나의 세계관으로서 기술낙관론은 기술의 발달에 의해 사회적 문제들을 해결할 수 있으며, 결국 세상이 더욱 살만한 곳으로 바뀐다는 입장을 내세운다. 이에 대한 비판들 중에서 대표적인 것으로는 이른바 '네오-러디즘'을 들 수 있다(Robins and Webster, 1986; Roszak, 1994). 그런데 이 입장은 흔히 지적되고 있는 것처럼 기술비관론[1]이 아니라, '기계가 누구에 의해, 누구의 이익을 위해, 어떻게 사용되고 있는가'를 묻는 것이다(Roszak, 1994: xviii). 한편 더욱 최근에 제기된 '기술현실주의'는 양자의 비판적 결합을 모색한다. 이것은 '기술을 옹호하거나 불신하는 것이 아니라, 기본적인 인간 가치와 양립할 수 있는 방식으로 기술을 이해하고 적용하는 것'을 내세운다(Technorealism, 1998: 1). 어느 경우나 기술낙관론은 중요한 비판의 대상이 되고 있다는 것을 알 수 있다.

---

1) 이 입장은 유명한 '유나바머 선언'에서 찾아 볼 수 있을 것이다. 이 선언은 '인류에게 산업혁명과 그 결과는 재앙이었다'고 본다. '산업혁명 덕분에 선진국에 살고 있는 우리들의 평균수명이 대폭 늘어난 것은 사실이지만, 동시에 사회는 불안정해졌고, 삶은 무의미해졌으며, 인간은 비천한 존재로 전락했'기 때문이다. 이런 인식에 따라 유나바머는 '산업체제에 항거하는 혁명을 주장'했으며, 그 목표는 '정부를 제거하는 것이 아니라, 현존 사회의 경제적, 기술적 토대를 제거하는 것'으로 제시되었다(Kaczynski, 1995: 38-39). 18년에 걸쳐 16차례의 폭탄테러로 전개된 '유나바머' 카친스키의 '투쟁'은 기술낙관론에 대한 뿌리깊은 반감의 한 단면을 보여준다.

기술낙관론은 기술의 발달이 새로운 체계적 위험을 유발하거나 기존의 구조적 모순을 더욱 심화할 가능성을 사실상 무시한다는 점에서 주의해야 한다(Perrow, 1984; Beck, 1992). 이런 문제를 1990년대 말에 널리 알린 것으로 컴퓨터의 '2000년 인식문제', 즉 이른바 'Y2K 문제'를 들 수 있다(Hyatt, 1998). 한편 'Y2K 문제'가 기술적 차원에서 현실 정보사회의 체계적 모순을 잘 보여준다면, 이른바 '전자감시사회'의 도래에 대한 우려는 사회적 차원에서 이 모순을 드러내 보여준다(Lyon, 1994; 고영삼, 1998). 정보기술이 발달하면서 자신도 모르는 사이에 자신의 각종 개인정보가 정부나 기업에 의해 수집되고 이용됨으로써[2] 개인의 사생활이 일상적으로 침해되고 위협받게 된다(이윤희, 1998). 이런 맥락에서 '프라이버시권'을 둘러싼 논의가 전면에 떠오르게 되었다. 그리고 이 권리를 보호하기 위한 실천적 노력으로 정부와 자본을 감시하여 비대칭적 권력관계를 완화하려는 역감시운동(홍석만·이준구, 1998)과 기술적으로 개인정보를 보호하려는 암호기술사용운동[3]이 전개되고 있다. 현실 정보사회의 형성과 함께 떠오른 또 다른 중요한 사회적 논점으로는 '표현의 자유'를 들 수 있다. 최근에 이 문제는 인터넷의 이용방식과 관련하여 큰 논란을 빚었다. 미국의 경우에 그 직접적인 논점은 이른바 '사이버 포르노'에 대한 규제[4]

---

2) 최근의 중요한 예로는 인텔의 펜티엄III칩을 들 수 있다. 이 칩은 사용자의 인터넷 사용내역을 인텔사가 추적할 수 있도록 제작되었다. 이 때문에 미국의 한 시민단체는 인텔을 불공정거래혐의로 고발할 뜻을 밝혔으며, 국내에서도 이 칩의 사용을 반대하는 운동이 전개되기도 했다(한겨레신문, 1999/2/27).
3) 대표적인 예로는 미국의 전자개척자재단(EFF) 등이 전개하고 있는 '골든키'운동을 들 수 있다. 이것은 전자우편을 암호처리함으로써 제3자가 통신의 내용을 감청할 수 없도록 하자는 시민운동이다.
4) 표현의 자유에 대한 규제의 근거는 크게 정치적인 것과 윤리적인 것으로 구분된다. 한국의 경우에는 국가보안법과 유교윤리를 그 대표적인 예로 들 수 있다. 이에 대한 국내 시민운동단체의 대응은 1990년대 후반에 들어와 '정보통신 검열철폐운동'에서 '사이버권리의 설정과 보호운동'으로 발전했다. 이에 대해서는 정보통신검열철폐를 위한 시민연대(1996; 1997), 정보민주화와 진보적 통신을 위한 연

였는데, 이를 위해 미 의회는 이른바 '통신품위법(CDA)'이라는 인터넷 규제법안을 1996년 1월에 제정하였다. 이 법은 국가권력에 의한 인터넷의 사용규제를 합법화하는 것으로서 커다란 저항을 야기[5] 하였으며, 미 연방대법원이 이 법에 대해 부분위헌 판결을 내림으로써 논쟁은 일단 시민운동단체의 승리로 종결[6] 되었다(정완, 1998).

현실 정보사회의 이러한 문제점들은 정보주의의 모순적 성격을 보여주는 것이라고 할 수 있다. 그리고 이러한 모순은 경제적 차원에서도 찾아 볼 수 있다. 경제적인 면에서 현실 정보사회의 가장 큰 특징은 정보재의 생산과 분배가 경제의 핵심적 요소로 부상하게 된다는 점이다. 따라서 정보재의 생산과 분배를 제도적으로 안정화하는 것이야말로 현실 정보사회의 제도화에서 가장 핵심적인 과제가 된다. 정보접근권과 지적재산권은 이 과제의 두 가지 차원이라고 할 수 있다. 정보접근권은 경제적으로 지적재산권에 대해, 정치적으로 정부 중심의 정보통제에 대해 제약요인으로 작용한다. 이 점에서 정보접근권은 정보사회의 제도화와 관련하여 중요한 문제영역을 형성한다. 그러나 자본주의의 확장이라는 점에서 보자면, 1990년대 이후 이 과제는 줄곧 지적재산권을 중심으로 전개되고 있다. 그 결과는 당연하게도 정보접근권의 약화이고, 이런 점에서 현실 정보사회의 제도화는 많은 문제를 안게 되었다.

지적재산권은 이전부터 존재해 온 것이지만, 현실 정보사회에서 그

대모임(1998)을 참조. 2000년에 들어와서 이러한 규제는 '인터넷 내용등급제'로 확립되었다. 이에 맞서서 2002년 3월에 〈인터넷국가검열반대를위한공동대책위원회〉가 만들어졌다. 더 자세한 내용은 공대위 홈페이지(www. nocensor. org)를 참조.
5) EFF 등의 시민운동단체들이 주도한 반대운동은 인터넷을 이용하여 세계적인 차원으로 확산되었다. 세계의 네티즌들은 홈페이지를 검은색으로 바꾸거나, 블루리본을 홈페이지에 표시함으로써 이 운동에 동참하였다.
6) 1998에 미 상원이 두 가지의 새로운 규제법안을 제출함으로써 논쟁은 재개되었다. 이 중에서 제2의 CDA로 불리는 '어린이 온라인보호법'(COPA)은 1999년 2월에 미 필라델피아 연방지법에 의해 위헌판정을 받았다.

대상은 더욱 확장되고 있다. 무형의 정보재가 경제활동의 중심을 차지하게 되는 정보경제 혹은 지식경제는 지적재산권의 이같은 확장을 통해서 비로소 제도적으로 안정화된다. 따라서 신자유주의적 경제프로젝트로서 현재의 정보화 경쟁은 본질적으로 지적재산권을 둘러싼 이해관계의 경쟁이라고 할 수 있다. 그런데 정보주의에서 지적재산권은 자본주의적 소유권의 자연스러운 연장선상에 있는 것으로 제시되지만, 정보재의 특성은 이같은 인식이 많은 문제점을 안고 있는 것임을 보여준다. 물질재와 달리 정보재는 그 '소유' 자체가 문제시되고 있기 때문이다. 정보기술의 발달은 이같은 문제를 더욱 증폭시키고 있다. 여기서는 이같은 지적재산권의 문제를 지적재산권체계의 형성, 디지털경제와 지적재산권, 지식경제와 지적재산권으로 나누어 살펴보도록 한다.[7]

2. 지적재산권체계의 형성과 변화

정보사회는 정보기술의 사회적 이용이 보편화되면서 정보의 경제적 구실이 크게 강화되는 사회이다. 자본주의의 구조적 규정 속에서 형성되는 현실 정보사회에서 정보의 생산과 분배는 자본주의적 상품교환의 논리를 따른다. 이에 따라 정보재는 지적 재산으로서 보호되며, 이를 위한 제도적 장치가 바로 지적재산권(Intellectual Property Rights)이다. 정보가 지적 재산으로 보호받는 것은 우선 자본주의의 구조적

---

[7] 신성장론은 지속적인 경제성장을 위해서는 지적재산권이 필요하다는 일반적인 주장만을 제기하고 있는 것으로 보인다. 반면에 디지털경제론과 지식경제론은 정보기술의 변화에 따른 지적재산권의 변화를 구체적으로 요청한다. 따라서 여기서는 후자의 논의를 중심으로 현실 정보사회와 정보주의의 모순에 대해 검토하고자 한다.

규정에 의한 것이지만, 그 구체적인 방식은 정보가 전달되는 매체의 변화에 의해 큰 영향을 받는다(백욱인, 1997). 여기서는 지적재산권의 변화과정과 1990년대를 지나며 새롭게 확립된 지적재산권 체계의 특징에 대해 살펴보도록 하자.

1) 지적재산권의 사적 검토

일반적으로 지적재산권은 '인간의 정신적 창작과 산업활동상의 식별표지에 관한 권리'(박영관, 1996: 15)로 정의된다. 좀더 자세히 말하자면, 이것은 '지적재산권자만이 자기의 지적창작물이나 영업상의 표지를 이용하도록 하고, 제3자가 이를 이용하려면 지적재산권자의 허락을 받아야 하며, 이러한 허락없이 무단으로 이용하는 것을 금지'하는 배타적 권리이다(정국환 외, 1997: 15). 이 권리는 흔히 그 소유자에게 경제적 이익을 제공하기 위해 설정된 것으로 인식된다. 그러나 이같은 경제적 이익은 단지 동기부여를 위한 수단일 뿐이며, 지적재산권의 실제 목적은 기술과 문화의 발달을 촉진하는 것이다.[8] 이러한 사실은 지적재산권의 역사에서 쉽게 확인할 수 있다.

지적재산권의 공식적인 역사는 1474년에 이탈리아의 베니스에서 제정된 특허법으로 시작되었다. 이 제도가 시행되기 전까지 기술자들이 자신의 발명에서 이익을 얻을 수 있는 방법은 오직 발명의 기술적 내용을 일반인들이 알아 볼 수 없도록 하는 길뿐이었다. 발명의 내용이 공개된다면, 따라서 많은 사람들이 똑같은 발명품을 생산할 수 있게

---

8) 이것은 사유재이자 공공재라는 지적 재산의 모순적 성격에서 비롯되는 것이기도 하다. 새로운 지적 재산은 무에서 창조되는 것이 아니라, 언제나 기존의 지식에 바탕을 두고 나타나게 된다. 따라서 지적재산권이 일반적인 소유권처럼 절대적 배타권이 아니라, 일정한 기간 동안 법에 의해 보호되는 상대적 배타권이 된 것은 이러한 정보재의 특성 때문이다.

된다면, 당연히 그 발명으로부터 얻는 이익이 줄어들거나 심지어 없
어지기 때문이었다. 그러므로 오랫동안 기술은 대체로 암묵지[9] 혹은
기예(Techne)[10]의 형태로 은밀하게 전수되었다. 그러나 이러한 상황
은 정보/지식의 확산과 발전을 저해함으로써 결국 사회 전체의 발전
에 장애가 된다는 사실이 널리 인식되기 시작했다. 그 결과 국가권력
이 발명자에게 특정 기간 동안 독점권을 부여하는 대신에 그 기술적
내용을 사회적으로 공유할 수 있도록 하기 위한 제도로서 특허권이 고
안되었다. 이후 16세기를 지나면서 유럽 전역으로 확산된 특허제도는
산업혁명과 함께 큰 변화를 겪는다. 특히 중요한 것은 특허 이면에 있
는 기술적 노하우의 중요성이 발견되면서 특허권자에게 자신의 발명
을 명확하고 완전하게 기술할 것을 요구하게 되었다는 점이다(윤성
식, 1999: 55-57).

특허권처럼 저작권도 이탈리아의 베니스에서 시작되었는데, 1496년
에 시행된 출판특허제를 그 제도적 효시로 하여 16세기 초에는 유럽
전역으로 확산되었다. 이 제도는 '구텐베르크혁명'과 밀접한 연관을
맺고 있다.[11] 구텐베르크가 발명한 활판인쇄술로 출판업이 발전하게
되자 출판자의 이익을 보호하는 동시에 출판물을 검열하기 위한 제도
로서 출판특허제가 고안되었던 것이다. 그러나 17세기에 들어서자 계

---

9) 이것은 '극도로 개인적인 것이며 공식화하기도 힘들고, 다른 사람들과 교환하
거나 공유하기도 어'려운 지식을 뜻한다. 형식지는 이것과 대비되는 지식으로서
'단어나 숫자 등으로 표현할 수 있으며…소통되거나 공유될 수 있는 종류의 것'을
의미한다(Nonaka and Hirotaka, 1995: 22-23).
10) 드러커는 이것을 '장인이 가진 비밀스런 기능(skill)'으로, 이에 비해 기술은
'지식을 조직하고 체계화하고 목적지향적으로 정리'한 것으로 정의한다(Drucker,
1993: 57).
11) 지적재산권 자체가 '근대 인쇄혁명이라는 사회역사적 조건에서 생겨난 법률적
제도'로 평가되기도 한다. 인쇄혁명을 통해 '지식과 지식의 창안자 간의 분리가 이
루어졌고 지식은 창안자로부터 독립되어 남에게 양도할 수 있는 상업적 권리로까
지 확장'되었기 때문이다(백욱인, 1997: 75-76).

몽주의의 발달로 출판물에 대한 사전검열이 어려워지고, 출판자들도 군주가 부여한 특허권만으로는 출판물에 대한 독점권을 보장받을 수 없게 되었다. 이와 함께 저작자들도 새롭게 창작자의 권리를 주장하게 되면서 비로소 근대적 저작권의 개념이 등장하기에 이르렀다. 이러한 변화를 반영하여 1710년에 세계 최초의 저작권법으로서 영국의 '앤 여왕법'이 제정되었다(허희성, 1996: 33).

다음의 〈표 1〉에서 볼 수 있듯이, 18세기를 지나면서 서구 각국은 지적재산권 관련 법들을 제정하였으며, 19세기 말에 이르러 후발 자본주의국인 독일도 관련 법들을 잇따라 제정하게 된다.

<표 1> 초기 지적재산권 보호법

	특허법	상표법	저작권법
영국	1623년	1862년	1709년
프랑스	1791년	1857년	1791년
미국	1790년	1870년	1790년
독일	1877년	1874년	1871년

출처: 정국환 외(1997: 1)

그리고 이러한 변화를 반영하여 19세기 말에 각국의 지적재산권 제도는 유럽을 중심으로 국제협약으로 발전하게 되었다. 1883년에 산업재산권에 관한 최초의 다자간 협약으로서 〈파리협약〉이 체결되었으며, 이어서 1886년에 저작권에 관한 〈베른협약〉이 체결되었다. 1892년에는 두 협약을 효율적으로 관리하기 위해 〈지적재산권 보호 국제합동사무국〉(BIRPI)이 설치되었다. 그뒤 1967년에 파리협약과 베른협약이 개정되면서 지적재산권의 보호를 촉진할 새로운 국제기구의 설립조약이 체결되었다. 이 조약에 따라 1970년에 〈세계지적재산기구〉(WIPO)가 설치되었으며, WIPO는 1974년부터 UN의 전문기관으로서 지적재산권에 관한 다양한 국제협약의 관리업무를 수행하고 있다(윤성식, 1999: 59).

　이같은 경과에서 잘 알 수 있듯이, 지적재산권의 틀은 이미 19세기 말에 대체로 정비되었다. 1970년에 설치된 WIPO도 이러한 19세기적 틀의 진화적 발전으로 이해할 수 있다. 그러나 1980년대부터 큰 변화가 시작되었다. 미국에서 시작된 이 변화로 말미암아 지적재산권은 현재와 같이 중요한 산업적 의제로 급부상하였다. 당시 레이건 정부는 '위대한 미국의 건설'을 구호로 내걸고 미국의 산업경쟁력을 강화하기 위한 새로운 방법을 강구하기 시작했다. 그 결과 1983년에 설치된 〈대통령산업경쟁력위원회〉는 1985년에 그 방법의 하나로 지적재산권의 강화를 제시하였으며, 이에 따라 지적재산권자를 보호하는 쪽으로 선회한 미국 산업정책의 영향 하에 세계 각국은 지적재산권을 강화하기 시작하였다. 한국도 이런 변화에서 예외가 될 수는 없었다. 레이건 정부의 새로운 경쟁력 강화정책에 따라 1980년대 중반부터 한국도 지적재산권 문제를 통산관련 현안으로 받아들이게 되었다. 그 결과 한국이 지적재산권에 관한 미국의 요구를 대체로 수용하는 방식으로 1986년 7월에 한·미 양국은 한미양해각서를 교환하였다. 이 합의를 계기로 한국은 1986년에 특허법과 저작권법을 개정하는 한편, 컴퓨터 프로그램법12) 을 새로 제정하여 본격적인 지적재산권 보호시대를 맞게 되었다(박영관, 1996: 22-29).

　지금까지 살펴 본 것처럼 지적재산권은 크게 특허권과 저작권을 중심으로 성립되었다. 물론 현대의 지적재산권은 훨씬 복잡한 체계로 이루어져 있다. 특허권은 방대한 산업재산권 혹은 공업소유권으로 확장되었으며, 저작권도 저작재산권, 저작인격권, 저작인접권으로 분화되었다. 현대의 지적재산권은 일반적으로 새로운 기술분야의 산업

---

12) 컴퓨터 프로그램은 일반적으로 저작권법으로 보호되고 있다(허희성, 1996: 35, 46). 현재 컴퓨터 프로그램보호법은 '저작권법의 특별법'(정국환 외, 1997: 8; 권용수, 1996: 16)으로 분류된다.

적 영향을 다루기 위해 '신지적재산권'을 따로 구분하지만(권용수, 1996: 15), 크게 보자면 특허권을 중심으로 한 산업재산권과 저자의 권리를 중심으로 한 저작권으로 구분된다(정국환 외, 1997: 8). 특허권과 저작권의 차이를 보면, 전자는 기술적 내용을 보호하며 그 표현형식은 보호하지 않지만, 후자는 표현형식만을 보호하고 그 내용 자체는 보호하지 않는다(권용수, 1996: 16). 한편 구체적인 보호방법으로 보자면, 특허는 일정한 요건을 설정하여 이 요건에 합치하는 지적 재산만을 등록할 것을 요구하지만, 등록된 지적 재산에 대해서는 독점적이고 배타적인 효력을 인정한다. 반면에 저작권의 경우는 등록과 같은 절차를 거치지 않더라도 법적으로 보호를 받지만, 그 권리는 타인의 모방으로부터 보호하는 모방금지권을 부여한다(정국환 외, 1997: 14-15).

이같은 지적재산권의 변화과정은 '지식의 의미의 변화'와 밀접한 연관을 맺고 있다. 예컨대 드러커는 18세기의 전반기에 기술(technology)이 '발명'되었다고 주장한다. 그리고 여기서 중요한 구실을 한 것으로 각종 기술학교와 백과사전을 들고 있다. 나아가 그는 이 새로운 제도와 지적 산물을 산업혁명의 본질로 파악한다.

그것들은 경험을 지식으로 바꾸고 도제제도 대신 교과서를 만들었다. 비밀주의를 공개적인 방법으로 전환시키고 지식의 응용을 가능케 했던 것이다. 이런 것들이 우리가 말하는 '산업혁명', 즉 기술에 의한 사회와 문명의 세계적인 전환의 본질들이었다(Drucker, 1993: 59).

지식의 면에서 보자면, 이것은 암묵지에서 형식지로의 일대 전환을 의미한다. 이 점에서 드러커는 '현대 자본주의가 불가피하고 지배적으로 되게 한 것은 바로 이 지식의 의미의 변화'라고 주장한다(59). 물론 이러한 지식의 변화가 지식의 사회적 공유를 촉진시킴으로써 거둔 성과는 대단히 큰 것이었다. 그러나 이와 함께 자본주의가 이러한 '지식의 의미의 변화'에 미친 영향도 충분히 강조해야 옳을 것이다. 이 변화는 지식의 공개를 대가로 경제적 이익을 보장하는 제도로서 지적재산권이 확립됨으로써 이루어진 것이기 때문이다. 이런 점에서 보자면, 이른바 '암묵지에서 형식지로의 전환'은 자본주의적 지식 생산/분배방식의 확립을 뜻하는 것이라고 할 수 있다.

이 경우 무엇보다 중요한 것은 자본주의 소유관계의 규정 속에서 지식의 의미가 종래의 공공재에서 이제 '공공재이자 사유재'로서 지적 재산으로 변했다는 사실일 것이다.13) 다시 말해서 지적재산권은 정보/지식에 대해 '자연적으로 존재하지 않는 인위적 부족상태를 창출하기 위해 고안된 사회적 혁신'으로서, 이러한 새로운 권리의 설정을 통해 정보/지식을 경제적 자원으로 다룰 수 있는 제도적 장치가 마련되었던 것이다(Perelman, 1998: 87). 그러므로 지적재산권의 역사는 정보경제 혹은 지식경제가 단순히 기술발달의 결과로 나타난 것이 아니라, 정보/지식의 생산/분배방식을 자본주의 소유제에 따라 규정하는 새로운 제도의 산물로서 등장했다는 사실을 보여준다. 이러한 역사적 과정을 무시하고 '지식의 의미의 변화'를 강조하는 것은 지적 재산이 안고 있는 문제를 무시하는 것과 같다.

---

13) 지적 재산은 여전히 지식이다. 지식으로서 지적 재산은 공공재의 성격을 갖는다. 공공재는 내가 쓴다고 해서 다른 사람이 쓰지 못하게 되지 않는 '비배타성'과 내가 썼다고 해서 다른 사람이 쓸 것이 줄어들지 않는 '비경합성'을 가진 재화를 가리키는데, 모든 정보/지식은 그 물리적 특성 때문에 언제나 '비배타성'과 '비경합성'을 가진다. 여기서 한걸음 더 나아가 생산의 면에서도 모든 정보/지식은 언제나 서로 연결되어 있기 때문에 궁극적으로 공공의 산물이라는 성격을 가질 수밖에 없다. 이렇게 생산과 소비의 모든 면에서 공공재의 성격을 갖는 정보/지식이 사적 소유의 대상인 지적 재산으로 바뀌기 위해서는 공권력을 동원해서 '배타성'과 '경합성'을 부여해야 한다. 물론 그렇다고 해서 지적 재산이 갖고 있는 정보/지식의 성격이 사라지는 것은 아니다. 이 점에서 지적 재산은 '사유재이자 공공재'이며, 이 이중성이 지적 재산의 기본모순을 이루게 된다.

2) 정보화 경쟁과 지적재산권체계

지적재산권 관련 국제협약을 관리하고 있는 〈세계지적재산기구〉
(WIPO)는 지적재산권을, '문학·예술 및 과학적 저작물, 실연자의
실연, 음반 및 방송, 인간 노력에 의한 모든 분야에서의 발명, 과학적
발견, 의장, 상표, 서비스표, 상호 및 기타의 명칭, 부정경쟁으로부터
의 보호 등에 관련된 권리, 그밖에 산업, 과학, 문학 또는 예술분야의
지적 활동에서 발생하는 모든 권리'로 정의한다(박영관, 1996: 15; 정
국환 외, 1997: 7). 그런데 1980년대부터 새로운 산업적 의제로 급부상
하기 시작한 지적재산권은 1990년대에 들어와 훨씬 더 확대·강화되는
한편, 기존의 지적재산권이 기초하고 있는 19세기적 틀로는 감당할 수
없는 새로운 기술적 도전에 직면하게 되었다. 이 권리는 구체적으로 어
떻게 구성되어 있는가? 다음의 〈표 2〉를 보자. 이 표는 1990년대 중반
의 한국을 대상으로 현대의 지적재산권 체계를 예시한 것이다.

<표 2> 지적재산권 체계

산업재산권	특허권	물(생물: 식물·동물. 무생물: 물건·물질)
		방법(사용, 취급, 용도)
	실용신안권, 의장권, 상표권	
지작권	저작재산권(복제권, 공연권, 방송권, 2차 저작물 작성권 등)	
	저작인격권(성명표시권, 공표권, 동일성 유지권 등)	
	저작인접권(실연자, 음반제작자, 방송사업자의 권리 등)	
신지적재산권	산업저작권	컴퓨터 프로그램, 반도체칩 회로배치설계
	첨단산업재산권	첨단정보기술, 첨단생명공학기술
	정보재산권	영업비밀, 뉴미디어, 데이터베이스
	영업재산권	프랜차이징, 등장인물 상품화권, trade dress

출처: 권용수(1996: 15)

이처럼 방대한 내용의 지적재산권은 1990년대에 들어와 지구화로
대표되는 세계산업구조의 변화와 디지털기술로 대표되는 새로운 기술

적 도전에 직면하게 되었다. 그 결과 선진국의 주도로 WTO/TRIPs와 WIPO 저작권조약이 성립되었다. 먼저 1994년에 체결된 〈무역관련 지적재산권 최종협약안〉(TRIPs, Agreement on Trade-Related Aspects of Intellectual Property Rights)은 1995년 1월에 출범한 〈세계무역기구〉(WTO) 일반협정의 일부로 포함되어 있기 때문에 WTO 일반협정에 조인하는 회원국들은 당연히 TRIPs를 받아들여야 한다.[14] TRIPs는 특허권과 저작권을 아우르는 포괄적인 조약으로서, 그 이념으로는 기술혁신의 촉진, 기술이전과 확산의 촉진, 기술·지식의 생산자와 이용자의 상호적인 이익증진을 제시[15]하고 있다(권용수, 1996: 53-57). 한편 WIPO는 기술발달에 대응하기 위해 1991년부터 전문가회의를 개최하기 시작하여 1996년 12월에 두 가지의 새로운 저작권조약, 즉 〈WIPO 저작권조약〉과 〈WIPO 실연, 음반조약〉을 성립시켰다.[16] 이 조약들은 100년 전에 체결된 베른협약의 미흡한 부분을 보완하고 디지털기술 등의 신기술에 대응하는 것을 목표로 하고 있다(정국환 외, 1997: 5).

　WTO/TRIPs와 WIPO 저작권조약의 직접적인 목표는 지구적인 차원에서 통일화된 지적재산권 규범을 설정하는 것이다. 이것은 현대의 경제에서 지적 재산이 차지하는 비중이 유례없이 강화되었다는 사실을 반영한다.

---

14) 한국은 WTO에 가입함으로써 국내법의 정비와 베른협약의 가입을 요구받았다. 그 결과 1995년에 국내법이 정비되고 1996년 8월에 베른협약에 가입하게 되었다(정국환 외, 1997: 4-5).
15) 실제로는 지적 재산을 많이 소유한 자에게 유리하도록 협정이 추진되었다. 그 결과 제3세계의 강력한 반발을 낳게 되었다. 이런 점에서 TRIPs는 아직 '미완'이라고 할 수 있다. 대응 여부에 따라 많은 변화가 이루어질 수도 있다는 뜻이다(오병일, 2000: 89-91).
16) 주요 내용은 공중전달권의 확대, 기술보호조치의 강화, 권리관리정보의 보호, 복제의 개념 강화, 창작성없는 데이터베이스의 보호, 배포권의 확대 등을 들 수 있다. 전반적으로 인터넷이라는 새로운 디지털 환경의 대중화를 맞아 저작권을 크게 확대·강화한 것이다(오병일, 2000: 91-93).

종래 지적재산권은 개인이 가지는 하나의 사적 재산권이었을 뿐이다. 그러나 최근에는 지적재산권의 부당한 보호를 이유로 국가가 국가를 상대로 협상을 요구하거나 혹은 WTO에 제소하여 그 해결책을 모색하기도 한다. 이것은 지적재산권이 개인적 관심사에서 국가적 관심사로 떠올랐다는 것을 의미한다. 특히 냉전체제의 종식으로 세계가 무기를 통한 전쟁에서 경제전쟁으로 전환되었고, 이에 따라 지적재산권은 그 중요성이 크게 증대되었다. 왜냐하면 경제전쟁의 최첨단 무기가 다름아닌 지적재산권이기 때문이다(정국환 외, 1997: 1).

어떻게 해서 지적재산권이 '경제전쟁의 최첨단 무기'가 되었는가? 이것은 기술의 발달과 그에 따른 신산업의 형성이라는 측면에서 설명될 수 있다. 신산업은 '신세대'만큼이나 애매한 용어이지만 대체로 '첨단기술'과 관련되어 정의되며, 그 예로는 보통 정보통신산업, 생명공학산업, 우주공학산업 등이 거론된다. 이 중에서 정보통신산업은 특히 그 연관효과가 광범위할 뿐만 아니라, 인터넷의 급성장이라는 현실을 배경으로 해서 흔히 신산업의 대표주자로 간주되고 있다(홍동표·김용규·정시연, 1999). 또한 정보통신산업의 분류방식과 분야별 영향력의 정도는 논자에 따라 다르게 제시되고 있지만(이정원, 1995: 6-13), 물리적 기반이 어느 정도 구축되면서 프로그램, 일반 콘텐츠, DB의 중요성이 더욱 커진다는 점에는 대체로 일치된 견해를 보이고 있다. 이것들은 모두 정보 자체가 그 사용가치를 구성하는 '정보재'라는 공통점을 가지고 있다. 1990년대에 들어와 전개되고 있는 지적재산권의 변화는 바로 이러한 정보재의 생산과 분배의 문제를 둘러싼 국가간, 자본간 경쟁과 밀접하게 연관되어 있다. 다시 말해서 정보화 경쟁의 제도적 차원은 바로 지적재산권의 규범화를 중심으로 전개되는 것이다. 그 결과 WTO/TRIPs와 WIPO로 대표되는 새로운 세계 지적재산권체계가 대두하게 된 것이다.

새로운 세계지적재산권체계는 정보재의 생산과 분배방식을 규정하는 국내적 및 국제적 법체계를 의미한다. 이같은 법체계의 형성을 통해 현실 정보사회는 지구적 차원에서 사회적 실체로 부상하게 된다. 새로운 지적재산권체계의 구성과 역할은 예를 들어 기존의 무역체제와 비교될 수 있다.

무역은 무역체제로 불리는 것 내에서 수행된다. 무역체제는 특정 영역에서 국제관계를 관장하는 일단의 원리, 규범, 규율, 의사결정 절차들이다. 그 목적은 산업과 정책을 조화시키고, 거래비용과 불확실성을 줄이고, 분쟁을 해결하는 것이다. 체제는 WTO, NAFTA, FTA와 같은 국제무역협정, OECD, WIPO, EC와 같은 국제조직들 내에서 체결된 협정, 특별조약, 출판자 연합 및 전문가 조합 등의 사적인 조직들과 CRTC와 같은 국내 정책수행기구 사이의 협상으로 이루어진다(Lorimer, 1996: 8-9).

지적 재산이 세계 경제에서 차지하는 비중이 유례없이 커졌고, 새로운 지구적 정보통신망은 그 유통방식에 큰 변화를 초래하고 있기 때문에, 지적재산권을 세계적인 차원에서 통일화하려는 요구가 강화될 수밖에 없다.[17] 새로운 지적재산권체계는 지적 재산이 자본주의 세계 경제의 부수적 요소가 아니라 핵심적 요소로 변화한 사정을 반영하여

---

[17] 이 과정은 선진국에 의해 주도되고 있으며, 개발도상국은 '인류 공동 유산론'을 내세워 새로운 지적재산권체제의 형성에 대항하였다. 이에 대한 선진국의 전략은 크게 두 가지로 구분될 수 있다. 첫째, 포괄협상전략을 구사하여 개발도상국에게 다른 시장을 제공하는 대신에 TRIPs를 타결하는 데 성공하였다. 둘째, TRIPs의 유예기간, 목적, 국내법상의 보호규정 등에서 개발도상국의 주장이 반영되도록 하였다(박영관, 1996: 37-38). 그러나 개발도상국이 지적재산권 자체를 반대하는 것은 아니다. 개발도상국에서도 업종별로, 예컨대 콘텐츠 개발업자와 접속서비스업자 간에 이해관계의 차이가 나타난다. 전자가 강한 보호를 요구한다면, 후자는 약한 보호를 요구하는 것이다. 따라서 '디지털 경제'의 발전에 따라 '국가적 경계와 전통적인 남북관계를 가로지르는 새로운 산업적 동맹에 기반한 새로운 구분'(Woo, 1998: 10)이 강화될 것으로 전망된다.

형성된 새로운 무역체제라고 할 수 있다.

한편 자본주의의 구조조정이라는 맥락에서 보자면, 새로운 세계지적
재산권체계의 형성은 정보재의 생산에 기초한 신산업의 안정적 재생산
을 확보하고자 하는 자본의 요구를 사회적으로 실현하는 것이다. 요컨
대 '정보사회의 성패는 정보사회의 핵심을 이루는 정보자원을 어떻게
효율적으로 보호하여 정보자원의 창작과 유통을 활성화시키느냐에' 달
려 있으므로, '지적재산법은 정보사회의 법제 중 가장 중요한 부분'이
된다(정국환 외, 1997: iii). 그러나 더욱 중요한 것은 지적재산권이 단
순한 경제적 사안이 아니라, '정보시대의 법적 형태'(Boyle, 1997: 2)라
는 점이다. 즉 지적재산권은 단순한 법적 혹은 경제적 사안이 아니다.
그것은 사회구조의 변화를 일정한 방향으로 틀지우는 것이며, 그 결과
사회의 재생산에 심대한 영향을 미치는 본질적인 사안이다.

정보사회에서 부의 분배와 권력과 접근권에 대해 핵심적인 것은 지적재산
권이다. 지적재산권체제는 인터넷의 교육적, 정치적, 과학적, 문화적 약
속을 제시하거나 파괴할 수 있다. 실제의 경제적 효과만큼이나 이데올로
기와 수사학의 견지에서도, 지적재산권은 정보시대의 법적 형태이다. 그것
은 정보정책에서 가장 중요한 결정이 행해지는 장소이다(Boyle, 1997: 2).

그러므로 새로운 세계지적재산권체계의 영향은 경제적인 차원뿐만
아니라, 더욱 포괄적인 사회적 차원에서 검토되어야 한다. 경제적인
차원에서 그것은 신산업의 창출을 통해 자본주의의 축적위기에 대응
하는 것으로 나타난다. 쉽게 말해서 '정보가 상품이 되는 과정은 바로
자본주의의 내포적 확장과정'인 것이다(정국환 외, 1996: 18). 그러나
이러한 변화는 두 가지 면에서 문제를 안고 있다. 첫째, 신기술은 신
산업을 형성하는 동시에 위협하는 요인으로 작용한다. 이 문제는 디
지털기술의 특성이 지적재산권에 미치는 영향에서 잘 드러난다. 둘

째, 어떤 정보와 지식도 공공재의 성격을 가지기 때문에 사유재로만 다루어져서는 안 된다. 그럼에도 불구하고 정보와 지식을 사유재, 즉 상품으로 다루는 경향은 현대 자본주의에서 갈수록 강화되고 있다. 이 두 가지 문제는 지적재산권의 한계를 보여주는 것이면서 현실 정보사회의 체계적 모순을 구성하는 것으로서 중요하다.

3) 한국의 경우: 컴퓨터프로그램을 중심으로

새로운 지적재산권체계는 결국 세계적인 차원에서 지적재산권의 보호를 강화하고 있다. 물론 한국도 이러한 변화에서 예외는 아니다. 오히려 한국의 경우는 시장보다도 정부가 앞장서서 이러한 변화를 주도해 왔다. 이른바 '지식기반경제'의 확립을 위한 '충분조건'으로서 지적재산권의 보호를 강조한 것이다(정국환 외, 1997: 2). 이같은 변화를 컴퓨터프로그램[18] 분야를 중심으로 살펴보자. 컴퓨터프로그램은 디지털 정보로서 누구나 쉽게 복제하여 사용할 수 있다는 특징을 갖는다. 이런 특성은 당연히 컴퓨터프로그램의 보호를 대단히 어렵게 한다. 이 때문에 새로운 정보재의 대표주자로서 컴퓨터프로그램의 보호 문제는 정보경제를 안정화하기 위한 최대 현안으로 부각되었다. 특히 한동안 한국은 국내외 관련업계에서 컴퓨터프로그램의 '불법복제 천국'으로까지 알려져 왔다. 이런 비판을 불식시키는 동시에 관련 산업을 발전시킨다는 명목으로 특히 '국민의 정부'는 컴퓨터프로그램의 저작권을 보호하기 위한 조치를 유례없이 강화했다.[19]

---

18) 컴퓨터프로그램 보호법에서 컴퓨터프로그램이란 '특정한 결과를 얻기 위하여 컴퓨터 등 정보처리능력을 가진 장치 내에서 직접 또는 간접으로 사용되는 일련의 지시·명령으로 표현된 것'을 의미한다(정국환 외, 1997: 9).
19) '국민의 정부'가 이런 작업을 주도하고 나서게 된 데에는 물론 세계적으로 지적재산권의 보호를 강화하는 흐름이 거세게 밀어닥쳤다는 점이 무엇보다 중요하다. 그러나 국내적으로 이른바 '벤처산업'의 육성으로 1990년대 후반의 경제위기

이를 위해 1990년대 말부터 행해지고 있는 조치들 중에서 가장 눈에 띄는 것은 '불법복제'에 대한 대대적인 단속으로, 예컨대 '국민의 정부'는 1999년 3월부터 형사처벌을 전제로 '불법복제'에 대한 단속을 크게 강화했다. 1999년 7월의 검찰 발표에 따르면, 1999년 6월까지 전국에서 모두 10,950명의 지적재산권 침해사범이 적발되어 701명이 구속되었다고 한다. 이같은 수치는 1998년의 같은 기간에 비해 무려 44.4%가 증가한 것이다. 그리고 이 중에서 소프트웨어 불법복제 사범(정부 투자기관 및 대기업)은 1998년에 비해 4.24배가 늘어난 921명이 적발되어 47명이 구속된 것으로 나타났다(한국일보, 1999/7/14).

이렇게 형사처벌하는 것과 함께 민사소송도 크게 늘었다. 소프트웨어의 불법복제에 대한 집중적인 단속과 함께 컴퓨터프로그램 제조업체들이 '불법복제' 소프트웨어를 사용한 기업과 대학들을 상대로 거액의 손해보상 소송을 걸기 시작했던 것이다. 예컨대 마이크로소프트, 안철수 컴퓨터바이러스연구소, 한글과 컴퓨터, 한메소프트 등 한·미·일 3국의 소프트웨어 제조업체 10개사는 1999년 5월 4일 한 중소 측량회사를 상대로 3억 500여만원의 손해배상 청구소송과 저작권침해 금지 가처분신청을 제기했다. 또한 30여개의 국내외 소프트웨어 제조업체들이 소속되어 있는 〈소프트웨어 재산권보호위원회〉(SPC)도 같은 시기에 부산지역의 6개 대학을 상대로 비슷한 소송을 준비중[20]인 것으로 알려졌다(문화일보, 1999/5/4).

이러한 '불법복제'에 대한 강력한 단속은 새로운 프로그램의 개발을 자극하고 관련 산업을 발전시킨다는 효과를 지니지만, 여기에는 여러

를 극복하려 했다는 점도 대단히 중요한 요인이다.

20) 이와 관련하여 SPC와 대학측을 대표하는 〈전국대학정보전산기관협의회〉는 1999년 6월 25일 정보통신부 회의실에서 모임을 갖고 대학내 정품 소프트웨어 보급을 위해 공동노력하기로 합의한 것으로 전해졌다(전자신문, 1999/6/1). 그러나 '불법복제'의 금지에 초점을 두고 전개되는 이러한 협상은 판매자측인 소프트웨어 제조업자들이 협상을 일방적으로 주도하는 문제를 안고 있다.

가지 의문스런 조사결과와 문제점들이 동시에 연관되어 있기도 하다. 예컨대 미국 소프트웨어 제조업체들의 협의체인 〈미국 사무용소프트웨어협의회〉(BSA)와 〈지적재산권 보호위원회〉는 한국의 소프트웨어 '불법복제'율이 70%에 이른다고 주장해 왔다. 그리고 미국 정부는 이 추정치를 근거로 한국에 대한 통상압력을 강화해 왔다. 이 때문에 검찰의 단속은 미국계 기업 제품의 '불법복제' 단속에 집중되었다. 그러나 1990년대 말에 이루어진 검찰의 단속결과에 따르면, 이 수치는 20-40%에 불과한 것으로 나타났다. 한 연구자는 이와 관련하여 BSA측에 구체적인 평가방법에 관한 자료협조를 요청했지만, 요구한 자료들 중의 한 건도 받지 못한 것으로 전해졌다(문화일보, 1999/5/15).

20세기를 지나 21세기로 들어와서도 문제는 여전히 해결되지 않고 있다. 많은 사람들이 1990년대 말부터 강력하게 행해진 한국 정부의 불법복제 단속으로 한국의 불법복제율은 크게 낮아진 것으로 보고 있다. 그럼에도 불구하고 미국은 여전히 한국을 집중공격하고 있다. 예컨대 BSA는 2001년 12월에 두 차례의 회의를 열어서 한국의 불법복제율이 여전히 높다고 주장했다. 이에 대해 한국의 전문가들은 근거자료뿐만 아니라 그런 자료를 만든 방법에 대해서도 알려줄 것을 요구했으나, BSA는 '대외비'라 알려줄 수 없다는 주장만을 되풀이했다. 대신에 '믿어달라'는 도무지 믿을 수 없는 말만을 되뇌었을 뿐이다(한겨레신문, 2002/1/14). 불법복제 단속의 근거인 불법복제율의 추정 자체가 믿을 수 없는 상태에 있는 것이다. 반면에 무엇보다 분명한 것은 이런 추정을 근거로 미국이 한국에 대해 통상압력을 강화하고 있다는 사실이다.

이렇게 '불법복제'에 대한 단속이 강화되면서 정품 소프트웨어의 사용을 늘리기 위한 할인판매도 대대적으로 시행되었다. 그러나 이 과정에서도 여러 문제점들이 나타났다. 먼저 공공기관이나 교육기관은 큰 할인혜택을 받지만 일반 사용자들이 아무런 혜택도 받지 못하는 문제가 지적되었다. 예컨대 삼성전자는 11만원이 정가인 '훈민정음 오피스 2000'을 기관들에 대해서는 31,240원에 그 기관이 보유한 모든 PC에 설치해 주고, PC 1대 당 3,124원(정가의 3%)에 설치할 수 있도록 할 계획을 밝혔다(조선일보, 1999/5/14). 한편 업체들이 학교에서 사용하는 '아카데미판'의 할인가격을 합리적으로 제시하지 않아서 대학들이 필요한 소프트웨어들의 구입에 어려움을 겪고 있는 가운데(전자신문, 1999/6/1), 마이크로소프트가 대학 등의 교육기관을 대상으로 주요 소프트웨어를 90% 정도의 가격으로 할인판매하면서 마이크로소프트의 제품에 주문이 몰리는 현상이 나타났다. 예산이 충분하지 않은 상황에서 '주요 소프트웨어를 보유한 마이크로소프트 이외의 국내기업과의 구매계약은 엄두조차 내지 못하'는 실정이기 때문이었다(문화일보, 1999/5/4). 요컨대 1990년대 말부터 크게 강화된 '불법복제' 단속은, 교육기관에서 정품 소프트웨어를 적정 가격으로 구매할 수 있는 체계가 정비되지 않은 상태에서, 마이크로소프트로 대표되는 초국적독점자본의 시장점유율을 크게 확대하는 결과를 빚은 것이다.

'불법복제'에 대한 이러한 단속 강화와 함께 관련 법규의 강화도 계속되었다. 이미 정보통신부는 1998년 11월에 컴퓨터프로그램 보호법의 개정법률안을 제출했다. 1999년 1월 1일부터 시행된 이 개정법률안의 주요 내용은 다음과 같은 네 가지로 제시되었다(대한민국 정부, 1998).

가. 컴퓨터프로그램 저작권의 침해에 대비하기 위하여 컴퓨터프로그램 저작권자가 유·무선통신의 방법으로 프로그램을 송신할 수 있는 권리인 전송권을 신설하고, 컴퓨터프로그램 및 컴퓨터프로그램 저작권자 등에 관한 정보인 저작권관리정보에 대한 보호규정을 신설함.

나. 종전에는 컴퓨터프로그램을 교과용 도서에 게재하는 경우 이를 무상
으로 하였으나, 앞으로는 일반 저작물과 같이 일정한 보상금을 지급하거
나 공탁하도록 하여 컴퓨터프로그램 저작권자의 권익을 보호함.

다. 컴퓨터프로그램 저작권의 침해로 인하여 손해가 발생한 사실은 인정되
나 손해액을 산정하기 어려운 경우에는 법원이 상당한 손해액을 인정할 수
있도록 하여 컴퓨터프로그램 저작권자의 손해액에 대한 입증부담을 경감함.

라. 컴퓨터프로그램 저작권에 대한 보호를 강화하기 위하여 컴퓨터프로
그램 저작권을 침해한 자에 대한 벌금을 3천만원 이하에서 5천만원 이하
로 상향조정함(대한민국 정부, 1998).

여기서 특히 문제로 지적된 것은 ‘전송권’의 신설이다. 이전에도 컴
퓨터프로그램의 무단전송행위는 침해행위로 간주되었으나, ‘전송권을
신설하거나 전송행위를 배포행위로 본다고 정면으로 인정한 것이 아
니라 ‘침해간주행위’로 규정한 응급적 대처’였다(정국환 외, 1997:
38-39). 그런데 이제 ‘전송권’이 신설됨으로써 무단전송행위는 일체 금
지되는 상황에 놓이게 되었다. 그러나 전송권은 세계적으로 아직도
논란을 빚고 있는 WIPO 저작권조약의 핵심적 내용이므로, 이것을 신
설한 것은 너무 성급한 조치라는 지적을 받았다. 이런 점에서 개정법
률안은 ‘디지털 환경에서 프로그램 저작권자의 권리 보호에 치중’하였
으며, ‘전체적인 법 개정안이 기존의 저작권을 가진 사람들의 기득권
을 일방적으로 확대·강화하는 방향으로 채택되었다’고 비판받았다
(우지숙, 1999: 201-202).

이러한 비판적 지적에도 불구하고 저작권자의 기득권을 일방적으로
강화하는 추세는 계속 유지되고 있다. 예컨대 정보통신부는 컴퓨터프
로그램 보호법을 다시 개정하여 그 개정안을 1999년 9월의 정기국회에
상정할 예정이라고 밝혔다. 그 주요 내용은 첫째, 소프트웨어 불법복

제를 단속하기 위해 현재는 반드시 관할 지역의 검사나 경찰관을 대동해야 하지만 앞으로는 단속 공무원과 기관에 준사법권을 부여하는 것이다. 둘째, 상습적으로 소프트웨어를 불법복제해 사용하다 적발되면 가중처벌한다는 것이다. 셋째, 소프트웨어의 불법복제 방지장치를 훼손하거나 없애는 방법을 인터넷이나 PC통신 게시판 등에 알리는 것도 저작권 침해행위로 규정한다는 것이었다(경향신문, 1999/7/21). 2002년 8월에도 다시 컴퓨터프로그램보호법의 개정에 관한 공청회가 열렸다. 이 개정안의 핵심 내용에는 불법 복제물을 전송하거나 게시한 온라인업체에 대해 정통부 장관이 거부 정지 제한 등 명령을 내릴 수 있도록 하는 것이 포함되었다(동아일보, 2002/8/7).

이같은 변화는 어떤 면에서 WTO/TRIPs에 따른 무역보복을 회피하기 위해 어쩔 수 없이 취해야 하는 조치라고 할 수도 있다. 특히 한국처럼 선진국에 대한 경제의존도가 높은 국가일수록 지적재산권 강화에 대한 요구를 빨리 받아들여야 할 것이다. 그리고 IMF에 의한 경제관리라는 상황적 조건은 이같은 변화를 더욱 촉진하기도 했을 것이다. 그러나 이러한 변화는 일반 이용자의 입장에서 가장 중요한 저작권 원리인 '정당한 사용'(fair use)의 원리를 크게 약화시키는 동시에, 마이크로소프트로 대표되는 초국적독점자본의 기득권을 한층 강화하는 결과를 빚을 것이다. 그럼에도 불구하고 이런 문제에 대한 고려는 충분히 이루어지지 않고 있다.

3. 디지털경제와 지적재산권

1990년대의 정보화 경쟁은 제도적 차원에서 새로운 세계지적재산권 체계의 형성으로 전개되고 있다. 현실 정보사회는 인터넷으로 대표되는 새로운 기술환경의 발달뿐만 아니라, 새로운 세계지적재산권체계로 대표되는 새로운 제도환경의 정착을 통해 구현된다. 새로운 세계지적재산권체계에서 가장 중요한 것은 디지털기술이 저작권에 미치는 영향이다.[21] 원래 저작권은 저작물의 물질화 및 저자의 원작성에 기반하여 성립하였으나, 디지털기술의 발달은 이 두 가지 원리에 심각한 위협을 가하고 있다. 변화의 필요성을 강조하는 측에서는 '저작권법에서의 코페르니쿠스적 혁명'이 도래했다고 주장하기도 한다(황희철, 1996: 339). 그러나 이러한 혁명의 의미는 사실 이중적이다. 그것은 한편으로 디지털경제의 형성을 가져오기도 하지만, 다른 한편으로 그것의 안정화를 지속적으로 위협하기도 한다. 새로운 세계지적재산권체계는 이같은 모순적 상황 위에서 구축되고 있다.

1) 디지털기술의 도전

저작권은 정보/지식을 전파하는 매체와 밀접한 연관을 맺고 변화해 왔다. 그 용어[22]에서도 알 수 있듯이 저작권은 인쇄혁명의 직접적인 산물이기도 하다. 즉 저작권은 인쇄기술을 이용하여 저작물을 손쉽게 대량으로 복제할 수 있게 됨에 따라 바로 그 복제할 수 있는 권리(copyright)를 저자에게 부여하는 것으로 시작되었던 것이다. 그 뒤 19세기 초에는 저작물에 대한 공연권이 새롭게 추가되었으며, 다시 20세기 초에는 라디오의 발명과 함께 방송권이 추가되었다(허희성,

---

21) 미국의 〈NII 지적소유권 작업반〉은 새로운 기술환경 하에서도 '특허법, 상표법 그리고 영업비밀 보호에 관한 법은 개정이 필요없다'고 본다(IITF, 1995: 23). 요컨대 디지털경제를 안정화하기 위한 핵심 과제는 저작권의 보호에 있다는 것이다.
22) 관련된 용어로 우리에게 가장 익숙한 것으로는 '판권'이 있다. 이것은 후쿠자와 유키치가 1873년에 copyright를 이렇게 번역했던 데서 유래한다. 이러한 용어의 번역과 변천을 포함한 한국의 저작권법에 관한 사적 연구로는 박성호(1999)를 참조.

1996: 36). 이처럼 저작권은 새로운 매체의 등장에 따라 지속적으로
변해왔으나, 1990년대에 들어서면서 기존의 저작권 자체가 중대한 도
전에 직면하게 되었다. 그것은 디지털기술의 발달과 인터넷의 대중화
에서 비롯된 도전이었다. 전자는 저작물의 '무한복제'를 가능하게 하
고, 후자는 저작물의 '무한배포'를 가능하게 한다. 이것은 보호해야 할
저작물과 그 보호방법에 대한 새로운 사고를 요구하는 변화였다. 동시
에 이것은 지구적으로 구축된 새로운 정보통신망에 기반을 두고 나타
난 변화였기 때문에 이에 대응하기 위해서는 일국적 차원이 아니라 지
구적 차원의 통일된 노력이 더욱 강력하게 요구되었다. 이 작업을 주도
한 것은 다름아니라 바로 디지털경제에서 가장 앞서 있는 미국이었다.

  클린턴 정부는 1993년 2월에 〈정보하부구조 임무단〉(IITF)을 구성
하였다. 이 임무단은 통신정책위원회, 응용 및 기술위원회, 정보정책
위원회를 구성하였으며, 〈정보정책위원회〉 산하에 〈지적소유권 작업
반〉이 설치되어 저작권법의 문제와 개정방안을 연구하게 되었다. 이
작업반은 1994년 7월에 중간보고서(녹서)를 발표하고, 이어서 1995년
9월에는 최종보고서(백서)23)를 발표하였다. 『백서』가 발표되고 난
직후에 통상 〈1995년 NII 저작권보호법안〉이라고 불리는 법안이 미 의
회에 제출되었다. 이 법안은 각계의 반대에 부딪혀 통과되지 못했으
나, 1998년 10월에 새로 〈디지털 밀레니엄 저작권법〉이 통과되었다
(IITF, 1995: 11-15; 황희철, 1996: 318-322; 정국환 외, 1997: 21-
23; RIAA, 1998).
『백서』와 〈1995년 NII 저작권보호법안〉은 새로운 기술환경에 따른 저
작권의 변화와 관련하여 큰 논란을 불러 일으켰다.24) 『백서』는 '지적

---

23) 원제는 *White Paper on Intellectual Property and the National Information
Infrastructure*이다.
24) 여기서 주의할 점은 이러한 미 행정부의 노력을 미국만의 문제로 보아서는 안
된다는 것이다. 클린턴 행정부는 WIPO를 이용하여 국내법의 변화를 도모하는 것

소유권 관련법에 의해 보호되는 교육, 정보 그리고 오락상품이 NII를 통해서 배포될 때에 효과적으로 보호받지 못한다면, NII의 가능성은 충분히 실현되지 못할 것'이라는 원칙 위에서 작성되었으며, 또한『백서』는 새로운 기술환경이 저작권 개념의 근본적인 변화를 요구한다는 주장을 일축하고 '저작권의 효과적인 보호는 국민이 저작물을 이용할 수 있는 가능성을 높이는 중요한 수단'이라고 주장하기 때문이었다 (IITF, 1995: 18, 23). 결국『백서』가 취하고 있는 입장은 시장원리에 근거하여 NII를 성장시키는 것으로 요약될 수 있다. 요컨대『백서』는 '정보고속도로가 해적들의 천국이 되지 않도록 세심한 주의를 기울여야' 한다는 빌 게이츠의 주장에 극히 충실한 것이었다(Gates, 1995: 73). 따라서『백서』는 저작자와 이용자 사이의 균형을 추구한다고 밝혔지만, 사실은 저작자의 입장을 크게 강화시키는 데에 치중했다. 이 점에서『백서』는 결국 정보고속도로 구상이 '이용당 요금지불'(Pay-per-use)이라는 명백한 시장주의적 원칙에 입각해 있음을 보여주는 것이었다(Besser, 1995: 61).

『백서』를 비롯해서 WIPO의 저작권조약이나 〈디지털 밀레니엄 저작권법〉에 이르기까지 일관되게 관철되고 있는 것은 기존의 저작권법을 새로운 기술환경으로 확대해서 적용하는 것이다. 그러나 기존의 저작권법이 근거하고 있는 저작물이나 저자의 개념이 새로운 기술환경에서 크게 변하고 있다는 점에서 일단 이러한 적용은 논리적으로 큰 문제를 안고 있는 것으로 파악된다. 더욱이 다음의 〈표 3〉에서 보이듯이『백서』의 주장은 프라이버시나 표현의 자유를 침해할 소지마저 다

으로 지적되었다. 미국내에서 많은 반대에 부딪혀『백서』의 내용을 관철시키지 못하게 되자, WIPO를 통해 같은 내용으로 '국제 표준'을 제정하고, 이 표준에 따라 다시 국내법을 개정하고자 했다는 것이다(황희철, 1996: 322; Kim, 1996: 2). 〈디지털 밀레니엄 저작권법〉은 이러한 지적을 사실로 입증해 주는 것으로서, 그 주목표는 WIPO의 새로운 저작권조약에 가입하기 위해 미국의 저작권법을 개정하는 것이었다(RIAA, 1998). 이렇게 해서 결국은『백서』가 저작권의 새로운 지구적 기준으로 확정되었다.

<표 3> 『백서』를 통해 본 디지털 저작권의 주요 쟁점

	백서의 주장	비판
배타적 읽을 권리	디지털 저작물을 찾기 위한 브라우징과 같이 RAM에 일시 저장하는 것도 저작권 침해로 파악	사안을 법적으로 명확히 하지 않은 채, 단순히 현행법 하에서 브라우징이 저작권 침해인 듯이 제시
배타적 전송권	디지털 전송을 공중에 대한 복제물의 배포로 파악	모든 종류의 실연과 현시를 통제할 수 있도록 하려는 시도
공정한 사용권의 금지	사용허락을 받을 수 있을 때는 어떤 공정한 사용도 적용될 수 없는 것처럼 현행 법을 해석함으로써 공정한 사용권을 제거하려 시도	저작권 최대론자들은 허락받지 않은 모든 복제를 도둑질로 간주하지만, 연방법원은 사적이고 비상업적인 복제는 공정한 사용으로 간주
디지털 전송자료에 대해 최초판매권 제거	디지털 자료의 전송을 위해서는 허락받지 않은 복제를 해야 하므로 저작권 침해로 간주	이용자의 최초판매권을 실행하기 위해 필요한 중간 복제는 공정한 사용에 해당
자료를 통한 감시	저작권 관리정보를 디지털 저작물에 부착할 것으로 예상	모든 정보 생산물의 소비자를 장래의 도둑으로 간주
암호 해독을 불법화	저작권자의 배타적 권리의 침해를 방지하기 위한 시스템을 허락없이 무력화하는 모든 행위의 금지	저작권자가 채택한 시스템을 무력화하기 위해 사용될 수 있는 기술의 단순한 제조나 배포조차 불법화
온라인 서비스 제공업자의 감시의무	모든 온라인 서비스 제공업자는 이미 그 이용자들의 모든 저작권 침해행위에 대해 책임이 있음	전자통신 프라이버시법은 이용자의 사적 메시지에 대한 모니터를 금지
공유하지 않도록 어린이들을 교육	저작물을 공유하는 사고방식을 갖지 않도록 어려서부터 교육	허가받은 제품을 사용하도록 하는 것으로 충분

자료: Samuelson(1996)에서 작성.

분히 안고 있었다. 토플러는 그의 유명한 『권력이동』에서, '전에는 지식인의 영역이었던 표현의 자유를 위한 투쟁은…경제적 발전을 지지하는 모든 사람의 관심사로 된다. …이제 표현의 자유는 정치적 문제가 아니라 경제적 경쟁력의 전제조건으로 된다'(1990: 522-523)고 주장했다. 그리고 새로운 정보기술은 일반적으로 이러한 표현의 자유를 더욱 신장시킬 것으로 기대되었지만, 저작권자의 이익을 중심으로 추진되는 정보고속도로 구상은 표현의 자유에 대한 법적 및 기술적 제약을 초래하고 있다.[25] 저작권자의 이익을 지키기 위해서는 이용자에 대한 상시적인 감시, 즉 '경제적 검열'이 요구되기 때문이다. 사실 인터넷은, 정보를 전파하는 방식이 정보를 복제하는 것이라는 점에서, 그 자체가 '거대한 복사기'라고 할 수 있다(Godwin, 1998: 168). 대체로 저작권자는 이러한 상황을 디지털기술이 초래한 거대한 위협으로 여겨왔지만, 저작권법의 강화 및 새로운 감시기술의 개발은 이 위협을 엄청난 기회로 바꿀 수 있는 가능성을 활짝 열어준 것이다(Samuelson, 1996: 2).[26]

포스터는 우리 시대에 저작권이 처한 상황을 다음과 같이 신랄하게 비판한다. 이 비판은 자본의 지배 속에서 저작권의 본말이 사실상 전도되고 있는 상황을 겨냥한다.

방송매체를 통한 문화적 재생산 시대의 저작권은 아날로그 시대의 그것과는 완전히 다른 법 구조에 속하게 되었다. 그것은 저자와 문화적 혁신을 보호하는 법이 아닌 일반적인 소유권법에 불과하다. 점차로 정보는 부로, 저작권은 그것의 경찰권력으로 정의되고 있다(Poster, 1998a: 3).

---

25) 명시적으로 표현의 자유를 제약하려는 시도는 음란물로부터 아동을 보호한다는 명목으로 취해졌다. 이른바 '통신품위법'(CDA)이 그것이다. 경제적인 측면에서 이 시도는 인터넷을 강제적으로 정화함으로써 디지털경제의 저변을 확장하려는 것으로 파악된다(Barbrook, 1996: 1). 요컨대 주소비자인 부모들에게 인터넷이 '안전'하다는 것을 널리 알림으로써 인터넷을 통한 신경제의 활성화를 정책적으로 도모하려고 했던 것이다.

26) 사무엘슨은 이것이 '저작권 횡령'이라고 주장한다. 그에 따르면, 새로운 기회를 간파한 저작권산업, 특히 할리우드의 영상산업이 클린턴 정부에 로비를 했고, 클린턴 정부는 대통령의 재선을 위해 이 로비를 받아들인 결과로 『백서』가 작성되었다고 한다(Samuelson, 1996: 1). 이렇게 해서 저작권의 본래 목적은 업계와 정부에 의해 '횡령'당하고 말았다는 것이다.

저작권을 포함한 지적재산권 일반의 목표는 저작자에게 경제적 이익을 제공하는 것이 아니라, 그것을 통해 더욱 더 많은 지식이 사회적으로 축적될 수 있도록 하는 것이다. 즉 지적재산권에서 '가장 중대한 관심은 저작권자나 데이터베이스 회사의 이해관계가 아니다. 그것은 경제적 배경과 무관하게 모든 사람이 사실에 접근할 수 있는 자유롭고 열린 사회에 대한 관심'인 것이다(Godwin, 1998: 169). 인터넷을 통해 창작과 혁신의 자유가 유례없이 커졌으나, 지적재산권의 강화는 이러한 인터넷의 구실을 억압해서 그 본래적 특성을 파괴할 지경에 이르렀다. 정말로 중요한 것은 창작과 혁신의 자유이고 이를 위한 인터넷의 구실이다(Lessig, 2001: 3-15).

이런 점에서 사이버공간에 대해 저작권을 광범위하게 적용하는 것은 결국 대중의 정보접근권을 위축시킬 것으로 우려되며, 사적 재산권보다는 공적 접근권이 더욱 본질적인 권리라는 주장들이 제기되고 있다(Woo, 1998: 5-6). 결국 『백서』는 지적재산권을 부여하는 것만큼이나 그것을 제한하는 것도 사회적으로 중요하다는 것을 인식하지 못했으며, 나아가 역사적으로나 사회적으로 지적재산권은 자연권도 절대권도 아니라는 사실도 올바로 인식하지 못한 것으로 비판된다(Boyle, 1997: 9). 『백서』는 철저히 시장의 관점에서 새로운 세계지적재산권체계를 형성하여 신기술이 유발한 지적재산권의 위기를 오히려 자본의 기회로 전화시키고자 했으나, 그것은 지적재산권의 위기를 표현의 자유와 정보접근권의 위기로 전도시키는 것으로서 시민사회의 큰 저항을 불러일으키게 되었던 것이다.

2) 대안을 찾아서

새로운 기술적 상황에 따라 기존의 지적재산권이 딜레마에 봉착하게 되었다(Keyworth, 1996: 3)는 사실은 일반적으로 수용되고 있는 것으로 보인다. 그러나 이 딜레마에 대한 대응은 크게 보아 두 가지 대립되는 양상으로 전개되고 있다. 하나는 '개량적 보완론'이고, 다른 하나는 '근본적 전환론'이다. 물론 실제로 정책적 변화를 주도하고 있는 것은 전자로서, 미 정부의 『백서』가 취한 것이 바로 이러한 입장이라고 할 수 있다.

본 작업반은 NII에서의 저작권자의 권리를 약화시키는 것은 공익이 아니라고 믿는다. 그리고 저작권의 획기적인 신장이 필요하다고 믿지도 않는다. 단지 부분적인 명확화와 제한된 개정으로도 저작권법은 과학과 실용예술의 발전을 촉진하기 위해 필요한 저작권 보호와 저작권 제한의 균형을 이룰 수 있을 것이다. 현재의 저작권법은 기술의 소용돌이에 당면해 법의 균형을 유지하기 위하여 기술진보가 필요로 하는 세련된 조율만을 필요로 할 뿐이다(IITF, 1995: 23).

요컨대 기존의 법체계를 유지하면서도 새로운 기술환경에 적절히 대처할 수 있다는 것이 『백서』에서 표명된 개량적 보완론의 입장이다. 그러나 『백서』의 일방적인 논지는 '저작권법 자체의 존립을 위태롭게 하고 있'는 것으로 비판될 정도이다(황희철, 1996: 338). 이것은 『백서』가 지나치게 시장주의적 입장을 취한 데서 비롯된 문제이지만, 그만큼 『백서』가 새로운 기술환경의 특성을 이해하지 못하고 있음을 보여주는 것이기도 하다.

개량적 보완론에 대한 비판은 근본적 전환론에 의해 주도되고 있다. 이들이 파악하는 현 상황의 딜레마는 개량적 보완론에서 파악하는 것보다 훨씬 더 심각한 것이다. 그것은 예컨대 다음과 같이 설명된다.

만일 우리의 자산이 무한하게, 아무런 대가 없이, 우리도 모르는 사이에, 심지어는 그 자산이 우리의 수중을 떠나지 않으면서도, 가상세계에 즉각적으로 배포된다면, 우리는 그것을 어떻게 보호할 수 있을 것인가? 우리가 우리의 정신을 사용하여 행한 작업에 대한 대가를 어떻게 받을 수 있을 것인가? 그리고 만약 우리가 그 대가를 지불받을 수 없다면, 과연 무엇이 그러한 작업을 지속적으로 창조하고 배포할 수 있도록 보장해 줄 것인가? 엄청나게 새로운 도전에 대한 해결책을 갖고 있지도 않고, 견고하게 물질적이지만은 않은 만물의 급속한 디지털화를 연기시키는 것도 명백하게 불가능하기 때문에, 우리는 지금 침몰하는 배를 타고 미래로 항해하고 있는 중이다(Barlow, 1995: 43).

디지털기술의 발달과 인터넷의 대중화는 디지털경제를 낳았지만, 그 중요한 부분인 디지털 저작물을 경제적으로 보호하는 것은 대단히 어려운 과제이다. 요컨대 '전자 정보의 한 특징은 자신의 상품화에 맞선다는 점이다. 새로운 기술은 정보의 복제 가능성을 상당히 증대시킨다. …정보의 손쉬운 복제와 이동은 물질적 상품 특유의 사적 소유를 보호하고자 하던 법률체계를 허물어뜨린다'(Poster, 1990: 60). 근본적 전환론자들은 이같은 상황에 직면하여 기존의 법체계를 고수하고 그것을 사이버공간으로 확대하는 방식으로 저작권을 보호하려는 것은 크게 잘못된 것이라고 주장한다. 새로운 기술은 기존의 기술과 근본적으로 다르므로 당연히 기존의 법체계를 근본적으로 바꾸어야 한다는 것이 근본적 전환론의 요지이다.[27]

근본적 전환론은 자유주의라는 점에서 밀접한 연관을 맺고 있지만, 정보/지식의 역할에 관해서는 상당한 차이를 보이고 있는 두 가지 자유

---

[27] 이러한 전환은 '매체 중심의 저작권법'에서 '저작(내용) 중심의 저작권법'으로 설명되기도 한다. 전자가 매체와 저작이 분리될 수 없는 기술환경의 산물이라면, 후자는 매체에서 저작이 분리된 새로운 디지털 기술환경의 산물이다(황희철, 1996: 318).

주의로 구분될 수 있다. 첫째, 정보의 자유로운 흐름과 공유에 기반을
둔 '정보자유주의'이다. 이 입장은 미국의 〈전자개척지재단〉(EFF)[28]의
발로우가 '아이디어의 경제'라는 관점에서 제시하였다. 그는 '지적 저
작권에 대해 여러분이 알고 있는 모든 것은 잘못된 것'이라고 주장한
다. '완전히 새로운 종류의 환경에 맞는 전혀 다른 종류의 방법을 개발
할 필요가 있다'는 것이다. 그에 따르면 기존의 지적재산권은 사상이
아니라 사상을 표현한 것에 초점을 두고 있는 것으로서, 이를테면 기
존의 법체계에서는 '병안에 든 포도주가 아니라 그 포도주가 담긴 병
이 보호받았던 것'이다. 그러나 모든 정보가 디지털 형태로 전환되고
모든 디지털 정보는 인터넷을 통해 배포될 것이므로, '단순히 사상의
표현이 아니라 사상들 그 자체에 대한 소유권을 주장할 수 있게' 된다.
따라서 기존의 지적재산권 보호법은 더 이상 지탱될 수 없다.[29] 그렇
다면 사상들 자체에 대한 소유권은 어떻게 보호될 수 있을까? 발로우
는 정보/지식의 제공이 '실시간 수행'의 형태로 바뀔 것으로 본다. 즉
단순히 정보/지식을 소유하고 판매하는 것이 아니라, 복제 자체가 별

---

28) '로터스1-2-3'을 개발한 MIT의 미치 케이포(Mitch Kapor) 교수와 작사가이자
대농장주인 존 페리 발로우의 주도로 1990년에 결성된 정보사회운동단체로 특히
사이버공간에서의 표현의 자유와 프라이버시 문제에 많은 영향을 미치고 있다.
29) 발로우가 지적하는 또 한 가지 문제는 사이버공간의 특성에 대한 강조이다.
그는 사이버공간에서는 '어떤 국가적인 혹은 지역적인 영역들도 범죄장면을 봉쇄
하고 그 처벌방식을 결정하지 못한다'고 주장한다(47-48). 이러한 입장은 인터넷
을 새로운 매체가 아니라 새로운 공간으로 보는 것이다. 그의 논리에서 매체론과
공간론의 대립은 현실세계와 가상세계의 이중화론으로 전환된다. 그리고 가상세
계로서 인터넷의 특성은 기존의 국민국가가 구성하는 지구적 관할권을 거부하며,
오직 네티즌 자신들이 형성하는 자발적 질서에 의해서만 관리된다는 데에 있는 것
으로 주장된다. 이같은 자유주의적 주장은 검열권력의 작동에 대항하여 컴퓨터
통신망에서 표현의 자유와 프라이버시를 옹호한다는 점에서 큰 의의를 갖는다.
이에 대해 개량적 보완론에서는 이른바 가상세계가 사실은 현실세계의 변화에 불
과하다고 비판한다(IITF, 1995: 21-22). 또한 이러한 가상세계론은 인터넷의 상
업화에 무력할 뿐만 아니라 오히려 그것을 촉진하는 '캘리포니아 이데올로기'로 비
판되기도 한다(Barbrook, 1996).

의미를 가지지 못하는 독창적인 '실시간 서비스'를 제공하는 것이다.[30] 또한 암호기술과 같은 기술적 대안들이 '창조적 권리들을 복원시킬 방법을 제공'하게 될 것이다. 그러나 기술적 대안은 뿌리깊은 해커문화의 전통 속에서 파괴기술을 통해 무력화되기 쉽기 때문에 윤리적 접근으로 보완되어야 한다. 결론적으로 발로우는 그 실효성이 의문시되며 기본권에 대한 침해가 우려되는 법보다는 윤리와 기술에 기반한 새로운 지적재산권 보호방법의 형성을 주장한다(Barlow, 1995: 42-45, 67-73).

둘째, 정보의 상품화를 촉진하기 위해 국가의 개입을 최소화하고 시장에 모든 것을 내맡겨야 한다는 '시장자유주의'이다. 이같은 입장은 미국의 〈진보와 자유재단〉(PFF)[31]에서 주도했다. 이 재단은 '사이버공간과 미국의 꿈: 지식시대를 위한 대헌장'이라는 선언적 문서에서 사이버공간, 즉 지구적 디지털 통신망을 통해 새로운 '미국의 꿈'이 실현될 것이라고 주장한다. 20세기의 '미국의 꿈'이 19세기의 산업화에서 나타났다면, 새로운 '미국의 꿈'은 '지식혁명이 힘을 부여하는 역사변동의 제3물결'에서 나타날 것이며, 사이버공간은 '생체전자적 프론티어'이자 '지식의 땅'으로서 이 꿈을 실현하기 위한 기반이다. 그러나 사이버공간이 '미국의 꿈'을 실현하기 위해서는 사이버공간을 구성하는 재산에 대한 새로운 이해가 필요하다. 이에 대해 미국에서는 '정부기관들이 제2물결의 재산개념과 소유권개념을 취해서 이를 제3물결에 적용하려' 한다(PFF, 1994: 17-21). 그러나 PFF에 따르면 이것은 대

---

30) 이로부터 '과거의 저작권법이 '저작물의 소유'를 바탕으로 발전되어 왔다면, 앞으로의 저작권법은 '저작물의 서비스'를 바탕으로 발전해 나갈 것'으로 전망된다(황희철, 1996: 342).
31) 앨빈 토플러와 조지 길더의 이론에 기초하여 1993년에 결성되었다. 비당파적인 연구단체를 표방하고 있지만, 사실은 뉴트 깅그리치(Newt Gingrich)의 정책개발조직인 것으로 알려졌다. 깅그리치의 신자유주의는 이론적으로 제3물결론에 기반을 두고 있었다(Gingrich, 1995).

단히 잘못된 것인데, 왜냐하면 이러한 낡은 개념[32]으로는 사이버공간에서 지식이라는 사유재산을 보호할 수 없기 때문이다.

저작권과 특허는, 점차 그리고 가차없이, 사이버공간에서 낡은 것으로 될 것이다. 주로 부적절한 물질적 전제에 기초하고 있기 때문에, 그리고 사이버공간의 기술적 진보에 적응할 수 없기 때문에, 그것들은 포기될 것이다. …기존의 디지털 기술 중에, 개별적인 정보 제공자들로 하여금 자신들의 디지털 재산을 보호할 수 있도록 하는 또 다른, 더욱 기술적인, 사이버공간의 특성이 있다. 암호기술이 바로 그것이다(Keyworth, 1996: 4).

여기서 문제는 미국 정부가 국가 안보를 보호한다는 명분 하에 암호기술의 자유로운 이용과 거래를 통제하고 있다는 것이다. 이 때문에 〈진보와 자유재단〉은, '우리의 가장 강고한 대항세력은 외국의 경쟁자가 아니라, 사태를 잘못 이해하고 있고 과욕에 사로잡힌 연방 정부'이며, '국가 안보에 대한 진정한 위협'은 바로 이러한 연방 정부라고 주장했다(Keyworth, 1996). 국가 권력에 의한 이같은 암호기술의 통제는 프라이버시에 대한 중대한 위협으로서 이미 오래 전에 커다란 사회문제로 비화한 상태이다.[33] PFF는 여기에 더해 암호기술의 통제가

---

32) 미 정부의 지적재산권 정책이 낡은 개념에 입각해 있다는 것은 사이버공간에 대한 몰이해에서 비롯되는 것으로 지적된다. 〈진보와 자유재단〉이 특히 강조하는 것은 정보고속도로의 비유가 제2물결에 속하는 것으로서 제3물결의 기반인 사이버공간의 본질을 오도한다는 것이다. 이 점에서 〈진보와 자유재단〉도 EFF의 발로우와 마찬가지로 매체론이 아니라 공간론을 받아들인다. 그러나 EFF가 지구적 범위에서 형성되는 새로운 문화적 가능성을 강조한다면, PFF는 전세계를 대상으로 하는 미국의 새로운 경제적 가능성을 강조한다. 즉 '문화적 공간론'과 '경제적 공간론'의 차이가 나타나는 것이다. 따라서 양자를 사실상 같은 것으로, 그리고 기괴한 혼성교배로 파악하는 바브룩 등의 비판은 이런 차이를 무시했다는 점에서 지나친 것이라고 하겠다(Barbrook and Kameron, 1996).
33) 그 대표적인 예가 '클리퍼(Clipper) 칩'을 둘러싼 논란이다. 이 칩을 이용하여 암호화할 경우, 정부의 법 집행기관은 합당한 혐의와 법원의 명령이 있으면, 그 이용자의 디지털 정보에 접근할 수 있다. 문제는 정부가 적법한 절차를 밟지 않았

디지털경제의 발전을 심각하게 저해한다고 주장했던 것이다. 암호기술의 경제적 역할은 세 가지 측면에서 검토될 수 있다. 첫째, 그것은 개별 지적재산권자가 자신의 지적재산권을 보호할 수 있는 유용한 기술적 장치로 이용된다. 둘째, 그것은 외부의 침입을 방지하고 안전한 전자상거래를 위해 필수적인 기술적 장치로 이용된다. 셋째, 이같은 상황을 배경으로 암호기술 자체가 중요한 디지털 상품으로 부각된다.[34] PFF에 따르면, 암호기술에 대한 국가 통제는 이 모든 상황에 부정적 영향을 미침으로써, 결국 디지털경제 자체의 발전을 저해하게 된다.

근본적 전환론의 이러한 두 가지 입장은 제3물결론과 자유주의에 입각해 있다는 점에서는 공통적이지만, 정보/지식의 역할에 관한 견해를 중심으로 상당한 차이를 보이고 있다. 사실 이러한 차이는 두 입장을 대표하는 단체들의 성격과도 밀접한 연관이 있다. EFF가 표현의 자유에 대한 정부의 침해에 대응하기 위한 시민단체로 출발했다면, PFF는 신산업의 발전을 위한 정책개발 단체로 결성되었던 것이다. 이 때문에 디지털 지식/정보의 역할에 관해, EFF가 정보공유론과 많은 부분에서 공통된 입장을 취하고 있는 반면에, PFF는 오히려 개량적

다고 할지라도, 그런 식으로 획득된 증거가 법원에서 기각되지 않을 것이라는 점이다. 이것은 절차상의 요건을 강조하는 형식민주주의에 대한 중대한 침해를 의미하는 것으로서 커다란 저항을 야기하게 되었다. 이에 대해 시민운동단체들은 필 지머만(Phil Zimmerman)이라는 암호기술 전문가가 만든 PGP(Pretty Good Privacy) 암호를 사용하자는 운동을 전개하였다(Dorman et al., 연도미상). 이 문제는 전자상거래의 활성화를 둘러싸고 유럽과 미국 사이에서 중요한 쟁점으로 부각되었다. 전자상거래에서 프라이버시의 보호를 강조하는 유럽의 입장이 미국의 암호기술 정책과 대립하였던 것이다. 그러나 1999년에 미국이 유럽의 견해를 적극 수용하기로 함으로써 이 대립은 일단 해소될 것으로 전망되었다(한겨레신문, 1999/4/22).

34) 이런 점에서 전자상거래의 확대와 함께 미국이 암호기술을 본격적으로 수출하게 될 가능성과 그 경우 미국의 암호기술이 관련 시장을 장악하게 될 가능성이 우려되기도 했다(박창민, 1997).

보완론과 유사한 입장을 취하는 것으로 나타난다. 요컨대 EFF와 PFF 의 자유주의는 정부의 강한 개입에 대해 반대한다는 점에서는 비슷하지만, 자본과 시장의 지배에 대한 입장에서는 상당한 거리를 가지고 있다.[35] 그러므로 양자의 비슷한 점뿐만 아니라 차이점에 대해서도 충분히 주의를 기울일 필요가 있을 것이다. 다음의 〈표 4〉는 이런 관점에서 양자의 차이를 대략적으로 정리한 것이다. 이런 차이는 '대안'을 찾는 데서 상당히 유용한 근거가 될 수 있을 것이다.

<표 4> 근본적 전환론의 두 가지 입장

	EFF	PFF
이념	제3물결론 정보자유주의	제3물결론 시장자유주의
인터넷	문화적 공간론 정보/지식의 자유 흐름	경제적 공간론 정보/지식의 상품화
지적 재산의 보호방식	수행성 암호기술 문화적 접근	암호기술 수행성 지적재산권

4. 지식경제와 지적재산권

지적재산권의 위기는 단지 빠른 속도로 변하는 기술발달에 기존의

---

35) 예컨대 PFF가 제3물결과 시장주의를 필연적 관계로 파악한다면, EFF는 정보 공유에 기반을 둔 새로운 이용자 문화의 특성을 강조한다. 물론 EFF가 시장의 지배에 대해 본격적으로 대항하는 것은 아니다. 그보다는 EFF도 기술의 변화에 따라 시장의 변화를 강조하는 것이라고 할 수 있다. 이 점에서 정보의 공유를 위한 사회운동에서 EFF의 한계를 지적할 수도 있겠다. 그러나 PFF가 시장의 이윤원리를 중심으로 새로운 기술의 이용을 바라본다면, EFF는 이 문제를 예컨대 표현의 자유나 프라이버시의 보호와 같은 인권의 관점에서 바라본다는 점에서, EFF의 차이와 진보성을 강조할 수 있다.

제도가 조응하지 못해서 발생하는 것인가? 정보자원론 자체의 모순, 즉 자본주의적 지적재산 개념 자체의 모순에서 비롯되는 것은 아닌가? 디지털경제와 지적재산권의 변화에 관한 논의는 좀더 근본적인 문제와 연관된다. 이 문제는 디지털경제의 '콘텐츠'에 해당한다고 할 수 있는 이른바 '지식경제'와 연관되는 것이다. 현실 정보사회의 관점에서 봤을 때, 지식경제란 지적재산권의 역할이 유례없이 중요해진 자본주의의 새로운 발전국면을 가리킨다. 지식경제에서 지적재산권은 종래의 부수적 혹은 보완적 제도에서 중심적 제도로 변화한다. 이러한 변화는 물론 정보/지식재의 경제적 역할이 크게 늘어난 데서 비롯되는 것이다. 그러나 정보주의는 지식경제의 형성을 이러한 요소적 차원을 훨씬 넘어서는 구조적 차원의 변화로 제시한다.

1) 지적재산권과 지식경제의 독점문제

지식경제는 지적재산권에 근거하여 성립한다. 지식의 생산을 촉진하기 위해 성립된 지적재산권은 이제 지식경제 자체를 지탱하는 제도적 기반으로 변화한다. 그러나 이 과정에서 저작자의 권리와 이용자의 권리를 둘러싼 뿌리깊은 대립이 새롭게 부각된다. 이 대립은 저작권을 포함한 지적재산권 일반의 목표와 수단의 괴리에서 비롯된다는 점에서 본질적인 것이다. 이 대립은 저작권을 둘러싼 두 가지 입장, 즉 최대주의와 최소주의로 나타났다. 이 대립은 논리적인 것일 뿐만 아니라, 역사적인 것이기도 하다. 즉 경제구조의 시대적 변화에 따라 최대주의가 강조되거나 최소주의가 강조되는 양상을 보여왔던 것이다.

현재의 지식경제는 최대주의, 즉 '저작자 권리 옹호론'에 기반을 두고 성립한 것이다. 이것은 '저작자의 권리를 보호함으로써 지식의 사

<표 5> 저작권에 관한 두 가지 기본 입장

저작자 권리 옹호론 Maximalist	이용자 권리 옹호론 Minimalist
·저작자에게 모든 권리를 최대한 보장. ·자연권설: 저작물은 저작자의 창조적 노력의 산물이므로, 저작권은 저작자 개인에게 귀속됨. ·대가설: 저작권이 최대로 보장되어야 창작의욕이 고취되고 수준높은 저작물이 창작됨. ·저작권의 엄격한 보호가 정보사회의 전제조건임.	·저작자의 권리는 가능한 축소, 이용자의 권리는 최대한 보장. ·독점은 필요악이기 때문에 가능한 축소하는 것이 바람직함. ·저작권은 인류 문명의 발달과 지식의 축적을 위한 수단이며, 저작물은 기본적으로 인류의 공동재산임. ·정보부자와 정보빈자의 문제가 악화될 가능성에 대한 우려 ·저작권 자체의 부정론과 이용자권의 확대론

자료: 황희철(1996: 323-330)에서 작성.

회적 생산을 촉진한다'는 지적재산권의 목표와 수단 중에서 후자의 측면이 강화되는 것을 의미한다. 달리 말하자면 자본주의의 구조적 규정 속에서 지적재산권의 경제적 측면이 그 사회적 측면보다 훨씬 더 강화되는 것이다. 지식경제는 단순히 지식의 경제적 역할이 강화되는 것이 아니라, 이처럼 지식의 생산/분배에 관한 제도의 변화를 함의한다.

　저작권과 이용권이 사회적 차원에서 지적재산권의 핵심적인 논점을 구성한다면, 독점과 경쟁의 문제는 경제적 차원에서 지적재산권의 핵심적인 논점을 구성한다. 사실 독점의 문제는 지적재산권의 역사 속에서 언제나 제기되던 것이기도 하다.[36] 지적재산권의 본질이 그 소유자에게 정해진 기간 동안 독점적 시장지위를 보장하는 것이기 때문

---

36) 서구의 경우에 특허권은 특허료를 받는 징수권으로 출발하였다. 그뒤 대량생산시대에 들어서서 특허권은 독점권으로 변하게 된다. 이에 따라 발생한 경제독점은 2차대전 종전 무렵까지 심각한 폐해를 야기하였다. 이 때문에 2차대전 이후 미국에서는 반트러스트법에 기반을 둔 자유시장경제가 다시 강화되었다. 이 시기를 '반특허의 시대'라고 부르기도 하는데, 1980년대 중반 이후 이러한 상황은 일변하여 '지적재산권 전성시대'가 도래하게 된다(박영관, 1996: 21-22).

이다. 그러나 정보주의는 이른바 사이버공간에 기반을 둔 지식경제의 구조적 특성이 무엇보다 치열한 경쟁으로 특징지어진다고 주장한다. 예컨대 '사이버공간 그 자체 안에서, 시장에 뒤이은 시장이 기술진보에 의해 '자연적 독점'에서 경쟁이 원칙인 시장으로 전화되고 있다'는 것이다(PFF, 1994: 23). 이것은 제3의 물결과 사이버공간의 특성에서 비롯되는 것으로 설명되기도 한다. 즉 '제3의 물결은 너무나 복잡하여 어떠한 중앙계획적 관료제로도 관리할 수 없다. 탈대량화, 주문생산, 개인성, 그리고 자유—이것들이 사이버공간의 자연적 특성'(Keyworth, 1996: 6)이므로, 지식경제는 그 어떤 경제유형보다 더 시장의 경쟁을 활성화하며, 또한 바로 그것을 통해 발전한다는 것이다. 지적재산권의 견지에서 보자면, 이것은 요컨대 '독점이 경쟁을 낳는다'는 논리라고 할 수 있다. 즉 지적 재산의 독점적 소유권을 강화하는 것이 경제 전체의 경쟁을 활성화한다는 것이다. 그러나 이 명백히 모순적으로 보이는 논리가 성립하기 위해서는 '시장의 보이지 않는 손'에 경제를 맡겨야 한다. 즉 이런 논리에서 지식경제의 진정한 경제적 특성은 지식의 이용 자체가 아니라, 그 시장주의적 이용에 있는 것이다. 이같은 주장은 이른바 '동적 경쟁'론으로 집약되었다.

정적 경쟁은 좋은 것이다. 주어진 제품에 대하여 비용과 가격을 가능한 가장 낮은 수준으로 강제하기 때문이다. 동적 경쟁은 더 좋은 것이다. 경쟁하는 기술들과 새로운 제품들이 낡은 것들에 도전하고, 실제로 더 좋은 것이라면, 낡은 것들을 대체하기 때문이다(PFF, 1994: 24).

그러나 지식경제의 대표적인 사례로 꼽히는 마이크로소프트의 성공은 이러한 시장주의적 동적 경쟁론에 대해 심각한 의문을 제기한다. 오늘날 마이크로소프트는 신경제를 대표하는 기업으로 널리 인식되고 있다. 그러나 이와 동시에 마이크로소프트는 신경제의 문제점[37]을 여실히 드러내는 대표적인 사례로 지목되고 있기도 하다. 1990년대 중반 이후 가열된 '마이크로소프트 논쟁'은 이같은 모순적 상황의 산물이다. 1990년대 말에 미국[38]에서는 웹 브라우저를 중심으로(Levy, 1998), 한국[39]에서는 윈도즈98의 가격을 중심으로(한겨레21, 1999/4/1) 논쟁이 진행되었지만, 그 핵심에는 결국 운영체계 시장에서의 마이크로소프트의 강력한 독점이 자리잡고 있다. 마이크로소프트는 전세계 개인용 컴퓨터 운영체계 시장의 95%를 장악하고 있다. 그러므로 마이크로소프트가 독점기업이라는 것은 명백하다. 그러나 현재 미국의 법체계에서 법적으로 문제가 되는 것은 이러한 독점 자체가 아니라 독점의 불법적 이용[40]이다. 이에 대해 마이크로소프트를 옹호하는 측(Liebowitz

---

37) 신산업의 특징과 관련해서 마이크로소프트의 문제를 살펴보고 있는 연구로는, 마이크로소프트의 끼워팔기가 경쟁을 제한할 수 있음을 동태적 모형으로 설명하고 있는 김희수·김재홍(1997)을 참조. 정보산업에서 독점의 문제는 '표준화의 패러독스'와 밀접한 연관을 맺고 있기도 하다. 실제로 빌 게이츠는 마이크로소프트의 독점을 '호환성의 제공'이라고 주장한다(Gates, 1995). 이 문제에 대한 정책적 연구로는 송위진(1997)을 참조.

38) 이 논쟁은 미국에서는 1990년에 미 정부가 마이크로소프트의 운영체계 시장 독점 여부에 대해 조사하면서 시작되었으며, 1997년에 미 정부가 마이크로소프트를 반독점 위반혐의로 법원에 제소하면서 논쟁은 본격화되었다. 마이크로소프트는 윈도즈95에 인터넷 브라우저를 합체함으로써 관련 시장에서 순식간에 넷스케이프를 앞지르게 되었는데, 이것을 미 정부는 독점력의 부당한 행사에 의한 결과로 판정하여 법원에 정식으로 제소하기에 이르렀던 것이다.

39) 한국의 경우에는 1998년 6월에 마이크로소프트가 한글과컴퓨터에 대한 투자계획을 발표하면서 논쟁이 시작되었다. 이 투자는 사실상 훈글을 제거하기 위해 계획된 것으로 국민적인 저항에 부딪혀서 결국 포기되고 말았다. 1999년 3월에는 용산전자상가 상인들이 윈도즈98의 가격에 대해 대대적인 문제제기를 하고 나섰다. 현재 진행중인 2차 논쟁의 표면적인 논점은 가격문제이지만, 그 실질적인 논점은 결국 마이크로소프트의 운영체계 독점이라는 점에서, 2차 논쟁은 마이크로소프트에 대한 본격적인 저항을 향해 한 걸음 더 나아간 것으로 볼 수 있다.

40) 반독점 항목의 설정과 독점금지 정책의 변화에 대해서는 권용수(1996: 86-90, 103-106)를 참조. 미 정부는 윈도즈에 인터넷 익스플로러를 합체한 것을 '끼워팔기'에 해당하는 것으로 판단하여 고소하였다. 또한 윈도즈를 독점가격 이하로 판매하는 것이나, MS 워드를 무상으로 배포한 것은 '약탈적 가격'정책에 해당하는

and Margolis, 1998; Levy, 1998; Reddy et al., 1999)에서는 마이크로소프트가 싼 가격에 좋은 제품을 제공하고 있으며 강력한 경쟁상황에 처해 있기 때문에 아무런 문제가 없다고 주장한다. 반면에 마이크로소프트를 비판하는 측(Nader and Love, 1998, Arquit, 1998; Watson, 1998; Cosmo and Nora, 1998)에서는 마이크로소프트가 독점적 지위를 불법적으로 이용하는 것은 명백하다고 주장한다. 여기서 본질적인 논점은 마이크로소프트가 어떻게 해서 오늘날과 같은 지배적 지위를 확립하게 되었는가 하는 점이다.

마이크로소프트의 성공에는 기술적 요인보다는 역사적 우연이 더 중요한 요소로 작용했다. 그 성공담은 1980년부터 처음으로 개인용 컴퓨터(PC)의 개발에 뛰어든 IBM이 그 운영체계로 마이크로소프트의 도스(DOS)를 채용하면서 시작되었다. 그 뒤 PC 사용자들이 늘어나면서 당연히 DOS의 사용도 증가했고, DOS의 사용이 늘어나면서 당연히 그것에 기반을 둔 응용소프트웨어들도 늘어났다. 이런 식으로 어느 정도 시간이 경과하자 DOS는 사용하지 않을 수 없는 프로그램이 되어 버렸다. 이른바 기술의 '잠금효과'와 '네트워크 효과'가 작용41)하여 마이크로소프트의 운영체계를 중심으로 개인용 컴퓨터 소프트웨어 전체가 변화하는 '정의 환류'가 굳건하게 형성42)된 것이다(Arthur,

---

것으로 볼 수 있다.
41) 하나의 기술이 일단 널리 사용되고 나면 뒤에 개발된 다른 기술이 기술적으로 우월할지라도 처음의 기술을 대체하기는 대단히 어렵게 된다. 그 이유로는 사람들이 새로운 기술에 익숙해지기가 쉽지 않다거나, 기술이 하나의 사회적 체계를 구성한다는 등의 사실을 들 수 있다. 이렇게 해서 하나의 기술이 사실상의 표준으로 고착되는 것을 기술의 역사적 '잠금효과'라고 한다. 이 '잠금효과'는 수많은 관련 기술들이 하나의 사회적 체계를 구성하는 '네트워크 효과'에 의해 강화된다. 타자기나 철도와 같은 비교적 단순한 사례에서도 이미 발견되었던 이런 효과는 고도기술일수록 더욱 명확하게 나타난다. 이 때문에 자본주의 하에서 고도기술을 둘러싼 경쟁은 승자가 모든 것을 차지하는 '기술 카지노'의 성격을 지니게 되는 것이다.
42) '정의 환류'(positive feedback)는 한 방향으로 변화가 지속되는 것을 의미한다. 빌 게이츠는 운영체계가 소프트웨어 분야에서 이러한 '정의 환류'를 형성하는

1996; 홍성욱, 1998). 1990년대 중반 이후의 논쟁은 이렇게 구축된 지배적 지위의 남용을 중심으로 전개되고 있지만, 사회학적으로 더욱 중요한 부분은 소프트웨어의 이해에 대한 함의이다. 소프트웨어는 크게 운영체계와 응용프로그램으로 구분된다. 운영체계는 쉽게 말해서 '컴퓨터의 공용어'이다. 그러나 운영체계들 간에는 기술적 호환성이 없다. 따라서 하나의 운영체계가 지배적 지위를 차지하게 되면, 대다수 응용 프로그램이 그 운영체계에 기반을 둘 수밖에 없게 된다. 정보사회의 기술적 구성요소 중에서 가장 중요한 것은 컴퓨터이다. 그러므로 정보화가 진척될수록 지배적인 위치를 차지한 운영체계의 지배력은 더욱 더 강화된다. 이런 상황이 과연 지적재산권의 이름으로 계속 정당화되어도 좋은 것일까? 이처럼 사회성이 강한 분야에서는 지적재산권이 제한되는 것이 사회적으로 옳은 것이 아닐까?[43]

마이크로소프트의 사례는 사실상 동적 경쟁론의 수정을 요구하는 것으로 보인다. 동적 경쟁론은 과학(기술)주의에 근거하여 지식경제를 시장주의로 연결시키는 논리이다. 이 제3물결 경제론에서 지식경제는 시장주의와 필연적인 관계를 맺고 있는 것으로 제시된다. 그러나 이 논리에는 사실적 주장과 당위적 주장이 혼재되어 있다. 전자는 지식경제가 시장주의를 자연적으로 따른다는 것이고, 후자는 지식경제를 발전시키기 위해서는 시장주의에 기반을 두어야 한다는 것이다.

핵심적 영역이라는 것을 잘 알고 있었다. IBM이 마이크로소프트를 선택했을 때, 그는 자신이 기회를 잡았다는 것을 잘 알았고, 그 뒤에는 이 기회를 계속 확장하는 방식으로 회사를 경영해왔다(Gates, 1995: 3장). 빌 게이츠의 탁월한 점은 기술개발이 아니라 이러한 경영능력에 있는 것이다.

43) 이와 관련하여 1999년에 마이크로소프트를 반독점 위반혐의로 고소한 미국의 19개 주가 제시한 타협안에 주목할 필요가 있다. 타협안은 윈도즈의 소스코드를 몇개의 경쟁업체에 경매로 매각하는 것이다(한겨레신문, 1999/3/30). 이것은 독점의 불법적 이용에 대한 규제에서 독점 자체의 해체를 향해 나아가는 방안이다. 컴퓨터의 공용어로서 운영체계는 정보사회의 필수재이다. 따라서 운영체계의 독점에 대한 저항은 앞으로 더욱 더 강화될 것으로 전망된다.

마이크로소프트의 사례는 전자를 부정한다. 그리고 전자가 부정된다면, 후자도 그대로 인정될 수는 없다. 따라서 정부의 개입은 여전히 필요하다. 문제는 어떤 방식으로, 그리고 무엇을 대상으로 개입할 것인가이다. 이에 대해 PFF는 동적 경쟁론을 다음과 같이 수정한다.

> 시장에 하나 이상의 공급자가 존재하는 것이 경제적으로 바람직스러울 때는 어떠한가? 이러한 상황에서의 규제의 지속은 진보에 제동을 건다. … 가격을 통한 진입규제는 동적 경쟁의 반대물이다. 규제의 대안은 반트러스트이다. …반트러스트법은, 미국이 120여 년에 걸쳐 다수의 공급자가 경쟁할 수 있고 해야만 하는 시장들에서 경쟁을 촉진해 온 수단이다(PFF, 1994: 34-35).

동적 경쟁이라는 새로운 경제원리가 반트러스트법이라는 낡은 규제책을 요청한다는 것이다. 이러한 수정은 결국 시장만으로는 시장 자체가 제대로 작동할 수 없음을 보여준다. 다시 말해서 시장주의의 한계가 시장주의자에 의해 시인되는 셈이다. 시장의 원활한 작동을 위해서는 국가와 시민사회에 의한 시장의 조절이 여전히 요구되는 것이다.

2) 자본주의와 지적재산권

지식경제에서 독점의 문제는 궁극적으로 지식의 자본주의적 이용에서 비롯된다. 모든 제도가 그러하듯이 지적재산권도 사람들을 규율하는 효과를 지닌다. 자본주의 하에서 살아가는 우리는 지적재산권을 어느 정도 당연시하며 살아간다.[44] 그러나 정보/지식은 본래 '이용에

---

44) '유나바머 선언'에서도 이러한 사실을 확인할 수 있다. '유나바머'로 체포된 카진스키는 선언문의 16번 주에서 『미국의 폭력: 역사적 비교 고찰』이라는 책을 길게 인용하고 있다. 이에 대해 그는 선언문 마지막에서 '혹시 저작권 문제로 인해 주16의 긴 인용문을 게재하는 것이 불가능하다면, 주16을 다음 문장으로 바꿔주

배타성이 없는 재화'로서 '공공재'에 해당하는 것이며, 지적재산권법은 정보/지식의 확장이라는 특정한 사회적 목적을 위해 이러한 공공재로서의 정보/지식을 사적인 재화로 변화시키는 제도적 장치이다(허희성, 1996: 48). 그러나 이같은 변화는 목적과 수단의 괴리라는 대가를 요구한다. 즉 지적재산권이 강조되면서 정보/지식의 공공재적 본성이 불가피하게 약화되는 것이다.

지적재산권의 강화가 안고 있는 문제점은 자유주의 시장경제의 원리와 관련하여 검토될 수도 있다. 이에 대해 보일은 시장의 효율적 작동과 혁신을 위한 동기부여라는 두 가지 사회적 요구를 중심으로 검토하고 있다. 요컨대 시장 효율성은 원리상 정보의 자유로운 흐름을 요구하는 반면에, 정보의 생산을 촉진하기 위한 인센티브는 정보의 흐름을 지체시키고 제한하는 일시적 독점을 요구한다(Boyle, 1996: 35). 이 두 가지 요구는 결국 자유주의 시장경제가 정보/지식의 생산/소통과 관련하여 자기모순적임을 보여준다. 한편 지적재산권이 허용하는 일시적 독점은 마이크로소프트의 예에서 잘 드러나듯이 훨씬 심각한 구조적 독점을 유발할 수도 있다. 이처럼 커다란 부작용을 낳을 수 있는 인센티브론은 창조자로서 저자의 개념에 기반해 있다. 그러나 창조자로서 저자라는 개념은 대단히 모호한 것이다. 왜냐하면 어떤 정보/지식이라도 다른 정보/지식에 기반을 두고 만들어지는 것이기 때문이다. 어떤 것을 새롭게 창조된 것으로 볼 것인가는 결코 쉬운 일이 아니다. 정보/지식의 세계에서는 '낡은 것'이 없다면 결코 '새로운 것'이 있을 수 없기 때문이다. 어디까지가 낡은 것이고, 어디까지가 새로운 것인가? 그러나 '낭만적 저자상'이라고 불리는 저자 개념은 17세기 초까지는 존재하지 않았던 것이지만, 현실 정보사회의 중요한 이데올

기 바란다'며 주16의 내용을 요약하였다. 현 사회체계의 혁명적 변화를 주장하는 사람치고는 너무나 세심한 배려가 아닐 수 없다. 그도 지적재산권의 상식으로부터 벗어날 수 없었던 것이다.

로기로 구실하고 있다(Boyle, 1996: xii, 51-60; Lorimer, 1996).

지적재산권이 내장하고 있는 이러한 문제점들을 보일은 다음의 〈표 6〉과 같이 정리하였다.

〈표 6〉 지적재산권의 긴장요소[45]

주제	정보	혁신
경제적 관점	효율성	인센티브
문제에 대한 기본개념	거래비용 문제: 정보의 자유로운 흐름을 막는 장애물들은 혁신의 방해/정보의 부적절한 순환을 낳는다.	공공재 문제: 미래의 생산을 위한 부적절한 인센티브는 혁신의 방해/정보의 부적절한 순환을 낳는다.
보상의 대상	노력/투자/위험	독창성/변형
공공영역관	미래의 창조자를 위한 유한자원	미래의 창조자를 위한 무한자원
생산과정의 전망	현존 자료에 기초한 발전: '시는 다른 시를 바탕으로 해서만 쓰여질 수 있으며, 소설도 마찬가지다. 이 모든 것은 문학이 사기업화하기 전에는 훨씬 더 분명했다.'	무에서의 창조: '저작권은 개인들이 희박한 공기 속에서 애팔라치아의 봄, 그래도 해는 떠오른다, 시민 케인 같은 작품들을 빚어낼 수 있는 창조성의 조건을 지탱하게 될 것이다.'
규범적 출발점	자유 발언/생각과 정보의 자유로운 순환	소유권-창조자의 자연권, 과거의 창조에 대한 보상, 재생산을 위한 인센티브

출처: Boyle(1996: 156)

결국 문제의 본질은 지적재산권에 내재된 공공재와 사유재의 모순에 있는 것으로 보인다. 여기서 정보/지식의 사유재적 성격을 지속적으로 강화함으로써 자본주의가 도달한 한 귀결점이 현재의 이른바 지식경제이다.

---

45) 여기서 정보/효율성은 경제의 효율적 운영을 위해서는 정보의 독점을 허용해서는 안된다는 것을, 혁신/인센티브는 경제의 성장을 위해서는 정보의 독점을 허용해서 인센티브를 제공해야 한다는 것을 의미한다.

정보는 공공재적 성격과 사유재적 성격을 동시에 갖는다. 자원이라는 개념이 강조될수록 공공재적 성격이 부각되고, 상품으로서의 성격이 강조될수록 사유재적 성격이 부각된다. 우리가 목격하고 있는 바와 같이 자본주의적인 정보생산이 촉진될수록 정보의 공공재로서의 역할은 축소되고 사유재로서의 기능이 확장된다. 따라서 정보사회가 진전되면 진전될수록 상품으로서의 정보개념은 더욱 중요해질 것이다(정국환 외, 1996: 18).

달리 말해서 자본주의는 공공재를 사유화함으로써 성장을 지속하고 있는 것이다. 그리고 지식경제에 이르러 자본주의는 마침내 언어 자체를 상품화하는 '자본주의의 언어학적 전환'(Poster, 1998b)을 달성하며, 그 결과 '이제 저작권법은 '정보권법'으로 탈바꿈을 시작했다. 모든 정보를 재산으로 인식할 때가 왔다'(황희철, 1996: 342)는 주장이 제기된다. 그러나 이러한 주장에도 불구하고 지적재산권에 내재된 공공재와 사유재의 모순이 사라지는 것은 아니다. 이 문제를 발본적으로 해결하려는 시도는 PFF에 의해 제시되었다.

이 새로운 시도는 제3물결론에 기초하여 공공재로서의 정보/지식과 사유재로서의 정보/지식을 명확히 구분하는 것이다.

제3물결에서 새로운 지식의 지배적 형태는 소멸될 수 있고, 일시적이며, 주문생산된 지식이다. …제2물결의 대량지식—대부분의 사람들의 정보욕구가 표준화되어 있었기 때문에 모든 사람에게 유용하였던 '공공재'로서의 지식—과는 달리 제3물결의 주문생산된 지식은 본질적으로 일종의 사적 재산이다(PFF, 1994: 21).

중요한 것은 이러한 새로운 지식의 관점에서 보았을 때, 기존의 지적재산권은 당연히 잘못된 것으로 파악된다는 점이다. 왜냐하면 기존의 지적재산권은 본질적으로 정보/지식을 공공재로 인정하는 데서 출발하기 때문이다. 따라서 새로운 지식이 단순히 사적 재산일 뿐이라면, 기존의 지적재산권은 그 개념과 목적과 방법을 모두 바꿔야만 하는 처지에 놓이게 된다. PFF가 현재의 지적재산권 보호방법이 낡았다고 주장하는 근본적 이유는, 디지털기술의 발달로 지적재산을 보호하기가 어려워졌다는 점이 아니라, 이처럼 지식의 성격 자체가 바뀌었다는 인식에 있는 것으로 보인다.

그러나 이 주장은 논리적으로 크게 두 가지 점에서 문제를 안고 있다. 우선 제3물결론이라는 '문명전환론'에 의지한다는 점이다. 요컨대 문명이 전환되었으므로 당연히 지식의 성격도 바뀐다는 추수적 논리를 취하고 있는 것이다. 바뀐 지식의 몇가지 속성이 제기되고는 있지만, 이런 식의 논리는 설명이 아니라 사실 선언에 가까운 것이다. 둘째, 공적 소유는 정부 소유이며 사적 소유는 개인 소유(20)라는 잘못된 대당에 기초해 있다. 이 논리에 따르자면, 공공재로서의 지식은 단지 '제2물결의 대량지식'일 뿐만 아니라 정부가 소유한 지식으로 파악된다. 그러나 공공재로서의 지식은 이러한 정부의 재산이 아니라 인류의 문화유산으로서 지식을 가리킨다. 따라서 공공재와 사유재의 대립은 정부와 시장이 아니라, 사실은 사회와 시장 사이에서 발생하는 것이다.

이러한 혼동은 근본적인 것이다. 정보/지식이 공공재라는 것은 정부의 역할과 사실상 아무런 관계가 없다.[46] 그것은 정보/지식의 생산 및 유통에서 필연적으로 비롯되는 본성이다. 요컨대 정보/지식은 기존의 정보/지식들에 바탕을 두고 생산되며, 궁극적으로 인간의 두뇌

---

46) 역사적으로 정부의 역할은 본래 공공재인 정보/지식을 사유재로 변화시키기 위해 사용되었다. 지적재산권이 바로 그것이다. 벨 등의 정보사회론자들이 제창한 정보자원론은, 물질/에너지와 달리 정보/지식은 무한한 자원이라고 주장한다. 그러나 그 무한성은 공공재로서 정보/지식을 가리키는 것이다. 정보/지식이 상품화하기 위해서는 지적재산권이 필요하며, 지적재산권이 작용하면 정보/지식은 유한한 자원의 성격을 갖게 된다. 이 점에서 주류 정보사회론의 정보자원론은 무한한 정보/지식을 유한한 정보/지식으로 만드는 논리가 된다.

작용인 학습을 통해 유통된다. 바로 이 때문에 정보/지식은 '이용에 배타성이 없는' 무한한 재화, 즉 공공재가 되는 것이다. 변한 것은 정보/지식의 이러한 본성이 아니라, 역사적으로 규정되는 그 생산과 유통방식일 뿐이다. 요컨대 이제까지는 정보/지식의 사유재적 성격을 보호하기 위한 정부의 조절기능이 중요했으나, 이제부터는 신기술을 배경으로 개별 지적재산권자가 자신의 재산을 충분히 보호할 수 있게 되었다. PFF는 바로 이러한 상황을 이용하여 정부의 역할축소론을 정보/지식의 사유론으로 전환시키는 논리를 구사한다. 정보/지식을 사유재로 변화시켰던 정부의 역할이 오히려 그 공공재적 성격을 보호하는 것으로 비판되고, 급기야는 신자유주의의 전반적인 사영화(privatization) 주장47) 속에서 정부는 정보/지식을 단순히 사적 재산으로 취급하도록 요구받기에 이른 것이다.

그러나 정보/지식을 이처럼 단순히 사적 재산으로만 취급하게 되면, 당연히 경제운영의 효율성과 동기부여를 위한 독점권 간의 모순은 심화될 수밖에 없다. 독점권이 효율성을 당연히 압도하게 될 것이다. 따라서 마이크로소프트에서 볼 수 있는 것과 같은 '독점강화'와 그 폐해를 시정하는 것도 사실상 어렵게 된다. 독점은 자유주의 시장경제의 자연스런 결과일 뿐이며, 독점권은 자연권으로 존중받게 될 것이다. 이렇게 해서 지적재산권은 법에 의해 부여되는 일시적인 독점권이 아니라 절대적으로 배타적인 소유권으로 변하게 될 것이다. 자본이 지적 재산의 생산을 갈수록 체계화한다는 사실을 염두에 두면, 이러한 변화는 궁극적으로 자본의 사회적 지배력을 크게 강화하는 결

---

47) 이것은 이미 20년 이상의 역사를 가지고 있다. 예컨대 이전 서독의 경우에 기민련/기사련 연합정당은 당시 막 형성 중이던 뉴미디어와 관련하여 '뉴미디어 영역에서 정보, 의견, 오락의 다양성은 시장경제적인 힘에 의해서만 최상적으로 보장될 수 있다'고 주장했다(송해룡, 1990: 111에서 재인용). 현재의 지식경제를 주도하는 정보사유론은 이러한 주장을 한층 더 확장하고 있다.

과를 낳게 될 것이다. 말 그대로 물질의 영역을 떠나 정신의 영역까지 지배하는 자본의 태동을 보게 될 것이다. 생각하기 위해서도 자본에게 사용료를 지불해야 하고, 따라서 무슨 생각을 하고 있는지도 자본에게 알려야 하는 디스토피아적 상황이 도래할 수도 있을 것이다. [48]

정보/지식을 사유재로만 다루게 되면, 이른바 정보부자와 정보빈자의 불평등 문제도 더욱 심화될 수밖에 없다(Schiller, 1996). 그리고 당연히 이 문제는 단순히 정보/지식의 차원을 넘어서 결국 경제 전체의 불평등을 심화시키게 될 것이다. 그것은 정보재의 경제적 역할이 갈수록 커지는 정보경제의 분명한 논리적 귀결이다. 이와 관련해서 정보접근권의 중요성이 더욱 뚜렷하게 부각될 수 있는데, 특히 정보재와 관련해서 '외접'(access to)과 '내접'(access in)을 구분할 필요가 있다. 전자가 정보망에 물리적으로 접속하는 것을 의미한다면, 후자는 정보망을 타고 흐르는 정보재에 접속하는 것을 의미한다(Luke, 1997: 7-8). 정보시대의 새로운 기본권으로서 정보접근권은 두 가지 접근을 모두 요구한다. [49] 그러나 정보/지식이 단순히 사적 재산이라면, 물리적인 접속은 '보편적 접근'의 원리에 따라 정책적으로 확대할 수 있으나, 콘텐츠에 접속하는 것은 온전히 시장논리에 맡길 수밖에 없게 된다. 이것은 이미 정보고속도로 구상에서 취해지고 있는 변화의 방향이기도 하다. PFF는 정보고속도로 개념을 낡은 것으로 비판하고 있으나, 그 형식적 비판의 이면에서 관철되고 있는 내용은 결국 동

---

48) 지적재산권을 심각한 사회적 투쟁의 장으로 파악해야 하는 것은 바로 이 때문이다. 그것은 단순히 누가 무엇을 갖고 안 갖고의 문제가 아니라 누구나 마땅히 누려야 할 사상과 표현의 자유를 억압하는 결과를 낳을 수 있는 것이다.

49) 이것은 정보시대의 또 다른 기본권인 정보공개권과 동전의 양면과 같은 관계를 이룬다. 이 두 가지 권리가 시장의 장벽에 의해 제대로 보호되지 못한다면, 결국은 표현의 자유와 프라이버시 문제도 악화될 것이다. 이것은 경제적 및 정치적 불평등의 악화와 지식의 사회적 축적이 크게 위축될 것임을 의미한다. 따라서 자유로운 정보의 흐름은 정치권력뿐만 아니라 경제권력에 대해서도 요구되는 사회적 기본권이라고 할 수 있다.

일한 것이다. 정보재를 자본주의 상품으로 다루고, 나아가 정보/지식
의 공공재적 본성을 약화시킨다는 점에서는 PFF가 오히려 미국 정부
보다도 한 걸음 더 나아가고 있다고 할 수 있다. 만일 정보/지식의 생
산이 특정한 역사적-사회적 맥락에 따르는 것이라면(Curry, 1997),
오늘날 그것은 더욱 더 자본주의적 시장논리에 의해 규정되고 있다.

5. 맺음말

현실 정보사회는 우선 이중적으로 정의될 수 있다. 첫째, 그것은 컴
퓨터를 비롯한 각종 정보통신기계의 사용이 보편화된 사회이다. 특히
중요한 것은 지구적 차원에서 구축된 새로운 정보통신망으로서 인터
넷의 역할이다. 둘째, 그것은 다양한 정보재의 경제적 비중과 역할이
유례없이 중요해지는 사회이다. 특히 디지털기술의 발달과 함께 소프
트웨어와 콘텐츠웨어의 중요성이 갈수록 커지고 있다. 그러나 구조의
면에서 더욱 중요한 것은 현실 정보사회가 자본주의에 의해 규정되는
사회라는 점이다. 미래에 정보사회가 탈자본주의화할 전망 자체를 부
정할 필요는 없다. 그러나 현실에서 그것은 자본주의의 원리에 의해
지배되는 사회로 나타나고 있다. 현실 정보사회라는 용어는 무엇보다
이러한 자본주의의 규정성을 가리킨다.

정보재의 중요성이 커지면서 지적재산권에 대한 관심이 크게 높아
지는 것은 정보사회와 자본주의가 맺고 있는 현실적 연관을 반영한다.
지적재산권이야말로 본래 공공재인 정보재를 사유재로 변화시키는,
자본주의의 원리를 정보사회에서도 관철시키는 제도적 장치이기 때문
이다. 이 점에서 정보통신기계가 현실 정보사회를 형성하는 물리적
기반이라면, 지적재산권은 그 제도적 기반이라고 할 수 있다. 이에 따

라 선진국, 특히 미국을 중심으로 지구적 차원에서 지적재산권의 통일적 관리를 도모하기 위한 조치들이 빠르게 취해지고 있다. WTO/TRIPs와 WIPO의 새로운 저작권 조약들이 그 대표적인 예이다. 이러한 각종 기구와 조약들은 지구적 차원에서 정보재의 생산과 유통을 관리하는 새로운 무역체제로서 지적재산권체제를 구성한다.

디지털기술의 확산은 새로운 경제적 기회와 위협을 동시에 가져오고 있다. 이른바 디지털경제는 기술적으로 모순된 상황에 처해 있는 것이다. 이것은 모든 정보가 디지털이라는 하나의 약호로 처리되어 쉽게 복제될 수 있으며 극히 빠른 속도로 유포될 수 있다는 데서 비롯한다. 이러한 디지털화는 정보의 유통에서 혁명적 변화를 가져왔지만, 바로 그 때문에 지적재산권은 심각한 위협에 처하게 된 것이다. 지적재산권은 본래 정보를 처리하고 유통하는 매체기술의 발달과 밀접한 연관을 맺고 형성되고 변화해 왔다. 새로운 기술은 새로운 지적재산권 개념과 보호방법을 요청하고 있다.

이와 관련된 논의는 크게 '개량적 보완론'과 '근본적 전환론'으로 구분할 수 있다. 전자는 각국의 정부가 제시하고 있는 논리로서 기존의 지적재산권을 새로운 기술에 맞도록 수정하거나 확대하는 것으로 충분하다고 본다. 반면에 후자는 새로운 기술환경이 기존의 지적재산권에 근본적인 변화를 초래한다고 주장한다. 예컨대 디지털화와 인터넷은 정보/지식을 저작물로부터 분리시킴으로써 저작물에 기초한 기존의 지적재산권 보호방법을 더 이상 유지될 수 없는 것으로 만든다는 것이다. 이 논리에 따르면 전자는 새로운 기술환경이 초래한 변화를 단순히 새로운 저작물의 등장으로 파악하는 중대한 오류를 범하고 있는 것이다.

'근본적 전환론'은 다시 정보자유주의와 시장자유주의로 나뉜다. 미국의 경우를 예로 들자면, 전자는 1990년에 결성된 정보사회운동단체인 '전자개척자재단'(EFF)으로, 후자는 1993년에 결성된 정보정책개발단체인 '진보와 자유재단'(PFF)으로 대표된다. 양자는 낡은 개념에 입각한 정부의 지적재산권 보호정책에 대해 비판적이며, 암호기술을 이용한 지적재산권 보호방법에 주목한다는 점에서 비슷하다. 그러나 전자가 정보/지식의 자유로운 흐름과 네티즌의 문화적 특수성을 강조 하는 반면에, 후자는 정보/지식의 상품화와 경제적 이용을 강조한다 는 점에서 큰 차이를 보인다. [50]

현재 지적재산권의 문제는 주로 기술변화를 따라잡지 못하는 제도 의 문제로 다루어진다. 그러나 이와 함께 더욱 본질적인 문제로 다루 어져야 할 것은 이른바 지식경제와 자본주의의 문제이다. 여기에는 크게 두 가지 논점이 존재한다. 첫째, 정보의 자유로운 흐름과 독점의 문제이다. 지적재산권은 권리자에게 일시적 독점을 허용하지만, 지식 경제의 특성은 심각한 독점의 문제를 유발할 수 있다. 정보주의자들 은 지식경제가 동적 경쟁에 기반하고 있으며, 시장주의 위에서 발전 한다고 주장한다. 그러나 잠금효과와 네트워크효과 등에 의해 지식경 제는 이른바 '고도기술 독점'의 문제를 낳고 있다. 그 대표적인 예가 바로 마이크로소프트이다. 이런 문제를 피하기 위해서는 시장주의를 제한하는 것이 불가피하다.

둘째, 공공재이자 사유재로서 정보/지식의 내적 모순에서 비롯되는 문제이다. 본래 공공재인 정보/지식은 지적재산권을 통해 사유재의 성격도 가지게 되었다. 이로부터 정보/지식의 공공재적 측면과 사유 재적 측면 중에서 무엇을 강조할 것인가가 중요한 정책적 결정사항이

---

50) '가상계급'론과 '캘리포니아 이데올로기'론은 양자가 상보적이라고 본다. EFF 식의 정보자유주의는 PFF 식의 시장자유주의를 비판한다기보다 이데올로기적으 로 보완한다는 것이다. 이런 성격을 완전히 부정하기는 어렵지만, 그러나 정확한 비판이라고 보기도 어렵다. 왜냐하면 정보자유주의는 정부와 자본의 권력에 동시 에 저항하는 존재로서 네티즌을 상정하고 있기 때문이다. 요컨대 양자는 네티즌 의 자유주의와 자본의 자유주의로 구분된다. 정보공유론의 맥락에서 이 점을 강 조하는 것은 충분히 의의가 있다.

되었다. 그 동안 자본주의는 대체로 사유재적 측면을 강조하며 발전해 왔으며, 지식경제에 이르러 정보/지식은 마침내 완전한 사유재로 주장되기에 이르렀다. 그러나 어떠한 지식도 무에서 생기지 않는다는 점에서 완전히 사유재일 수는 없다. 모든 지식은 본래 공공재인 것이다. 사유재로서의 지식론은 정보/지식의 생산과 유통을 전적으로 시장에 맡기는 신자유주의적 지식론이다. 이러한 지식론은 결국 정보의 자유로운 흐름과 정보접근권을 저해하여 사회적 불평등과 지식의 사회적 축적에 부정적 영향을 미칠 것이다.

지적재산권은 정보/지식의 생산과 유통에 크게 기여했다. 이 점을 강조하여 '지적재산권 제도야말로 인류가 발명한 최대의 발명품'(정국환 외, 1997: 17) 이라는 주장이 제기되기도 한다. 그러나 여기서 지적재산권의 본래 목적이 지식의 사회적 축적과 공유라는 사실을 다시 떠올릴 필요가 있다. 이른바 지식경제에서 지적재산권은 사적 이익을 추구하기 위한 경제적 수단의 측면을 더욱 강화하고 있다. 목적과 수단이 뒤바뀌는 '본말전도'의 상황이 나타나는 것이다. 여기서 정보주의는, 결국에 시장이 모든 것을 해결할 것이라는 시장주의의 이데올로기적 외피로 작용한다. 현실 정보사회에서 실제 정책의 변화를 둘러싼 이데올로기의 바탕에는 정보사유론과 정보공유론의 대립이 놓여 있다. 여기서 정보주의는 정보사유론의 이데올로기적 형태가 된다. 정보사유론이 이러한 '과학(기술)주의적' 형태를 취할 수밖에 없는 이유는 무엇보다 정보/지식이 본질적으로 공공재이기 때문이다. 정보공유론은 이런 입장에 서서 정보주의에 저항한다. 요컨대 정보주의/정보사유론이 현실 정보사회의 지배이데올로기라면, 정보공유론은 그에 대한 중요한 대항이데올로기로 작용한다. 따라서 정보공유론은 정보화 경쟁과 현실 정보사회를 더 넓은 관점에서 이해할 수 있는 실마리를 제공하는 것으로 중요하게 떠오른다.

<h1 style="text-align:center">5장
현실 정보사회와 정보공유론</h1>

1. 머리말

경제적인 차원에서 현실 정보사회의 지배적 특징은 정보사유론의
강화, 즉 자본주의 소유제의 확장으로 나타나고 있다. 제도적으로는
지적재산권을 중심으로 전개되고 있는 이러한 강화는 두 가지 측면으
로 나누어 살펴 볼 수 있다. 첫째, 지적재산권의 본말전도 현상이다.
지적재산권의 목적은 사회 전체의 지적 자산을 확장하는 것이며, 그
수단은 지적 자산의 일시적 독점을 통해 경제적 보상을 제공하는 것이
다. 그러나 자본주의는 지적재산권의 수단적 측면을 지속적으로 강화
해 왔으며, 나아가 최근의 지식경제는 지적 재산을 단순히 사유재로
인정할 것을 요구하고 있다. 이로부터 지적 재산을 둘러싼 소유권과
이용권, 독점과 경쟁 간의 모순이 격화된다.[1] 둘째, 지적재산권이 생

---

1) 지적재산권은 정보/지식의 생산과 유통을 촉진하기 위해 고안되었지만, 사실
그 보호방식은 새로운 정보/지식의 사회적 공유를 억제하는 것이다. 이로부터 지
적재산권을 경제적으로 악용하는 사례들이 빈발하게 된다. 그 좋은 예로 이른바
'방어적 특허'를 들 수 있다. 이 경우에 지적재산권은 새로운 정보/지식의 공유를
위한 수단으로 이용되는 것이 아니라, 경제적 독점을 유지하기 위해 정보/지식의

명 현상을 포함한 모든 정보적 현상으로 확장된다. 1930년 미국의 식물특허에서 시작된 이른바 '생명특허'는 현재 인간 유전자에 대한 특허로까지 확장된 상태이다. 이러한 확장은 지적재산권이 안고 있는 윤리적 차원의 문제점을 새롭게 부각시키고 있다.[2] 과연 인간의 유전정보를 사적 재산으로 다루어도 좋은 것인가? 아니 생명정보 자체를 사적 재산으로 다루어도 좋은 것인가? 이 지점에서 지적재산권은 인간 혹은 생명 자체와 연관된 문명사적 쟁점으로 비화한다.

이러한 문제점에도 불구하고 정보사유론은 자본주의의 구조적 규정속에서 하나의 상식으로 수용되고 있다. 이론적으로 이 상식은 '자기의 노동에 기초한 소유'라는 로크의 소유론(황희철, 1996)과 '저자의 창조물로서 저작물'이라는 피히테의 저자론(Boyle, 1996)에 기초해 있다. 그러나 정보재가 지니는 공공재라는 본질적 특성 때문에 지적재산권은 다른 물권처럼 배타적 절대권으로 확립될 수 없었다. 이로부터 지적재산권은 공공의 이용권과 소유권자의 경제적 이익 사이에서 변모를 거듭해 왔다. 그러나 정보재의 경제적 가치가 크게 부각되면서 지적재산권은 소유권자의 경제적 이익을 강화하는 방향으로 변하고 있다. '모든 정보가 모든 상황에서 그 발견자의 재산이 되는 세계는 생각할 수 없다'(Samuelson, 1991: 5)는 지적에도 불구하고 현실은 바로 그러한 방향으로 진행되고 있는 것이다. 이같은 변화는 사실 사적

공유를 억제하는 수단으로 전락하고 만다(Martin, 1995; 공유지적재산권모임 엮음, 2000: 56-79).

2) 경제적으로도 새로운 문제가 발생한다. 정보의 원래 소유자와 정보의 해석자/발견자 간의 권리 문제는 그 좋은 예이다. '한편에서 가치있는 유전 정보를 가지고 있는 사람에게 부여된 소유권은 연구를 방해할 것이다. 왜냐하면 소유는 정보의 자유교환에 장애가 되기 때문이다. 다른 한편에서 소유권은 연구자들에게 부여되어야만 한다. 왜냐하면 소유는 연구를 촉진하기 위한 본질적인 인센티브이기 때문이다'(Boyle, 1996: 24). 이 예는 지적재산권의 내적 모순을 명확히 부각시킨다. 제3세계의 유전자 자원을 둘러싼 소유권 다툼(정관혜, 1999: 85-89)은 '나의 것이 남의 것으로 되는', 이러한 모순적 상황의 지구적 확장판이다.

소유권의 자연스러운 논리적 연장이기도 하다. 사적 소유권이 사회구성의 기초원리로 확립되어 있는 사회에서 정보사유론이 상식으로 받아들여지는 것은 당연하다고 할 수 있다. 그러나 문제는 그 결과 정보재의 공공재적 성격과 정보의 자유로운 흐름이 억제되며, 나아가 심각한 윤리적 문제까지도 유발된다는 데에 있다.

　정보공유론은 이처럼 큰 문제를 야기하며 진행되고 있는, 현실 정보사회에서의 정보사유론의 강화경향에 대해 도전한다.3) 그것은 단지 이론적인 차원에서 문제를 제기하는 데 그치지 않고, 정보사유론이 지배하는 현실을 변화시키려는 사회적 실천으로 전개되고 있다. 그것은 현실 정보사회의 중요한 '새로운 사회운동'으로 발전하고 있다. 이러한 정보공유론과 정보공유의 사회운동은 현실 정보사회를 동적인 변화과정 속에서 파악할 수 있는 중요한 실마리를 제공하는 것으로 보인다. 현실 정보사회의 제도화는 한편에서 정보사유론의 지배적인 영향을 받으며 진행되고 있지만, 다른 한편에서 정보공유론의 지속적인 도전을 받으며 전개되고 있기도 한 것이다.4) 정보사유론에 대한 정보공유론의 도전은 모든 가치를 경제적 가치로 환원하는 경제주의에 대

---

3) 이것은 물론 자본의 이해관계를 우선하여 나타나는 변화이지만, 이 과정에서 분야를 달리하는 자본간의 대립도 나타난다. 예컨대 미국의 경우에 인터넷과 지적재산권을 둘러싸고 The Digital Future Coalition(DFC)과 The Creative Incentive Coalition(CIC)이라는 두 개의 커다란 이익집단이 형성되었다. 전자는 인터넷접속 서비스제공업자들, 즉 통신업자들을 중심으로 한 조직이며, 후자는 컨텐트제공업자들을 망라한 조직이다. 전자는 정보의 이용비용을 줄이기 위해 정보의 자유흐름을 표면에 내세우며, 후자는 지적재산권의 강화를 위해 디지털경제의 성장과 경제적 인센티브의 필요성을 표면에 내세운다(Kim, 1996:8).
4) 이것은 사적 이익을 우선시하는 경제영역의 지배적 영향에 대해 공적 이익을 우선시하는 시민사회의 저항으로 파악될 수도 있다. 그러나 시민사회는 사실 내적으로 다양한 이해관계의 분화에 기초해 있다. 이와 관련하여 사회운동이 고려해야 할 중요한 변수로 '무임승차자'의 문제가 있다. 즉 사회운동은 자신의 이익을 위해 합리적으로 행동할 것으로 기대되는 개인 주체들에게 사회운동에 참여하는 것이 개인의 이익을 증진시킬 수 있는 방식으로 공동의 이익을 증진시킬 것이라는 확신을 심어줄 수 있어야 한다(Coleman, 1990: 78, 375).

한 도저한 저항이기도 하다. 나아가 이러한 도전과 저항은 경제적 차원에만 국한되지 않는다. 그것은 현실 정보사회의 물리적 기반인 현대 과학기술의 개발 및 이용방식에 대한 비판적 문제의식과 깊게 연관되어 있기도 하다. '민중을 위한 과학'을 내걸고 전개되어 온 과학기술운동의 근저에도 역시 정보공유론이 놓여 있는 것이다.

제도적인 차원에서 정보공유론은 주로 지적재산권에 대한 저항으로 파악되지만, 사회운동의 차원에서 그것은 1960년대 서구에서 비롯된 대항문화운동에 그 뿌리를 두고 있다. 그 중에서도 특히 정보사회의 맥락에서 중요한 것은 이른바 '해커주의'이다. 오늘날 '보안 파괴자' 혹은 '네트워크 파괴자'로 널리 알려져 있는 해커는 원래 컴퓨터 기술에 몰두하는 사람들을 가리킨다. 해커는 말 그대로 컴퓨터에 매료된 사람들로서 수많은 컴퓨터 관련기술들을 개발했을 뿐만 아니라, 그 기술들을 모든 사람들과 기꺼이 공유하고자 했다. 이들이 개발한 '자유 소프트웨어'(free software)가 없다면, 오늘날 인터넷은 유지될 수조차 없을 것이다(Porterfield, 1997). 그 자신 최고의 컴퓨터 전문가로서 정보사회의 개척자이자 건설자인 해커는 정보의 공유와 자유를 정보사회의 가장 중요한 가치로 여긴다. 바로 이 때문에 해커는 정보사유론이 지배하는 현실 정보사회에서 가장 위협적인 존재로 인식된다. 현실 정보사회의 한편에 거대한 경제적 성공의 신화가 자리잡고 있다면, 다른 한편에는 무한한 정보공유를 추구한 '해커의 신화'가 자리잡고 있기도 하다(Brunvand, 1996).

여기서는 다음의 순서로 정보공유론에 대해 살펴보고자 한다. 첫째, 정보공유론의 전통을 사회주의와 자유주의로 나누어 살펴본다. 둘째, 현실 정보사회에서 전개되고 있는 정보공유의 사회운동에 대해 살펴본다. 이 운동은 현재 '자유소프트웨어운동'과 '열린소스운동'으로 전개되고 있다. 셋째, 현실 정보사회의 맥락에서 정보사유론과 정보공유론을 대표하는 두 가지 유형에 대해 살펴본다. 이 유형은 각각 게이츠주의(Gatesism)와 해커주의(Hackerism)로 구분하여 검토하도록 한다.

2. 정보공유론의 두 가지 전통

미국이 주도하는 새로운 세계지적재산권체계의 형성을 계기로 국내에서도 정보공유론에 대한 관심이 한층 높아졌다. 다시 말해서 1990년대 중반 이후에 빠르게 전개된 정보사유론의 강화에 대한 비판적 대응의 과정에서 정보공유론에 대한 관심이 커진 것이다.[5] 정보공유론은 크게 두 가지 전통 속에서 파악될 수 있다. 그 하나는 사회주의이다. 사적 소유 일반을 부정하는 사회체계에서 정보/지식은 당연히 공공재이며 공유재일 수밖에 없다. 다른 하나는 자유주의이다. 이것은 자본주의의 사적 소유권에 기반을 두고 있으면서도 정보/지식의 특수성을 강조하는 입장이다. 자유주의의 정보공유론은 정보/지식의 공공재적 성격을 강조하며, 이에 따라 사회의 지적 자산을 늘리기 위해서는 정보의 자유로운 소통[6]이 중요하다고 주장한다.

---

[5] 정보사유론이란 정보/지식도 다른 물질재와 마찬가지로 사적 소유의 대상이며 경제적 거래의 대상이라고 보는 논리를 뜻한다. 반면에 정보공유론이란 정보/지식은 다른 물질재와 달리 생산과 소비의 모든 면에서 공공재의 성격을 가지고 있으며, 따라서 정보/지식은 단순히 사적 소유와 경제적 거래의 대상으로 다루어져서는 안 된다고 보는 논리를 뜻한다.

[6] 이 요구는 경제적인 차원과 정치적인 차원으로 구분할 수 있을 것이다. 전자가 주로 경제적 독점을 제거하고 완전한 자유시장의 형성을 추구하는 것이라면, 후자는 정치권력에 의한 표현의 자유 및 프라이버시에 대한 침해와 주로 관련된다. 그러나 지적재산권을 보호하기 위해서는 결국 정보/지식을 검열하지 않을 수 없게 된다. 따라서 지적재산권의 보호 강화와 함께 이른바 '경제적 검열'의 문제가 새롭게 부각되고 있다.

1) 사회주의 전통

　사회주의에서 저작권은 기본적으로 문화분야를 관리하는 도구로 이용되었다. 인센티브는 저작자의 창작을 촉진하기 위한 보조적 수단일 뿐이었다. 이러한 방식은 자본주의와는 크게 다른 것이다. 이런 점에서 1990년대에 새로운 세계지적재산권체계가 형성될 수 있었던 배경에는 현실 사회주의체계의 몰락도 한 요소로 자리잡고 있는 것으로 분석된다(황희철, 1996: 329). 새로운 세계지적재산권체계의 형성은 현실 사회주의체계의 몰락에 따른 자본주의의 지구화가 관철되는 하나의 구체적인 양상이기도 한 것이다. 한편 정보공유론의 사회주의적 전통은 크게 두 가지로 나누어 살펴볼 수 있다. 그것은 현재의 정보사회에 대한 인식과 정보공유의 방식을 기준으로 구분된다. 하나는 전통적 혹은 정통적 맑스주의의 입장이고, 다른 하나는 '사이버-사회주의' 혹은 '제3물결 사회주의'의 입장이다.

　전통적 사회주의의 입장은 한은경의 연구(1990)에서 볼 수 있다. 그는 철저히 맑스의 『자본』에 입각하여 정보와 정보사회의 특성을 분석하고, '정보상품 생산수단의 공유화'를 궁극적인 대안으로 제시한다. 그는 우선 정보/지식을 노동과 자본에서 독립한 새로운 자원으로 파악하는 정보주의의 정보자원론을 부정하는 것으로 논의를 시작한다. 그에 따르면, '인간의 노동행위는 본질적으로 육체적 노동행위와 그것을 통제하고 조정하며 보다 효율적이게 하는 정신활동—즉 정보교환—으로 구성될 수밖에 없다'(197). 즉 그에게서 정보는 '정신노동'의 영역에 속하는 것이며, 이것은 본래 모든 노동의 고유한 속성이다. 자본주의는 원래 통합되어 있던 정신노동과 육체노동을 분리시킴으로써 생산력의 비약적 성장을 이룩할 수 있었고, 정보/지식이 새로운 자원으로 부각되는 것은 이러한 자본주의적 노동분업이 관철된 결과인 것이다.

분업의 발전과 기계 사용의 증대에 따라 부문간 정보의 통제·조정이 '경제적 필연성'으로 등장한다. 그 결과 정보 자체가 상품으로 자립하게 된다. 요컨대 '최초에는 산업혁명의 부수물[7]로서 존재·형성되었던 정보매체-기기가 점차 독립적인 시장영역을 형성하는 과정은 전문적으로 정보=지식을 사고 파는 상품시장이 형성되어 온 과정과 일치한다'(199)는 것이다. 이런 맥락에서 한은경은 정보사회를 자본주의적 분업의 발전과정 속에 위치지운다.

> 자본의 자기생존=확대재생산을 위한 탐욕적인 눈은, …인간의 고유한 정신세계=의식세계라고 여태껏 간주해 왔던 지식=정보마저 상품화하고 시장화하여 이윤율의 경향적 저하를 극복하고, 고밀도 공업화사회의 주된 상품으로서의 공업제품시장을 초월한 하나의 정보시장으로 그 상품영역을 확대키시고 있다. 이러한 현상과 더불어 현대자본주의 사회의 주종 상품이 '정보'라는 점에서 오늘날의 자본주의 사회를 '정보사회'로 규정할 수 있을 것(200).

그러므로 정보사회란 '인간 정신의 산물인 정보가 생산관계 속에 포섭되어, 인간 노동의 전 영역을 자본의 지배하에 종속시키는' 사회이며, 정보상품은 '어떠한 경제재화보다 강한 물신성을 띠고' 있으며, 이 영역에서도 '상품생산의 무정부성은 그대로 관철되어' 정보홍수와 같은 문제를 낳고 있다(205, 208).

이러한 과정이 계속 진행된다면, 결국 '정보의 공공성은 상실되고

---

7) 베니거는 정보화를 산업혁명에 따라 발생한 '통제위기'에 대한 대응의 필연적 산물로 파악한다. 즉 정보기기의 이용은 산업혁명의 단순한 부수물이 아니었던 것이다(Beniger, 1986). 또한 김주환은 상품의 판매, 즉 가치의 실현을 위한 '커뮤니케이션 노동'의 필요성에서 정보화가 비롯되었다고 본다(1995). 이들에 비해 한은경은 정보화의 필요성을 지나치게 부차화하고 있다.

사회 전체의 통제를 받던 정보는 배타적인 사적 소유에 따라 통제되는 양상을 보일 것'(204)이다. 따라서 정보에 대한 자본이 아닌, 사회의 통제를 강화할 필요성이 제기된다. 여기서 그는 정보주의의 지식노동 자론을 부정하고 정통적인 맑스주의 계급론을 적용한다. 즉 '정보사회의 본질적인 문제는…정보생산수단의 소유자인 자본가와 정보생산자인 노동자 간의 계급문제'라는 것이다(207). 이런 인식에 기초하여 그가 제시하는 전략적 과제도 역시 정통 맑스주의적인 것으로, 그는 '정보산업의 생산수단을 국가적인 것으로, 혹은 공공의 것으로 사회화'해야 하며, '정보상품 생산수단의 공유화만이 인간이 정보의 노예, 자동화기계의 노예, 혹은 마비된 정신의 소유자로 전락하는 길에서 탈출할 수 있는 하나의 계기가 될 것'이라고 주장한다(210).

한은경의 논의에서 알 수 있듯이, 사회주의자들은 대체로 정보주의의 주장을 강하게 거부한다.[8] 사실 정보사유론, 지식노동자론, 지식가치설, 디지털경제론, 지식경제론 등은 모두 사회주의의 원리를 정면으로 부인한다. 이에 비해 사회주의자들은 대체로 자본주의의 변하지 않은 본질에 주목하는 본질주의적 관점을 취한다. 이 입장은 정보주의에 대한 가장 강력한 이데올로기 비판으로 파악될 수 있으나, 1990년대에 들어와 사회주의체계가 몰락하고 나서 그 현실적 영향력은 극히 취약해지고 말았다. 이같은 급변한 상황에 주목하여 변화된 상황에 초점을 맞추는 새로운 사회주의적 입장으로서 이른바 '사이버-사회주의'(Cyber-Socialism)론이 제시되었다.[9]

---

8) 기술낙관론은 거의 유일한 예외로서 이에 대해서만은 현실 사회주의와 정보주의가 사실상 일치된 견해를 보인다. 그 좋은 예로 테일러주의에 대한 레닌의 예찬을 들 수 있으며, 스탈린의 생산력 도구설은 그 결정판이라고 할 수 있다. 1970년대를 지나며 이러한 편향은 '과학기술혁명'론으로 확대되었으며, 그 연장선에서 페레스트로이카는 '더 많은 사회주의'라는 목표를 제시하게 된다. 현실 사회주의의 과학기술관에 대해서는 안치슈킨(Anchishkin, 1987)을 참조.
9) 생태사회주의나 생태맑스주의가 환경문제와 관련하여 사회주의의 이론적 및

사이버-사회주의자들은 사회변화에서 기술 및 경제가 수행하는 역할에 대한 맑스와 토플러의 유사한 입장에 주목하며, 나아가 '진보주의자들은 토플러의 제3물결론에 주의할 필요가 있다'(Harris et al., 1994: 3)고 주장한다. 이들은 토플러 등의 정보주의자들이 주장하는 것과 같이 새로운 정보통신기술이 기존의 노동관계에 커다란 영향을 미치고 있다는 사실을 시인한다. 이들은 '새로운 사이버네틱 생산도구가 만들어낸 지식자본의 생산력은 블루칼라와 화이트칼라 직무를 모두 변화시키고 있다. 모든 노동은 더욱 더 지식기반으로 변하고 있으며, 이것은 생산관계의 혁명적 변화를 낳고 있다'(Harris et al., 1995: 15)고 본다. 이런 점에서 변화된 상황에 대한 이들의 설명은 일단 제3물결론을 그대로 수용하는 것으로 보인다.

그러나 지식의 특성 및 경제적 역할에 대해 이들은 맑스주의에 입각해서 정보주의자들의 모호한 주장10)을 비판적으로 분석한다. 그 비판의 핵심 논점은 정보자원론, 수확체증론, 지식가치설과 관련된다.

일단 발견되고 나면 지식은 아무런 비용도 소모하지 않지만(즉 교환가치를 거의 혹은 전혀 이전하지 않는다) 생산성을 향상시키며, 따라서 사용가치의 총량을 증가시킨다. 이것이 현대 생산력의 특징이다. 토플러가 '지식은 가치를 늘린다'고 말할 때, 그것이 사용가치의 총량을 늘린다는 의미에서 그는 옳다. 그러나 다른 의미에서 그는 틀렸다. 왜냐하면 지식

실천적 개혁을 요구한다면, 사이버-사회주의는 정보화와 관련하여 그러한 변화를 요구하는 새로운 개혁 사회주의의 논의라고 하겠다.
10) 지식의 범위는 사실 측정할 수 없을 정도로 넓다. 이 점에서 정보주의자들의 지식론은 대단히 모호하다. 이들은 모든 지식이 경제적으로 가치있다고 주장하지는 않는다. 그러나 구체적으로 어떤 지식이 생산적인 지식인가 하는 점은 분명하게 드러나지 않는다. 실제로 이들이 강조하는 것은 실증적이거나 기능적인 기술이며, 더욱 중요한 것은 지식을 사유화하여 새로운 상품으로 다루어야 한다는 점이다. 이러한 지식론은 결국 기술적으로 앞선 국가와 자본의 이해관계를 대변하는 논리의 성격을 강하게 지니는 것이다.

은 상품의 교환가치를 줄이기 때문이다(Davis and Stack, 1995: 3).

이처럼 지식가치설은 올바른 면을 가지고 있지만, 전적으로 올바른 것은
아니다. 지식은 많은 개발비용을 필요로 하기 때문에 원본은 높은 교환가
치를 지니지만, 생산비용은 거의 들지 않기 때문에 복사본은 낮은 교환가
치를 가지게 된다. 그러나 개발된 지식을 독점적으로 소유하고 있는 한,
원래의 높은 교환가치를 유지하고 상품을 판매할 수 있다. 이를 위해서
자본은 당연히 정부의 보호를 요청할 수밖에 없다(Kenny, 1997).

지식에서 최대이윤을 획득하기 위해 자본가는 그것을 배타적으로 이용해
야만 한다. …특허권과 저작권체계는 경쟁하는 자본가들에 의해 제기되
는 두 가지 모순적 요구, 즉 이윤의 보호(지식이나 기술의 생산자를 보호
하는 것)와 이윤에 대한 접근(지식이나 기술을 원하는 경쟁자들의 접근)
을 해결하고자 개발되었으며, 법과 법정을 통해 계속해서 개발되고 있다
(Davis and Stack, 1995: 3).

따라서 이론의 차원에서는 무한할지라도 실제의 차원에서 정보자원
은 무한한 자원이 아니며, 예컨대 수확체증은 지적재산권을 통해 형
성된 '인위적 부족상태'(Perelman, 1998: 87) 위에서 발생하는 독점이
윤이 된다. 또한 지적재산권은 그 저작자와 이용자 사이의 모순뿐만
아니라, 자본가 자신의 내적 갈등의 사회적 표현이기도 한 것으로 이
해되어야 한다. 이윤을 얻기 위해서는 자신이 소유한 지식에 대한 독
점권을 확보해야 할 뿐만 아니라, 자신이 소유하지 못한 지식에도 접
근할 수 있어야 하기 때문이다. 자본가가 이러한 내적 갈등을 해결하
는 최상의 길은 결국 더욱 더 많은 지식을 독점적으로 소유하는 것이
다. 그러나 그 결과로 공공재의 사적 전유가 강화되며, 나아가 경제적
불평등의 골이 깊어진다(Martin, 1995).

사이버-사회주의자들은 기술의 영향을 중심으로 일단 제3물결론의

현실 분석과 미래 예측을 수용한다. 그러나 이들은 자본주의가 지속된다면, 기존의 불평등이 더욱 심화되어 결국 커다란 사회적 재앙이 초래될 것이라고 주장한다. 이 점에서 사이버-사회주의자들은 '제3물결론의 정보주의자'들과는 명확히 구분된다. 이 정보주의자들은 자본주의야말로 제3물결에 가장 적합한 사회체계(Gilder, 1989)라고 주장하기 때문이다. 자본주의를 옹호하는 정보주의자들에 반대하여 사이버-사회주의자들은 새로운 사회체계를 '보편적인 민주적 접근을 통해 지식을 공유함으로써 정보의 생산적 잠재력을 완전히 해방하는 것'에서 찾는다(Harris et al, 1995: 16).

새로운 사회는 새로운 패러다임 속에서만 그 긍정적인 잠재력을 발전시킬 수 있다. 낡은 자본주의적 시장은 새로운 생산력에 대해 구속복으로 작용할 것이다. 정보의 소유권과 독점적 통제는 지식의 성장에 파괴적인 영향을 미칠 것이다. 자유롭고 민주적인 접근을 통한 정보의 사회화는 가장 역동적인 방식으로 새로운 경제 기반을 확장할 수 있는 유일한 길이다. 이것만이 지식의 사회적 원천과 정보기술의 생산적 이용을 보증한다 (Harris et al., 1995: 19).

'지식의 공유'와 '정보의 사회화'는 사회주의자들의 기본적 공통점이라고 할 수 있다. 그러나 한은경이 '정보상품 생산수단의 사회화'를 그 핵심방법으로 제시한다면, 사이버-사회주의자들은 정보에 대한 '자유롭고 보편적인 민주적 접근'을 제시한다. '생산수단의 사회화'를 통하지 않고도 '민주적 접근'은 이루어질 수 있다. 이러한 사이버-사회주의자들의 방법론은, 다음에서 살펴보듯이, 전통적인 의미의 사회주의보다는 자유주의적 전통에 더 가까운 것이다. 11)

---

11) 이 점에서 사이버-사회주의는, 사회주의체제의 몰락과 '제3물결 사회'의 도래에 덧붙여, 자유주의에 바탕을 둔 새로운 정보사회운동에서도 많은 영향을 받은 것으로 보인다.

2) 자유주의 전통

1990년대에 들어와 자유주의는 거의 시대적 표상이 되었다. 강력한 국가통제체계로서 현실 사회주의의 몰락, 국가권위주위에 시달리던 제3세계의 자유화, 그리고 무엇보다 지구적 자본주의의 공고화를 의미하는 신자유주의가 이같은 상황을 잘 보여준다. 무소불위의 국가권력의 전횡에 시달리던 많은 사람들에게 이같은 변화는 확실히 역사적 진보로 여겨진다. 그러나 그와 함께 전개되고 있는 복지주의의 쇠퇴와 시장주의의 강화는 국가주의에 못지 않은 위협으로 인식되고 있다 (김균 외, 1996). 개인의 자유는 국가권력의 전횡뿐만 아니라 시장권력의 전횡에서도 보호되어야 한다. 그러나 현재의 신자유주의는 국가권력을 시장권력으로 대체[12]하는 데 머무는 것으로 보인다.

이런 점에서 고전적 자유주의의 복귀(김성구, 1998)로 지적되는 신자유주의는, 이론적으로 슘페터의 혁신이론과 하이예크의 시장주의를 융합시킨 시장자유주의로 전개되고 있다. 표면상 시장자유주의는 개입주의적인 국가정책에 대한 강력한 반대를 통해 대중의 지지를 확보한다. 그러나 그와 함께 시장자유주의는 모든 것을 상품화하고 시장경쟁으로 내몰고 있다. 개인의 자유를 명분으로 추구되는 이같은 변화는 역설적으로 개인의 자유에 대한 심각한 위협을 초래한다. 이 때문에 예컨대 정보화의 영역에서는, '시장경제적인 원리를 방송영역에 대입시키려는 특정집단의 촉구는 방송의 자유와 정보의 자유를 소비재 시장의 구매행위의 자유와 같은 정도로 전락시키고 있다'(송해룡,

---

12) 물론 이것은 완전한 대체를 의미하지는 않는다. 그보다는 이전에 비해 정부가 경제운영에 직접 개입하는, 개입주의적 정책이 약화되는 것을 가리킨다. 만일 국가권력이 시장권력으로 완전히 대치된다면, 아마도 재산권 자체가 근본적인 도전에 직면하게 될 것이다. 또한 개입주의적 성격의 약화도 전면적인 것은 아니다. 이 점에서 신자유주의의 핵심은 노동에 대해 자본의 이익을, 분배의 형평성에 대해 축적의 우선성을 앞세우는 정책노선이라는 데에서 찾을 수 있을 것이다.

1990: 111)는 비판이 제기되기도 한다. 이러한 비판은 시장권력의 전
횡이 작동하는 방식을 보여준다. '정보의 자유'는 '구매행위의 자유'보
다 우선13)하는 사회구성의 원리이다. 그러나 시장자유주의는 '정보의
자유'를 오히려 '구매행위의 자유'로 포섭시켜 버리는 것이다.

　그러므로 '정보의 자유'를 최상의 원리로 삼는 정보자유주의는 이중
의 과제를 안게 된다. 한편에서 그것은 개입주의적 국가권력의 전횡
에 저항해야 하며, 다른 한편에서 정보사유론을 강화하는 시장자유주
의에 맞서야 한다. 이러한 정보자유주의는 무엇보다 토마스 제퍼슨의
정치이념과 정보/지식론에 기반을 두고 있다. 1801년에 미국의 3대 대
통령으로 취임했던 그는 거대한 중앙권력을 거부하고 분산된 지방정
부를 강조14)했으며, 정보/지식은 소유될 수 있는 것이 아니고 촛불처
럼 확산되는 것이라고 보았다. 그의 정치이념에 대해서는 여러 가지
문제점들이 지적15)되지만, 적어도 그의 정보/지식론은 현실 정보사회
에서 정보공유론을 지지하는 가장 중요한 이념으로 여겨지고 있다. '전
자개척지재단'(EFF)은 이러한 제퍼슨의 이론에 바탕을 두고 설립된 미
국의 정보사회운동단체이다. 16) 이 단체의 설립자들 중의 한명인 존 페

---

13) 예컨대 자유주의 시장경제는 경제 행위자가 완전한 정보를 취득할 수 있다는
전제에 기초하고 있다. 그렇지 않다면 '보이지 않는 손'은 작동하지 않는다. 요컨
대 '정보의 자유'는 사회를 사회로 구성하고 유지하는 관건이다.
14) 그러나 대통령에 취임하면서 그는 '연방주의자'를 자처하고 연방 정부의 중요
성을 무엇보다 강조했다.
15) '캘리포니아 이데올로기'론은 제퍼슨 민주주의가 기본적으로 노예제에 입각한
것이기 때문에, 지금 그의 이념을 받아들이는 것은 시대착오적이라고 주장한다.
확실히 제퍼슨은 대노예주였으며 자작농(yeoman)에 입각한 지방자치를 강조했
다. 이런 점에서 그의 이론을 공업에 기반한 현대 거대사회에 적용하는 것은 문제
를 안고 있다. 그러나 참여민주주의의 맥락에서 그의 분권화론은 재고될 가치가
있으며, 더욱이 그의 정보/지식론은 정보/지식의 공공재적 본성을 정확히 파악하
고 있다.
16) 한국의 경우는 컴퓨터통신이 대중화하면서 정부의 통신검열에 반대하는 자생
적인 움직임이 나타나게 되었다. 1998년 11월에 설립된 〈진보네트워크센터〉가 운
영하고 있는 컴퓨터통신망('참세상')과 인터넷 홈페이지(http://www. jinbo. net)를

리 발로우(John Perry Barlow)는 정보의 특성 및 지적재산권에 관한 그의 유명한 논문을 다음과 같은 제퍼슨의 정보/지식론으로 시작한다.

내 초에서 불을 붙여가는 사람은 내 초의 불빛을 조금도 약화시키지 않고서도 자신의 초에 불을 붙일 수 있다. 인간에 대한 상호간의 도덕적 교화와 환경 개선을 위해 아이디어는 서로에게 자유롭게 전지구로 퍼져가야 한다는 생각은 자연에 의해 특히 자연스럽게 기획된 듯하다. 자연이 그 운명을 조금도 약화시킴이 없이 불과 같은 것을 온 세상으로 퍼져가게 만들고, 그 속에서 우리가 숨을 쉬고 움직이고 우리의 육체적 존재를 형성하는 공기같은 것을 제한할 수 없게, 혹은 배타적으로 전유할 수 없게 만들 때처럼 말이다(Barlow, 1995: 42에서 재인용).

이런 관점에서 정보사유론은 '마치 공기를 소유하고자 주장하는 하나의 새로운 종류의 기획'으로 비판된다(50). 정보는 고정된 물리적 실체가 아니라, '활동'이고 '삶의 형식'이고 '관계'이기 때문에, 이것을 소유한다는 것은 불합리한 것이다(54). 정보가 자유롭게 흐르고 공유되어야 하는 것은 무엇보다 이러한 정보의 자연적 본성에서 비롯된다.17)

정보/지식의 공공재적 본성에 대한 토마스 제퍼슨의 강조는 정보화의 진척과 함께 계속 약화되어 왔으나, 현실 정보사회의 형성과 함께 정보사유론이 한층 강화되면서 사회운동의 차원에서 새롭게 부각되고

통해 관련 단체들의 주요활동을 살펴볼 수 있다. 1990년대 중반까지 전개된 한국의 '진보적 정보운동'에 대해서는 김형준(1997)을 참조.
17) 정보자유주의는 레이건 정권 이후 강화되어 온 미 정부의 '정보의 자유유통' 독트린과는 아주 다른 것이다. 이것은 정보사유론에 입각한 미국의 '정보제국주의' 정책(김지운, 1990)으로서 현재의 한미투자협정으로까지 이어지고 있다. 그러나 인터넷을 통한 정보자유주의의 구현은 '영어제국주의'와 미국 문화의 지구화라는 불균등한 결과를 강화하기도 한다(중앙일보, 1997/1/31; 서울경제, 1997/6/11). 이 때문에 정보자유주의는 사실상 미국의 확장주의적 이데올로기로서 '극자유주의'라고 비판받기도 한다(Treaner, 1996).

있다. 정보사유론의 강화를 보여주는 한 가지 중요한 징후로는, 종래
에는 저작권 침해가 민법으로 다루어졌으나 이제는 형법으로 옮겨가
고 있다는 사실을 들 수 있다(Templeton, 1998). 다시 말해서 지적재
산권의 침해가 절도와 같은 형법상의 범죄행위로 다루어지는 것이다.
제퍼슨주의의 관점에서 보자면, 이러한 변화는 당연히 용납할 수 없
는 것이지만, 법적으로도 이것은 큰 문제를 안고 있는 것으로 지적된
다. 전통적으로 형법은 누군가 정보만을 훔쳤다고 해서 기소될 수는
없는 것으로 간주해 왔기 때문이다. 그 이유는 다음과 같이 설명된다.

누군가 다른 사람의 문서를 가져간다면, 가져간 사람은 상대방으로 하여
금 그 문서를 소유하고 이용할 수 없도록 하는 것이다. 그러나 누군가 단
지 정보만을 가져간다면, 상대방은 이전과 마찬가지로 여전히 정보(와 그
것을 담고 있는 문서)를 소유하고 이용할 수 있다(Samuelson, 1991: 2).

바로 정보주의자들이 누누이 강조하고 있는 '정보/지식의 무한성',
즉 정보/지식은 다른 사람과 공유한다고 해서 그 질이나 양이 줄어들
지 않기 때문에 '무한한 자원'이라는 사실이 지적재산권의 침해를 형법
으로 다루지 못하도록 해 왔던 것이다. 지적재산권의 침해를 형법으
로 다루려는 발상은 이를테면 저작권자의 허락을 받지 않은 학습을 절
도와 같은 범죄행위로 취급하는 것과 같은 논리이다. 이런 논리는 제
퍼슨주의와 정면으로 충돌하는 것이면서, 지식의 사회적 축적과 확산
에 부정적 영향을 미치게 된다. 18)

____

18) 지식사회란 '지식을 문서화하고 축적하고 전파하는 정보사회'이며 '근로자들이
끊임없이 지식을 습득해야만 하는 학습사회'(류석상, 1998)라고 한다. 이제까지의
상식으로 보자면, 지식사회는 정보/지식의 개발 및 학습의 필요성이 어느 때보다
강조되는 사회로 이해된다. 지식사회의 도래와 함께 모름지기 '사람은 공부를 하
고 배워야 한다'는 상식이 바야흐로 사회적 정언명령으로 확립되는 것이다. 그러
나 지적재산권의 강화에 따라 정보/지식의 개발 및 학습은 이제 개인의 자발적 의
지보다는 규정된 대가를 지불할 수 있는 경제적 능력에 의해 더욱 강하게 규정된

이런 맥락에서 호주 올롱공 대학의 교수인 브라이언 마틴(Martin, 1996)은 지적재산권이 '다수를 희생하여 소수에게 보상을 제공하기 위해 인위적 부족상태를 창출하려는 시도'이며, 나아가 '때로는 부분적으로 개별 창작자를 대상으로 행해지지만 언제나 사회 전체를 대상으로 행해지는 도둑질'(3, 11)이라고 비판한다. 그가 보기에 지적재산권은 정보를 대중으로부터 격리시켜 놓기 위해 사용되는 기술(technique)이며, 경쟁과 혁신을 촉진하기보다 종종 독점을 강화하고 혁신을 억압하기 위해 사용되며, 부국이 빈국에게서 부를 추출하는 방법이기도 하다. 이처럼 부정적인 지적재산권의 대안은 무엇인가?

> 지적재산권의 대안은 명백하다. 지적인 산물은 소유되어서는 안 된다는 것이다. 그것은 개인, 기업, 정부, 공동체의 공동재산으로도 소유되지 않는 것을 의미한다. 그것은 원하는 사람은 누구나 아이디어를 이용할 수 있다는 것을 의미한다(7).

그러나 이러한 대안을 실제로 실현하는 것은 대단히 어려운 과제이다. 이에 대해 마틴은 크게 세 가지 전략을 제시하고 있다. 첫째, 보호물을 재생산함으로써 지적재산권에 도전하는 것이다. 즉 지적재산권에 구애받지 않고 복제하는 것이다. 지적재산권의 견지에서 보자면 이같은 일은 '불법복제'로서 이른바 '해적질'에 해당한다. 둘째, 지적재산권을 공개적으로 거부하는 것이다. 이것은 일종의 시민불복종 운동을 전개함으로써 지적재산권의 정당성을 사회적으로 문제시하고 공론을 환기하는 전략이다. 셋째, 소유되지 않는 정보의 생산을 촉진하는 것이다. 이른바 '프리웨어'(freeware)가 그 좋은 예로서, 여기서 저작

다. 자본의 관점에서 보자면, 지식사회의 형성은 결국 정보/지식에 대한 수요가 폭증한다는 것을 의미한다. 따라서 정보/지식의 습득이 그 어느 때보다 강조되고 있는 상황에서 역설적으로 정보사유론이 그 어느 때보다 강화되는 것은 이러한 자본주의적 현실에서는 오히려 당연한 귀결로 이해될 수 있다(홍성태, 1999ㄴ).

권에 대한 적절한 대안으로 공유권(shareright)이 부각된다(9-10).

'지적 재산의 해적질'이 아니라 '지적 재산권 자체가 도둑질'이라는 마틴의 주장은 정보사유론의 상식 자체에 대한 도전이라고 할 수 있다. 이같은 비판은 지적 재산의 공공재적 성격을 극적으로 부각시키는 동시에, 지적재산권의 정당성을 윤리적 차원으로 연결시킨다. 이 문제는 예컨대 사무드랄라(Samudrala)와 같은 사람에 의해 검토되었다(1999). 1990년대 초부터 인터넷을 통해 '자유음악운동'을 전개해 온 사무드랄라는 지적재산권이 비윤리적이라고 주장한다. 그 이유는 크게 세 가지이다. 첫째, '출판된' 정보의 자의적인 복사, 사용, 배포, 수정은 일반적으로 아무에게도 해를 입히지 않는다. 예컨대 출판된 정보를 복사한다고 해서 원래 정보의 양이 줄어드는 것은 아니다. 둘째, 이러한 행위를 할 자유를 박탈하는 것은 일반적으로 과학과 예술의 진보에 해를 입힌다. 소유권자는 이용자의 행위를 통제하거나 금지할 수 있기 때문이다. 셋째, 그것은 또한 표현의 자유와 사고의 자유를 박탈하게 된다. 법적 허락 없이는 기존의 정보/지식을 이용할 수 없기 때문이다. 그러나 사무드랄라는 지적재산권 법 자체가 비윤리적인 것은 아니라고 주장한다. 문제는 정보 이용의 자유에 대한 '하향식 박탈'이라는 것이다. 이에 대항하여 그는 지적재산권의 전복적 이용을 주장한다. 이것은 출판된 정보를 누구나 자유롭게 이용할 수 있도록 지적재산권 보호법을 이용하는 것이다. '자유소프트웨어운동'은 바로 이러한 방식으로 전개되고 있다.

3. 정보공유의 사회운동

정보공유의 사회운동은 특히 컴퓨터 소프트웨어 분야에서 활발히 전개되고 있다. 이것은 원래 정보공유에 기초하여 발전했던 해커주의의 문화적 전통과 밀접한 연관을 맺고 있다. 이 운동은 1980년대 초에 GNU라는 이름의 새로운 운영체계를 개발하는 프로젝트로 출발하였으며, 그뒤 많은 해커들의 동참 속에 '자유소프트웨어운동'으로 발전하였다. 1990년대 중반에 이 운동은 큰 분기점을 맞게 되었다. 이 운동에 참여해 온 일단의 해커들이 기존의 운동방식에 문제를 제기하며 '열린소스운동'을 주창하고 나선 것이다. 양자의 차이는 우선 소프트웨어의 개발방식에 초점을 맞추고 나타났지만, 전체 정보공유운동의 전개방식, 소프트웨어산업과의 관계설정과 같은 중요한 논점들에서도 큰 차이를 보이고 있다. 한편 한국에서도 1998년에 마이크로소프트가 '한글과컴퓨터'를 인수하려던 '사건'을 계기로 '자유소프트웨어'의 방식으로 한글프로그램을 개발하려는 운동이 전개되기 시작하였다.

1) 자유소프트웨어운동

다른 모든 지적 산물과 마찬가지로 소프트웨어는 본래 공유의 방식으로 개발되었다. 그러나 컴퓨터산업이 발전하면서, 역시 다른 모든 지적 산물과 마찬가지로, 소프트웨어는 사적 소유의 대상이 되었다.[19) 그 결과 소프트웨어산업이라는 신산업이 성장하게 되었으나,

---

19) 여기서 소프트웨어는 주로 컴퓨터 프로그램을 의미한다. 현재 대부분의 국가에서는 컴퓨터 프로그램이 저작권법에 의해 보호된다. 이것은 1980년 WIPO 전문가회의에 참석한 미국 대표가 다른 나라 대표들을 설득한 결과이다. 미국 대표는, 특허법으로 보호하게 되면 특허권을 받는 데 많은 시간이 걸리고 또한 노하우를 공개해야 한다는 문제를 들어 다른 나라 대표들을 설득할 수 있었다. 그러나 '기능적 저작물'로서 컴퓨터 프로그램의 핵심은 표현이 아니라 기능에 있으므로 원칙적으로 특허법으로 보호해야 하는 것으로 지적된다(허희성, 1996: 35, 46-47). 사실 미국에서는 1980년대 초부터 컴퓨터 프로그램에 특허법을 적용하는 사례가 계속해서 늘어나고 있다. 그러나 컴퓨터 프로그램의 특허는 기존의 프로그램을 개선하거나, 그것을 전혀 다른 방식으로 이용하지 못하게 한다. 이 때문에 정보공유

그와 함께 소프트웨어를 공유의 방식으로 개발하던 문화가 사라지게
되었다(Levy, 1984: 572). 이처럼 상업주의가 지배하게 된 상황에 맞
서서 리차드 스톨만(Richard Stallman)은 정보공유의 문화를 새롭게
일구어 나갈 계획을 세웠다(Stallman, 1999a). 그것은 자유운영체계를
개발하여 '새로운 소프트웨어 공유공동체'를 건설하려는 계획이었다.
이 계획을 시작하기 위해 그는 먼저 1971년에 MIT에 입학한 이래 줄
곧 몸담아 온 MIT 인공지능연구소를 1984년 1월에 그만두었다. 연구
소에 재직하면서 자유소프트웨어를 개발한다면, 연구소와 저작권 분
쟁을 피할 수 없다고 판단했기 때문이었다. 이렇게 해서 한 사람의 탁
월한 해커[20]에 의해 오늘날 '그누프로젝트'(GNU Project)로 널리 알
려진 정보공유의 사회운동이 시작되었다.

 기술적으로 그누프로젝트의 목표는 '완벽한 유닉스 호환 소프트웨
어체계'를 개발하는 것이다(FSF, 1993). '그누'라고 읽는 GNU는
'GNU is Not Unix'의 재귀적 준말[21]이다. 이 용어는 Unix[22]와 호환가

론자들은 소프트웨어의 특허가 그 특수성을 제대로 인식하지 못한 불합리한 정책
이라고 비판한다(Garfinkel et al, 1991; The League for Programming Freedom,
1991). 한 예로 GIF화일을 만드는 데 사용되는 LZW압축 알고리듬의 특허를 들
수 있다. 1983년에 IBM과 Unisys가 취득한 이 특허 때문에 2003년까지는 GIF를
만들 수 있는 자유소프트웨어를 누구도 공개할 수 없다(FSF, 1998b). 이 때문에
자유소프트웨어운동을 하는 쪽에서는 GIF를 쓰지 말자는 운동을 벌이고 있다.
20) 스톨만은 흔히 '전설의 해커'로 불리고 그 자신은 '최후의 진정한 해커'라고 부
른다. 그는 또 '자유소프트웨어의 성인' 혹은 '성 이그누시우스'(IGNUcius)로 불리
기도 한다. 또한 '정보사회주의자', '공산주의자', '극좌파적 성향을 지닌 사람'으로
평가되기도 한다. 이처럼 그에 대한 평가는 엇갈리고 있지만, 적어도 그가 진정한
해커정신의 계승자이자 천재적 해커라는 사실은 그에 대한 반대자들조차 인정하
고 있다(Leonard, 1998; Raymond, 1998).
21) 이 용어에서 재미있는 것은 GNU가 무엇인가 하는 문제는 여전히 설명되지
않는다는 점이다. 이 경우의 GNU는 보통명사로서 누우로 발음되며 아프리카의
초원지대에 사는 영양류의 일종을 가리킨다. GNU 사이트들에서 볼 수 있는 소와
비슷한 동물의 모습이 바로 이 누우이다. 수십만 마리의 떼를 이루어 살면서 주기
적으로 옮겨 다니는 누우는 '세렝게티'와 같은 아프리카의 초원생태계를 지탱하는
가장 중요한 동물이다. 스톨만은 자신이 개발하고자 하는 새로운 운영체계의 역

능한 운영체계를 만들어내는 것을 목표로 한 그누가 유닉스에 감사를 표시하는 동시에 유닉스와 다르다는 것을 보여주기 위해 고안되었다. 스톨만의 설명에 따르면, 기술적으로 그누는 유닉스와 같지만, 사용자들에게 자유를 준다는 점에서 유닉스와 본질적으로 다르다 (Stallman, 1999b). 기술적으로 그누프로젝트는 GNU-Emacs라는 편집기를 개발하는 것으로 시작되었다. 스톨만이 개발한 이 편집기는 1984년 가을부터 개발되기 시작하여 1985년 초부터 사용되었다. 이어서 여러 가지 프로그램들이 개발되었으나 1990년대 초까지 그누는 커널(Kernel)을 개발하지 못한 상태였다. 커널이란 다른 프로그램들을 작동시키는 핵심 프로그램으로서, 그누가 독립된 운영체계로 완성되기 위해서는 반드시 필요하였다. 이것을 만들기 위해 스톨만은 많은 노력을 기울였으나, 1990년대 초까지 성공을 거두지 못하고 있었다. 이 문제는 리눅스(Linux)라고 불리는 프로그램이 개발되어 그누프로젝트에 합류함으로써 해결되었다. 이 프로그램은 1991년에 리누스 토발즈(Linus Torvalds)에 의해 개발되었다. 당시 그는 핀란드 헬싱키대학의 학생으로 그다지 뛰어난 프로그래머는 아니었으나, 마이크로소프트의 도스(DOS)를 쓰기 싫어서 유닉스를 개조하던 끝에 새로운 커널을 만들어내게 되었던 것이다(Mann, 1999; Tobalds, 2001). 1992년에 리눅스가 불완전했던 그누체계에 결합됨으로써 마침내 완전한 자유운영체계가 완성23) 되었다(Stallman, 1999a).

할을 아마도 이 누우와 같은 것으로 생각했던 것 같다.

22) 유닉스는 1969년에 벨연구소에서 개발된 운영체계로서 다양한 상업용 버전으로 사용되고 있다.

23) 이 새로운 운영체계를 보통 리눅스라고 부르지만 이것은 정확한 명칭은 아니다. 리눅스는 운영체계가 아니라 그 한 부분인 커널이기 때문이다. 운영체계는 커널 외에도 많은 프로그램들로 구성되며, 커널은 그 자체로 사용될 수 없다. 그러나 물론 커널은 운영체계를 실제로 작동할 수 있게 하는 핵심적인 프로그램이다. 그러므로 스톨만은 새로운 운영체계를 '리눅스기반 그누체계' 또는 그누체계의 '그누/리눅스판'이라고 부른다(Stallman, 1998a; 1999a). 명칭의 문제는 스톨만의 기

새로운 운영체계의 개발은 대단히 어려운 과제이다. 이 때문에 스톨만이 아니었다면 그누프로젝트와 같은 작업은 불가능했을 것으로 지적되기도 한다(Mann, 1999). 그러나 스톨만의 기여는 기술적인 차원에 국한되지 않는다. 그누/리눅스의 개발은 소프트웨어 분야에서 정보공유론이 나름대로 확고한 기술적 기반을 갖추게 된 것을 의미한다. 그러나 스톨만이 추구한 것은 단순히 상업적으로 전유되지 않는 또 하나의 운영체계를 만드는 것이 아니었다. 그의 목표는 기술적으로는 동등하지만 사회적으로는 완전히 다른 소프트웨어를 만드는 것이었다. 그가 추구한 것은 '사유 소프트웨어(propietary software) 사회체계'에 맞서 소프트웨어를 공유하고 협력하는 공동체를 만들고, 나아가 궁극적으로 사유 소프트웨어를 완전히 제거하는 것이었다. 그것은, 적어도 소프트웨어 분야에서는, 지적재산권에 의해 인위적으로 억제된 정보의 자유로운 흐름을 회복하는 것이다. 여기에 스톨만이 추구하는 자유소프트웨어운동의 중요성이 있다. 그것은 정보사유론이 지배하는 현실에 맞서서 정보공유론을 사회적으로 구현하기 위한 운동이다. 그누프로젝트를 기술적 핵심으로 하는 자유소프트웨어운동은 새로운 소프트웨어 공동체를 건설하고, 나아가 모든 사람이 자유롭게 정보를 소통하고 공유하는 사회체계를 만들기 위한 사회운동으로 계획되고 추진되어 온 것이다.

이 과제를 사회적으로 실현하기 위해 그는 1985년에 자유소프트웨어재단(FSF)을 설립하였다(Stallman, 1999a). FSF의 목표는 '컴퓨터 프로그램의 복사, 재배포, 이해, 수정에 관한 제한을 제거하는 것'으로 설정되었다. 이를 위해 그누운영체계의 개발을 특히 중요한 과제로 추진하되, '컴퓨팅의 모든 영역에서 자유소프트웨어의 개발과 사용

여를 운동사적으로 얼마나 인정하느냐의 문제와도 밀접하게 연관된다. 새로운 운영체계를 리눅스라고만 부르는 것은 그의 헌신과 이상을 자못 폄하하는 것이 될 수 있다.

을 촉진'하고자 하였다(FSF, 1998a). 여기서 자유소프트웨어의 의미에 주의할 필요가 있다. 영어로 free는 '무료'라는 뜻도 가지기 때문에 스톨만과 FSF는 이 점에 주의하여 자유소프트웨어의 의미를 명확히 정의하고자 노력하였다.[24] 그것은 이용자가 가격과는 전혀 무관한 다음의 네 가지 자유를 가지는 소프트웨어를 의미한다(Stallman, 1999a). 첫째, 어떤 목적으로도 프로그램을 가동시킬 수 있는 자유를 가진다. 둘째, 필요에 맞게 프로그램을 수정할 자유를 가진다(이 자유를 실현하기 위해서 반드시 소스코드에 접근할 수 있어야 한다). 셋째, 무료 혹은 유료로 복사본을 재배포할 수 있는 자유를 가진다. 넷째, 전체 공동체가 혜택을 볼 수 있도록 프로그램의 수정본을 배포할 수 있는 자유를 가진다.

이러한 자유소프트웨어의 특징은 상업적 '사유 소프트웨어'의 규칙과 완전히 다른 것이다. '사유 소프트웨어'의 규칙은, '당신이 이웃과 공유한다면, 당신은 해적이다. 당신이 변화를 원한다면, 우리에게 그렇게 해 달라고 사정해야 한다'는 것이다. 이 규칙을 따르자면, 이용자들은 단순한 소비자에 그치게 된다. 이용자의 권리는 '정품'을 사서 쓰는 것으로 축소되고 만다. 이와 달리 자유소프트웨어는 다양한 이용자의 권리를 존중한다. 따라서 '그누는 유닉스에 대해 기술적 우위를 가지고 있지 않을지라도,[25] 이용자가 협력할 수 있도록 한다는 점에서 사회적 우위를 가지며, 이용자의 자유를 존중한다는 점에서 윤리적 우위를 가진다'(Stallman, 1999a). 스톨만이 자유소프트웨어라는

---

24) 스톨만은 용어의 문제에 아주 민감하다. 부적절한 용어의 사용은 현실에 대한 잘못된 이해를 가져오고, 결국 운동의 목표와 전망을 바로 세우는 데도 영향을 미치기 때문이다. 자유소프트웨어와 관련된 다양한 용어들에 대한 자세한 설명으로는 FSF(1998d; 1998e)를 참조.
25) 자유소프트웨어가 상업적 소프트웨어보다 기술적으로도 우위에 있음을 보여주는 조사결과들이 있다(FSF, 1998c). 즉 그누의 핵심적인 문제는 응용프로그램의 부족과 이용의 불편이지, 기술적 열위는 아니라고 할 수 있다.

명칭을 고집하는 이유는 바로 여기에 있다. 그는 기술 자체보다도 기술을 통해 실현하는 사회적 가치를 중시한다. 그 가치를 대표하는 것이 바로 자유이며, 그에게 '자유는 근본적인 도덕적 선이다'(Leonard, 1998). 물론 이 자유는 이용자들이 서로 정보를 공유하고 자기의 필요에 맞게 프로그램을 수정할 수 있는 것을 의미한다. 즉 스톨만에게 정보의 자유는 정보의 공유와 동전의 양면과 같은 관계를 이루고 있는 것이다.

자유소프트웨어의 중요한 약점은 누군가 그것을 사유소프트웨어로 이용할 가능성이 있다는 점이다. 이 문제를 해결하기 위해 스톨만은, 저작권에 반대하지만(Stallman, 1996; 1998c), 그것을 이용하는 전략을 개발했다. 그 결과 '복제권'Copyright에 대항하는 Copyleft라는 개념이 고안되었다. 이것은 '사유하기 위한 저작권'이 아니라, '공유하기 위한 저작권'을 의미한다. 그 발상은 이를테면 '맞불놓기'와 같은 것이다. 즉 저작권 보호법을 이용하여 소프트웨어의 사유를 저지하는 것이다.

> 공유 저작권(Copyleft)은 사유 저작권(Copyright)법을 이용한다. 그러나 그것의 일반적인 목적과 정반대되는 목적에 이용될 수 있도록 그것을 뒤집는다. 그것은 소프트웨어를 사유화하는 수단이 아니라, 소프트웨어를 자유롭게 유지하는 수단이 된다. 공유 저작권의 핵심발상은 우리가 모든 사람에게 프로그램의 가동, 복사, 수정과 수정판의 배포를 허용하지만, 그들 자신이 추가적인 제한을 설정하는 것은 허용하지 않는다는 것이다(Stallman, 1999a).

자유소프트웨어를 만드는 가장 단순한 방법은 어떤 저작권도 설정되지 않는 공공(public domain) 소프트웨어로 만드는 것이다. 그러나 이 경우에도 누군가 사유화할 가능성을 배제할 수 없다. 이런 문제를 피하기 위해 스톨만은 공유 저작권의 개념을 고안[26] 하였으며, 이 개념을 실현하기 위해 '그누 라이센스'들이 제정되었다(FSF, 1991; 1998f). 따라서 공유 '저작권'의 보호를 받는다는 점에서 그누는 공공프로그램이 아니다(FSF, 1993). 이러한 공유 저작권을 스톨만은 '실용적 이상주의'라고 부른다. 그것은 그누의 자유소프트웨어를 사용하여 개발된 다른 프로그램들을 자유소프트웨어로 만들기 때문이다. 즉 공유 저작권은 자유소프트웨어의 공동체를 보호할 뿐만 아니라 효과적으로 확장하기 위해 개발된 실용적 조치이다(Stallman, 1998b).

<표 1> 자유소프트웨어와 사유소프트웨어

	자유소프트웨어	사유소프트웨어
가치	자유, 협력, 공유 이용자의 권리	사유, 경제적 성공 저작자의 권리
보상	명성, 인정, 학습, 재미	금전적 보상
전략	공유 저작권(Copyleft)을 통한 공동체의 확대	사유 저작권(Copyright)을 통한 독점의 추구

스톨만은 정보공유를 향한 열망과 그누프로젝트의 추진으로 자유소프트웨어운동의 상징적 인물이 되었다. 비록 그 자신이 완성하지는 못했지만, 그누/리눅스라는 새로운 운영체계가 그의 주도로 만들어졌다는 것은 분명하다. 이로써 소프트웨어 분야에서 정보공유론은 단지 이론의 차원을 넘어서 구체적으로 실천될 수 있는 기술적 기반을 확보하게 되었다. 그러나 1990년대 후반부터 활발히 전개되기 시작한 '열린소스운동'은 이 상징의 해체를 시도한다. 이것은 자유소프트웨어운동의 분화를 의미하는 것이지만, 그 단초가 그누프로젝트를

---

26) 용어 자체는 Dob Hopkins라는 사람이 스톨만에게 보낸 편지에서 사용한 것이라고 한다(Stallman, 1999a).

완성시킨 리눅스의 개발에서 비롯되었다는 것은 다소 역설적으로 보인다.

2) 열린소스운동

1980년대 초에 정보공유의 문화가 사멸의 위기에 처했을 때, 스톨만은 자신이 양자택일의 기로에 서 있다고 느꼈다. 동료들과 마찬가지로 산업계로 옮겨서 개인적인 부와 명성을 추구할 것인가, 아니면 산업계에 정면으로 맞서서 공유와 협동의 문화에 기반한 새로운 공동체를 건설할 것인가? 스톨만은 이것을 '순전한 도덕적 선택'의 문제로 여겼다(Stallman, 1999a). 그리고 그는 경제적 보상이 아니라 도덕을 따랐다. 스톨만이 종종 '성인(聖人)'에 비유되는 것은 그가 자신의 도덕적 선택에 극히 엄격하기 때문이다. 그처럼 헌신적이고 엄격한 자세는 자유소프트웨어운동을 현실 정보사회의 새로운 사회운동으로 발전시키는 데 크게 기여했다. 그러나 이러한 태도에 대해 비판적인 입장을 취하는 사람들도 있었다. 그들은 자유소프트웨어의 필요성과 중요성에 대해서는 공감했지만, 따라서 스톨만이 주도한 그누프로젝트에도 적극적으로 참여했지만, 그의 운동방식은 여러 면에서 문제를 안고 있다고 생각했다.

새로운 운동의 논리는 에릭 레이몬드(Eric Raymond)의 '성당과 장터'라는 논문을 통해 제시되었다(Raymond, 1998). 1997년에 처음 발표된 이래 계속해서 수정되고 있는 이 논문은 현재 '열린소스운동'(Open Source campaign)으로 불리는 자유소프트웨어운동의 새로운 조류가 형성되는 데 결정적인 영향을 미쳤다. 한편 이 논문의 작성에 결정적인 영향을 미친 것은 리누스 토발즈가 개발한 리눅스였다. 레이몬드는 리눅스가 그누프로젝트에서 수행하는 중요한 역할보다도,

그것이 개발되고 향상되는 방식의 독특성에 더 주목했다. 그가 보기에 리눅스의 개발방식은 스톨만이 주도한 기존의 그누프로젝트의 개발방식과는 상당히 다른 것이었다. '성당과 장터'는 이 차이를 설명하기 위해 제시된 비유적 모형이었다.

초기부터 그누프로젝트에 참여해 왔던 뛰어난 해커로서 그는, 운영체계처럼 고도로 복잡한 프로그램을 개발하기 위해서는, 마술사처럼 탁월한 능력을 가진 전문가들이 전체 프로그램을 완성하기까지 '위대한 고립 속에서' 주의깊게 작업하지 않으면 안 된다고 생각했다. 그것은 중세의 '성당'(cathedral)을 건축하는 것과 같은 방식이었다. 그러나 리눅스의 개발방식은 그의 이러한 믿음을 뒤집어 버렸다. 이 점에서 '리눅스는 전복적'이었다. 리눅스 공동체는 서로 다른 접근법들이 어지럽게 뒤섞여 마치 시끄러운 '장터'(bazaar)와 같은 모습을 하고 있었다. 이런 방식은 그가 기존에 생각하고 있던 프로그램 개발방식과는 전혀 다른 것이었다. FSF가 성당건축과 같은 폐쇄된 개발방식을 취하고 있었다면, 리룩스는 그와 정반대로 장터와 같은 열린 개발방식을 취하고 있었다. 레이몬드에 따르면, 리눅스는 바로 이런 개발방식의 우월함을 입증하는 구체적인 성과물이다. 이 점에서 리눅스의 성공은 그누프로젝트의 완성인 동시에, 그 프로젝트의 한계를 보여주는 것으로 파악되었다.

레이몬드가 보기에, 리누스 자신은 결코 스톨만과 같은 사람에 비견될 수 없는 해커이지만, 효율적인 개발방식을 찾아내기 위한 육감을 지닌 공학적 천재였다. 그가 찾아낸 것은 인터넷을 이용한 새로운 열려 있는 개발방식이었다. 이제까지 프로그램 개발의 지배적인 모델은 닫혀 있는 방식이었다. 상업적 소프트웨어는 말할 것도 없고, 자유 소프트웨어도 마찬가지였다. 그러나 이 방식은 리누스가 구현한 새로운 개발방식보다 훨씬 비효율적인 것이었다.

여기에 성당건축과 장터 양식의 핵심적인 차이가 있다고 나는 생각한다. 프로그래밍에 대한 성당 건축가의 관점에서는, 버그와 개발문제는 복잡하고, 잠행성이며, 심층적인 현상이다. 헌신적인 몇몇 사람들이 모든 버그를 다 제거했다고 자신할 수 있을 정도로 꼼꼼히 검토하려면 몇개월의 시간이 걸린다. 따라서 오랜 시간이 지나야 새로운 프로그램을 발표하게 되며, 그렇게 오래 기다린 프로그램이 완벽하지 않을 때는 실망하지 않을 수 없다. 반면에 장터 관점에서는, 여러분은 버그들이 일반적으로 표층적 현상이거나, 수천명의 열성적인 공동개발자들이 새로운 프로그램이 발표될 때마다 그것에 달려들기 때문에, 아주 빠른 시간 내에 표층적인 현상으로 변할 것이라고 생각하게 된다. 따라서 여러분은 더 많이 수정받기 위해서 새로운 프로그램을 자주 발표하게 되며, 실수를 하더라도 잃어버릴 것이 줄어드는 유익한 부수효과를 거두게 된다(Raymond, 1998: 4절).

프로그램의 개발방식에 중점을 둔 레이몬드의 주장은 해커들 사이에서뿐만 아니라 업계에서도 큰 반향을 불러 일으켰다. 특히 중요한 것은 1998년 1월 22일에 넷스케이프사가 '넷스케이프 커뮤니케이터'의 소스를 공개할 계획을 발표한 것이다. 이것은 마이크로소프트의 추격에 따른 고육지책이었지만, 이론적으로 이 결정에 가장 큰 영향[27]을 미친 것은 레이몬드의 논문이었다.

이것은 레이몬드와 그의 동료들에게 대단히 고무적인 사건이었다. 넷스케이프의 이 결정은 현재의 열린소스운동이 형성되는 직접적인 계기가 되었다. 자유소프트웨어운동 내에서 스톨만의 방식을 비판하는 진영은 '성당과 장터'의 발표를 통해 이미 조직화되어 있었다. 그러나 이 진영은 아직 자기 이름을 갖지 못한 채로 자유소프트웨어라는

---

27) 넷스케이프의 부회장인 에릭 한(Eric Hahn)은 소스공개 발표 직후에 레이몬드에게 다음과 같은 이메일을 보냈다고 한다(Raymond, 1998: 13절). "넷스케이프의 모든 사람들을 대표하여, 나는 우리가 처음으로 이런 결정을 취하도록 도와주신 것에 감사드립니다. 당신의 생각과 글은 우리의 결정에 근원적인 영감을 제공했습니다."

용어를 사용하고 있었다. 이런 상황은 넷스케이프의 결정이 발표된 직후에 일변하였다. 1998년 2월 3일에 레이몬드와 그의 동료들은 넷스케이프의 결정에 대응하기 위한 전략회의를 열었는데, 이 자리에서 처음으로 새로운 운동의 핵심으로서 '열린소스'라는 명칭[28]이 제시되었다. 이로써 열린소스운동이 공식적으로 시작된 것이다.[29] 이들은 우선 'Open Source'라는 명칭을 10가지의 법적 규정이 딸린 인증마크로 등록하였다. 그리고 이 상표의 보호를 포함해서 전체 운동을 관리하기 위해 레이몬드를 의장으로 'Open Source Initiative'라는 조직을 구성하였다(OSI, 1998a; 1998b; 1998c).

열린소스운동을 주창한 사람들은 자유소프트웨어가 '혁신을 창출하는 가장 성공적인 방법이 된 하나의 혁명'이라고 보았다(Dougherty, 1997). 이들이 거부한 것은 자유소프트웨어 자체가 아니라 스톨만의 운동전략이었다.[30] 레이몬드는 '시장과 장터'에서 스톨만의 프로그램 개발방식이 폐쇄적이며, 따라서 비효율적이라고 주장했다. 그러나 이들에게 스톨만의 문제는 단지 기술적 폐쇄성에 그치는 것이 아니었다.

---

28) 이들에 따르면, 스톨만은 '이 명칭을 가지고 놀았으나 그뒤에 마음을 바꿨다'고 한다(OSI, 1998a). 어떻게 마음을 바꾸었다는 것인지는 분명치 않으나, 스톨만이 여전히 이 명칭을 문제시하고 있다는 것은 분명하다. 스톨만은 이 명칭을 잘못된 것으로 보고 있으며, 여기에는 철학적 차이가 반영되어 있다고 본다(Stallman, 1999a; 1999c).
29) '성당과 장터'는 처음에 '자유소프트웨어'라는 용어를 사용하였다. 그러나 새로운 운동에서 '열린소스'라는 명칭을 채택함에 따라, '성당과 장터'의 '자유소프트웨어'를 모두 '열린소스'로 수정하였다(Raymond, 1998: 14절).
30) 이들은 '열린소스운동'을 전체 자유소프트웨어운동의 궁극적인 결과물로 본다(OSI, 1998d). 그러나 이 새로운 운동에서 스톨만을 배제하려고 한다. 1998년 4월에 제1회 '열린소스 개발자'회의가 개최되었을 때, 스톨만은 초청되지 않았다. 이에 대해 많은 비판이 가해졌기 때문에 1998년 8월에 개최된 모임에는 스톨만도 초청하였다. 그러나 그들은 스톨만에게 '통일'을 요구하였다고 한다. 이처럼 열린소스운동은 스톨만과 거리를 두는 것을 넘어 그를 운동에서 배제하려고 한다. 스톨만 자신도 이러한 태도에 대해 우려와 깊은 슬픔을 나타내고 있지만, 이것은 전체 자유소프트웨어 운동의 '영혼'을 제거하는 것이다(Leonard, 1998).

그런 정도의 문제라면, 아마도 이들이 그토록 칭송하고 있는 새로운 기술개발방식을 택하는 것으로 해결할 수 있을 것이다. 그리고 사실 그누프로젝트가 폐쇄적이었다고 말하는 것은 사태를 너무나 단순화하는 것일 수도 있다. 분명히 리눅스와 같은 정도[31]는 아니지만, 그누프로젝트는 개방과 공유의 원칙 위에서 전개되었다. 이러한 원칙 때문에 리눅스는 그누프로젝트에 합체될 수 있었던 것이다. 그러므로 열린소스운동이 진정으로 문제시했던 것은 기술적 폐쇄성이 아니었던 것으로 보인다. 그들은 스톨만의 방법이 사회적으로도 폐쇄적이라고 판단했던 것으로 보인다. 예컨대 이들은 스톨만의 공유 저작권 때문에 사람들이 자유소프트웨어를 '상업적 소프트웨어에 대한 전복적 위협'으로 여긴다고 주장했다(Dougherty, 1997). 이런 점에서 열린소스라는 명칭은 그누프로젝트의 기술적 폐쇄성보다는, 그 사회적 폐쇄성의 극복을 목표로 채택된 용어라고 파악된다.

이들이 보기에 자유소프트웨어에는 참으로 뛰어난 프로그램들이 많이 있다. 이들은 '자유소프트웨어가 없다면, 인터넷은 존재하지 않을 것'이라고 주장하기도 한다. 이처럼 뛰어난 자유소프트웨어가 지배적인 지위를 차지해야 마땅하지만, 그렇게 되기 위해서는 자유소프트웨어와 상업소프트웨어가 결합해야 한다고 이들은 생각한다. 즉 산업계에서 자유소프트웨어를 채택하고 개발해야 한다는 것이다. 그러나 양자 사이에는 '교환문화'와 '선물문화' 사이의 문화적 충돌이 존재한다. 이들은 이 충돌을 중재할 수 있는 '중간지대'를 찾아내는 것이 자신들의 임무라고 생각한다(Porterfield, 1997). 이들이 보기에, 이러한 '제3의 길'은 정보산업을 지금과는 다른 기술적 및 사회적 기반 위에 세울 것이고, 그것은 자유소프트웨어를 지배적인 지위로 이끌게 될 것이

---

31) 현재 리눅스에서 처음에 리누스가 작성한 코드는 전체의 5%도 안될 정도라고 한다(Mann, 1998).

다. 이러한 생각은 '정보는 가치있고 싶어 한다'는 문구[32]를 통해 요약적으로 제시되었다(Dougherty, 1997). 자유소프트웨어는 산업계에도, 개발자에게도 경제적인 보상을 제공할 수 있어야 한다는 것이다. 그러나 이들이 보기에 스톨만의 폐쇄적인 운동전략은 산업계와의 협력을 거부하며, 개발자에게도 우선 대의에 헌신할 것을 요구한다.[33] 스톨만의 전략은 쉽게 말해서 '그누공동체의 확장전략'이라고 할 수 있다. 이같은 스톨만의 전략이 자유소프트웨어에 대한 사회적 편견을 강화한다고 이들은 생각한다. 그것은 한편으로 공유 저작권에 의해 자유소프트웨어를 폐쇄적인 것으로 이해하도록 만들고, 다른 한편으로 free라는 단어가 지니는 '무료'라는 함의를 쉽게 벗어버리지 못하게 한다. 스톨만을 비판하는 해커들이 열린소스라는 용어를 채택한 이유에는 이처럼 free라는 용어의 모호성을 피해서 산업계의 참여를 촉구한다는 점도 중요하게 고려되었다(OSI, 1998d).

열린소스운동은 자신들이 해커 공동체 외부에서 '자유소프트웨어'에 대해 가지고 있던 부정적 이미지를 거의 완전히 돌려 놓았다고 평가한다(OSI, 1998b). 스톨만의 폐쇄적인 방식이 자유소프트웨어에 대한 부당한 편견을 산업계에 확산시켰다면, 자신들은 자유소프트웨어의

---

32) 이것은 이제까지 자유소프트웨어운동에서 내세웠던 '정보는 자유롭고 싶어한다'를 바꾼 것이다.

33) 물론 스톨만 자신도 이러한 경제적 문제를 잘 알고 있다. 여기서 자유소프트웨어의 free가 가격과 무관하게 규정된다는 것을 상기할 필요가 있다. 그것은 프로그램 자체를 지적재산권으로 사유화하는 것에 대해 반대할 뿐이다. 자유소프트웨어는 무료로 배포될 수도 있고 유료로 배포될 수도 있다. FSF 자체도 이런 방식으로 재원을 조달하고 있다. 그러나 자유소프트웨어는 독점을 허용하지 않기 때문에 마이크로소프트같은 성공신화는 만들어질 수 없다. 리눅스의 배포판을 판매하는 업체들, 예컨대 레드 햇(Red Hat) 같은 기업이 마이크로소프트같은 독점체가 되는 것이 아니냐는 우려가 일각에서 제기되기도 하지만, 이것은 자유소프트웨어에 대한 무지에서 비롯되는 잘못된 발상이다(Petreley, 1999). 자유소프트웨어는 상업소프트웨어와는 전혀 다른 경제원리에 기반해 있다. 그것은 시장경제보다는 선물경제(gift economy)에 더 가깝다.

개방성이 경제적으로도 효율적인 것임을 산업계에서 받아들일 수 있도록 했다는 것이다. 이러한 차이는 도덕적 접근법과 실용적 접근법으로 설명되기도 한다. 요컨대 '스톨만은 도덕적 이유로 코드의 자유를 주장했지만, 레이몬드는 단지 더 나은 코드를 작성할 수 있는 실용적 개념을 제시'(Watson, 1999: 2)했다는 것이다. 실제로 열린소스운동에서도, '열린소스는 자유소프트웨어의 판매 프로그램이다. 그것은 이데올로기적 열변을 토하는 것이 아니라 굳건한 실용적 기반 위에 '자유소프트웨어'를 세워 놓는다'(OSI, 1998e)고 주장한다. 자유소프트웨어의 발전이라는 목적은 변하지 않았지만, 그것을 더욱 발전시키기 위해 스톨만의 그누프로젝트 및 자유소프트웨어재단과는 달리 실용적이고 개방적인 전략을 택한다는 것이다. 이러한 열린소스운동의 형성을 통해 자유소프트웨어운동은 원칙주의와 실용주의의 두 가지 노선으로 대별되는 상황을 맞게 되었다. 아래의 〈표 2〉는 이 두 가지 노선을 중심으로 자유소프트웨어운동의 유형을 정리한 것이다.

<표 2> 자유소프트웨어운동의 유형

	원칙주의(FSF)	실용주의(OSI)
목적	자유소프트웨어의 발전 ·사유소프트웨어의 제거	열린소스 소프트웨어의 발전 ·사안별로 대응/반MS 중심
접근법	윤리적 접근법 · 자유의 대의에서 출발	이기적 접근법 · 자기 이익에서 출발
저작권	공동체를 확장하는 수단으로서 '공유저작권'	부당한 사용을 방지하는 수단으로서 '열린소스면허'
보상	비금전적 가치 ·정보는 자유롭고 싶어 한다.	금전적 보상도 강조 ·정보는 가치있고 싶어 한다.

주: FSF=Free Software Foundation, OSI=Open Source Initiative
　　MS=Microsoft

　새로운 실용주의적 입장의 가장 중요한 특징은 '제3의 길'을 통한 자유소프트웨어의 확산이다. 그러나 이에 대한 기업 측의 우려는 여전하다. 즉 '공개소스의 장점이 무엇이건 간에, 편협한 반자본주의적 경향이 그 철학적 정당화 속에 흐르고 있다'(Eunice, 1998: 3)는 것이다. 사실 열린소스운동은 마이크로소프트의 광범위한 독점에 대한 업계 전반의 우려를 바탕으로 나타났다. 마이크로소프트에 맞설 수 있는 대안을 찾던 상업적 경쟁자들이 열린소스 소프트웨어와의 동맹을 새로운 기회로 파악하게 되었던 것이다. 따라서 열린소스운동은 마이크로소프트의 독점을 해체하기 위한 자유소프트웨어운동의 실용주의 진영과 마이크로소프트에 적대적인 기업들[34] 간의 연합이라는 성격을 가진다. 그러나 이 동맹은 경제적 이해관계에 바탕을 둔 '내부의 기회주의'라는 큰 문제를 안고 있다. 이 때문에 열린소스운동의 일부에서는 예전에 그랬던 것처럼 연방정부가 열린소스의 개발과 이용을 적극적으로 지원할 필요가 있다고 주장한다(Newman, 1999). 이것은 중요하지만 사실 실현하기는 어려운 요구이다. 컴퓨터산업의 발전 초기에는 시장을 확대하기 위해 정부가 자유소프트웨어를 적극적으로 지원할 수 있었지만, 컴퓨터산업이 거대산업으로 확립됨에 따라 그러한 지원책을 실행한다는 것이 대단히 어려워졌기 때문이다. [35]

스톨만이 그누프로젝트를 추진했던 것은 바로 이런 상황에 대응하

---

34) 산업계에서 반MS를 주도하는 기업들은 Netscape, Oracle, IBM, Sun Microsystems이다. 이들과 함께 MS에 대항하는 모든 기업(Everybody else)을 가리켜서 'NOISE'라고 부른다(동아일보, 1998/11/21). 이 명칭은 MS의 독점에 소음을 일으키는 기업들이라는 함의를 지닌다. 자바(Java) 언어로 유명한 선 마이크로시스템스는 1998년 12월에 솔라리스를 포함한 선마이크로시스템스의 모든 플랫폼 소프트웨어를 준열린소스 라이센스인 Community Source로 공개할 계획을 발표했다(Gage, 1999). 이로써 열린소스운동의 기반은 한층 더 넓어지게 되었다.
35) 중국 정부는 리눅스를 적극적으로 지원하고 있는데, 그 까닭은 리눅스의 높은 보안성 때문이다. 한국의 경우에 '국민의 정부'는 벤처산업육성책의 연장선에서 리눅스에 대한 지원을 천명하기는 했지만, 실제로는 지원이 제대로 이루어지지 않고 있다. 리눅스에 대한 지원은 마이크로소프트와 갈등을 일으킬 수밖에 없다.

기 위해서였다. 정부의 역할이 산업을 지원하는 쪽으로 전환되었기 때문에 시민사회가 스스로 경제원리에 대항해서 정보의 공유와 자유라는 원칙을 지켜야 했던 것이다. 스톨만이 보기에 열린소스운동은 이런 상황을 제대로 이해하지 못하고 있다. 그는 실용주의의 문제를 다음과 같이 경고한다.

산업계의 도움은 여러모로 자유소프트웨어 공동체에 기여할 수 있다. 다른 모든 것들과 마찬가지로 그것은 유용하다. 그러나 자유와 원칙에 관해 훨씬 덜 말하게 됨으로써 그들의 도움이 승리를 거두게 되는 것은 재앙을 가져올 수 있다. 그것은 손을 내미는 것과 시민 교육 사이의 불균형을 이전보다 훨씬 더 악화시킨다. '자유소프트웨어'와 '열린소스'는 어느 정도 같은 범주의 소프트웨어를 지칭한다. 그러나 그것들은 소프트웨어에 관해, 그리고 가치에 관해 다른 것을 말한다. 그누프로젝트는 기술만이 아니라 자유가 중요하다는 생각을 밝히기 위해 앞으로도 계속해서 '자유소프트웨어'라는 용어를 사용할 것이다(Stallman, 1999a).

스톨만은 단순히 자유소프트웨어가 늘어나는 것만을 요구하지 않는다. 그가 더 중요하게 생각하는 것은 모든 이용자가 자유의 의미를 깨닫는 것이다. 이를테면 그는 '자유소프트웨어'를 사용할 뿐만 아니라, 그 용어를 사용함으로써 사람들이 자유라는 가치에 대해 '의식화'될 필요성을 강조한다. 36) 그누/리눅스의 개발과 함께 자유소프트웨어를 사

---

36) 스톨만이 그를 비판하는 사람들로부터 '공산주의자'라는 비난을 받는 근본적인 이유는, 그가 공유와 협동의 '자유'를 중시하는 반면에, 정보의 사유화를 '반사회적이며' '비윤리적인' 것으로 보기 때문이다(Stallman, 1999a). 그러나 그는 '공산주의자'가 아니며, '건설적 무정부주의자' 혹은 '아나키 공동체론자'라고 할 수 있다(Levy, 1984). 그가 부정하는 것은 정보경제나 지식노동 자체가 아니라, 그것이 정보의 자유로운 소통과 사회적 협동을 억압하는 방식이다. 그는 저작권을 부정하는 것이 아니라, 그것을 다른 관점에서 본다. 요컨대 그는 저작권을 자연권이 아니라 대중과의 협상이라고 본다. 이런 관점에서 그는, 디지털기술의 발달로 정보의 소통이 그 어느 때보다 쉬워진 지금이야말로, 정보의 복제와 공유를 통한 대

용하는 사람들은 크게 늘었으나 자유의 의미에 대해 깨닫고 있는 사람
들은 그처럼 늘지 않고 있다. 그에게 자유소프트웨어는 단순히 또 하
나의 새로운, 혹은 더 신뢰성있고 편리한 소프트웨어가 아니다. 설령
그것이 상업소프트웨어보다 신뢰성이 떨어지고 불편하다고 해도, 그
것은 상업소프트웨어보다 훨씬 더 중요하다. 왜냐하면 그것은 정보의
자유로운 흐름을 제약하는 정보사유론에 맞서서 정보공유의 원칙을
수호하기 위한 시민사회의 자구적 노력이기 때문이다. 그러므로 그는
우리의 미래가 기술이 아니라 이러한 철학에 달려 있다고 강조하며,
지금이야말로 자유에 대해 더 많이 이야기해야 할 때라고 말한다. 그
리고 이 때문에 그는 '자유소프트웨어'가 '열린소스'보다 더 좋은 용
어[37] 라고 주장한다(Stallman, 1999c).

3) 한국의 사례—열린한글운동

정보공유의 사회운동은 정보공유의 문화를 바탕으로 형성되었다.
컴퓨터 프로그램의 경우에 컴퓨터의 개발과정 자체가 정보공유의 문
화를 발전시킨 과정이기도 했다. 이러한 문화는 컴퓨터산업이 발전하
면서 크게 위축되고 사실상 소멸의 위기에 처하게 되었다. 정보공유
의 사회운동은 이에 대한 시민사회의 대응으로 촉발된 것이다. 이 운
동이 전개될 수 있었던 두 가지 계기, 즉 정보공유의 문화와 정보산업
의 발전은 주로 미국적 현상이었다. 따라서 이 운동은 우선 미국 내의

중의 이익을 인정하는 방향으로 관련 법을 개정해야 할 때라고 주장한다(Stallman,
1996).

37) 이와 관련하여 업계에서도 이미 오래 전부터 '열린 소프트웨어'개발을 추구하
고 있었다는 사실에 주의할 필요가 있다. IBM은 다양한 하드웨어에서 공통적으
로 사용할 수 있는 통합 유닉스를 개발하기 위해 1988년에 '열린 소프트웨어재
단'(Open Software Foundation)을 설립하였다. 그러나 이 재단은 '내부의 기회주
의'로 말미암아 결국 별다른 성과를 거두지 못하였다(Gates, 1995: 96-97).

운동으로 시작되었으며, 지금도 그 핵심은 미국에서 전개되고 있다. 그러나 인터넷이 널리 사용되면서, 이 운동의 이념과 의의는 다른 나라들로 빠르게 확산되었다. 그리고 1990년대에 들어와 지구적인 정보화 경쟁이 전개되면서, 미국의 정보공유론자들이 이미 겪었던 것과 같은 문제들이 다른 나라에서도 중요한 사회문제로 나타나기 시작했다. 이 점에서 적어도 컴퓨터 프로그램의 경우에 정보사유론과 정보공유론의 대립은 이제 지구적인 현상이 되었다고 할 수 있다.

이러한 현상을 야기시킨 가장 중요한 사안은 컴퓨터 산업 전체에 막대한 영향을 미치는 마이크로소프트(MS)의 독점문제이다(Rohm, 1998). 한국에서 정보공유론에 대한 사회적 관심이 환기된 것도 MS와 직접적인 연관을 맺고 있다. 그러나 미국과는 달리 그것은 운영체계가 아니라, 응용프로그램을 둘러싼 논쟁으로 표출되었다. 1998년 6월 15일 한글과컴퓨터의 이찬진 사장은 MS 한국지사와 공동기자회견을 열었다. 발표 내용은 MS가 한글과컴퓨터 측에 1,000만 달러에서 2,000만 달러 정도를 투자하는 대신에, 한글과컴퓨터는 흔글의 개발을 전면 중지하고 1년 안에 판매도 중단한다는 것이었다. 이것은 가히 '민족적 워드프로세서'인 흔글이 역사 속으로 사라지는 것을 의미하였다. 이 정도 투자액은 MS로서는 결코 큰 액수가 아니다.[38] 그러나 이로 인해 사장될 사회적 가치는 약 1조원, 전체 경제외적 가치는 수조원에 달할 것으로 평가되었다. 그리고 사실 더 중요한 것은 바로 이 경제외적 가치였다. MS의 이 '흔글 죽이기' 사건은 소프트웨어가 단순한 경제재가 아니라 문화재라는 사실을 국내에서 널리 알리는 중요한 계기

---

38) 1998년 6월 상반기 영업결산에서 MS는 총매출 144억 8,000만 달러에 45억 달러의 순이익을 거두었다. MS는 이렇게 막대한 자금을 이용하여 '정복전략'을 추구한다. '오늘날 이 기업은 너무 부유해져서 여기저기 실험 삼아 수천만 달러를 투자'하고 '계획이 성공하지 않을 경우에는 이루어질 때까지 그 계획을 수정'한다(Nora and Cosmo, 1998: 37).

가 되었다.

MS의 편에서 경제적으로 보자면 보잘것없는 워드프로세서 시장을 이처럼 적극적으로 공략한 것도 바로 이 때문이었다. 즉 컴퓨터 사용에서 일종의 '관문'으로 기능하는 워드프로세서를 장악하는 것은 정보사회에서 문화적 고지를 점령한다는 의미를 가지는 것이었다(한겨레신문, 1998/6/22). 따라서 MS 워드프로세서가 흔글을 대체할 경우에 예상되는 피해는 대단한 것이었다. 그것은 우선 한글을 완벽히 구현하지 않는다. 그러므로 MS 워드프로세서가 국내 워드프로세서를 지배한다는 것은 한글의 정보화가 큰 장벽에 직면한다는 것을 의미한다. 둘째, 일반 사용자의 입장에서 새로운 기계에 익숙해지기 위해서는 상당한 시간과 비용을 투자해야 한다. 이것은 막대한 기회비용이 발생한다는 것을 의미한다. 셋째, 워드프로세서'프로그램을 단종시키는 것은 그야말로 MS의 전매특허'(Nora and Cosmo, 1998: 53)라고 할 정도로 MS는 빠르게 프로그램을 단종시킨다. 그럼에도 불구하고 전체 시장을 MS가 장악하고 조정하기 때문에, '새로운 버전이 나올 때마다, 모든 사용자들은 다른 사람들의 새 파일을 계속 읽기 위해 MS 워드를 다시 사지 않을 수 없'다(Nora and Cosmo, 1998: 55). 정보사회에서 문화적 고지를 점령하는 것은 결국 지속적인 경제적 이익을 보장하는 것이기도 하다. MS는 불과 200억원을 투자하여 한글 시장 전체를 장악하고자 했던 것이다.

이런 문제들은 '흔글이 가지는 공공성'에 대한 관심을 촉발시켰으며, '사회적 가치와 사적 가치의 차별성'이 논의되고, 심지어 '흔글은 더 이상 한 개인기업의 자산이 아니다'는 주장까지 제기되었다. 흥미로운 것은 이런 주장을 국내 '벤처기업'들의 모임인 '벤처기업협회'에서 개진했다는 사실이다(김선홍, 1998). 그리고 사실 벤처기업협회의 노력에 크게 힘입어 한글과컴퓨터는 MS와의 투자협상을 중단하고 흔글을 포기하지 않게 되었다. 그러나 이 사건에서 가장 중요한 점은 일반 이용자들과 개발자들이 중심이 되어 정보공유의 사회운동이 형성되었다는 사실이다. 이 사건에 대한 대응책으로 크게 세 가지 안이 제시되었다. 첫째, 한글과컴퓨터와 흔글을 그대로 존속할 수 있도록 하는 안이다. 이것은 벤처기업협회가 중심이 되어 추진되었으며, 흔글이 존속됨으로써 결과적으로 성공하였다. 둘째, 흔글의 소스코드를 공개하여 흔글을 공공의 자산으로 만들자는 안이다. 그러나 이 안은 한글과컴퓨터의 거부로 실현되지 않았다. 셋째, 기자회견의 내용이 보도되고 난 직후에 한 젊은 프로그래머가 제안한 '열린한글 개발프로젝트'이다. 이 세번째 안은 '흔글 죽이기' 사건에서 드러난 흔글의 사회성을 최대로 구현하려는 것이었다. 이로부터 '열린한글운동'이 시작되었다.

이 운동은 기술적으로 '자유로운 재배포가 가능한 다중 플랫폼 지원 워드프로세서'로서 '열린한글'을 만드는 것을 목표로 한다. 한편 이 운동의 사회적 원칙으로 가장 중요한 것은 '공공개발, 공동이용의 원칙을 지키는 소프트웨어의 사회화를 위해 진행되어야' 한다는 점이다(윤기현, 1998). 이런 원칙 위에서 열린한글 프로젝트는 '한국에서는 처음으로 시작된 본격적인 자유소프트웨어 프로젝트'로 규정되었다. [39] 그것은 '특정 기업의 상용 프로그램을 '지키는' 보수적인 입장이 아니라, 기존 아래아 한글의 장점[40]을 계승하면서도 뿌리부터 새로 우리

---

[39] 용어에 대해 이 프로젝트는 '열린(Open)이라는 말은 제한적인 공개(조건부 공개)라는 의미로 사용되었던 기존의 Open과는 다르'며, '공개(Free)라는 단어를 굳이 사용하지 않는 이유는, 열린 프로젝트가 '무조건적인 자유로움'보다는 '책임이 뒤따르는 자유로움'을 추구하기 때문'이라고 밝히고 있다(열린한글 프로젝트, 1998a). 이 프로젝트는 무엇보다 스톨만의 영향을 가장 크게 받은 것으로 보이지만, 이런 용어법은 스톨만의 정신을 정확히 이해한 것은 아니며, 열린소스운동의 '열린'에 대한 의미와도 다른 것이다.

[40] 기존 흔글의 가장 중요한 특징은 조합형으로 개발되어 한글의 문화적 특성을 고스란히 표현할 수 있는 유일한 워드프로세서라는 점이다. 조합형이 아닌 한글 워드프로세서는 한글의 특성을 제대로 구현할 수 없으며, 따라서 우리의 언어와

의 무른모를 '만들어내는' 진보적인 개발의지의 표출'이었다(열린한글 프로젝트, 1998b).

이 점에서 열린한글운동은 벤처기업협회가 중심이 된 '흔글 살리기'에 비해 훨씬 더 근본적인 정보공유론의 입장을 명시적으로 취하게 되었다. '흔글 살리기'가 공공재와 사유재, 민족기업과 초국적기업의 이분적 구도 위에서 절충적 태도를 취하고 전개되었다면, 열린한글 프로젝트는 명백히 일반 사용자의 관점에서 정보를 공유할 필요성을 강조하고 나선 것이다. 이것은 어떤 면에서 세종대왕의 한글 창제 정신과 이어지는 것이기도 하다. 따라서 열린흔글이 기술적으로는 흔글의 전통을 잇고 있지만, 정신적으로 그것은 세종대왕의 한글창제 정신을 이어 받는다. 이 점에서 열린한글 프로젝트는 '이 무른모 만들기가 바로 우리 역사상 최초의 공개소프트웨어인 한글창제와 그 맥을 같이 하고 있'다고 선언하는 것이다(열린한글 프로젝트, 1998b). 실제로 한글은 국가가 주체가 된 공유소프트웨어 개발의 세계적인 사례로 볼 수 있다. 이 점에서 열린한글 프로젝트는 한국이 가지고 있는 자유소프트웨어 개발의 '오래된 전통'을 현실 정보사회의 상황 속에서 사회운동으로 되살린다는 의미를 갖는 것으로 볼 수도 있을 것이다. 따라서 이 운동은, 비록 애초의 목표를 이루지 못하고 중단되기는 했지만, 그 형성 및 발전과정 자체가 정보공유의 역사와 의의를 새롭게 구현하는 것으로 평가될 수 있을 것이다.

4. 현실 정보사회의 두 가지 길

현실 정보사회의 상황에서 정보공유운동이 갖는 구조적인 의의는

문자문화를 훼손하는 결과를 빚게 된다.

상식화된 정보사유론의 정당성 자체를 의문스러운 것으로 만든다는 것이다. 요컨대 정보공유운동은 정보사유론과 정보공유론의 이데올로기적 차이를 첨예하게 드러내 보여준다. 양자의 대립은 단순히 지적 재산권을 둘러싼 경제적인 대립에 그치지 않는다. 현실 정보사회의 두 가지 핵심 이데올로기로서 정보사유론과 정보공유론은 훨씬 더 큰 사회적, 문화적 맥락을 가지고 있다. 정보의 의미, 그것의 개발 및 소통방식, 사회 전체와의 연관 등에서 양자는 큰 차이를 보인다. 이같은 차이와 대립은 현실 정보사회의 기술적 하부구조이자 신산업의 중추인 소프트웨어 분야에서 가장 두드러지게 나타나고 있다. 이 분야에서 정보사유론과 정보공유론은 현실 정보사회의 전망과 관련하여 두 가지 발전경로를 시사한다. 이것은 서로 대립적인 두 가지 유형의 전문가를 중심으로 전개되고 있다. 게이츠주의(Gatesism)와 해커주의(Hackerism)가 그것이다.

1) 게이츠주의

1999년 초에 사상 최초로 1,000억 달러가 넘는 재산을 소유한 부자가 된 빌 게이츠는 정보산업의 살아있는 신화이자 전설이다. 게이츠의 놀라운 성공은 정보산업, 특히 소프트웨어 분야로 수많은 사람들을 끌어들이는 가장 강력한 자극제가 되었다. 이같은 성공신화를 바탕으로 빌 게이츠는 '게이츠주의'[41] 라고 부를 수 있는 현실 정보사회

---

41) 이 용어는 트렘블레이에 의해 고안되었다. 그는 '정보사회'라는 용어의 모호성을 지적하면서, 이것을 대체하기 위한 용어로 게이츠주의를 제시한다. 그에 따르면, 정보는 어떤 사회에서도 중요한 것이었으므로, '정보사회'라는 용어는 그 자체로 변별력을 가지지 못한다. 이 점에서 그는 20세기 초에 이룩된 현대 산업사회의 중대한 변모를 가리키기 위해 '포드주의'라는 용어를 사용하는 것에 주목한다. 그리고 현재의 변화는 바로 이 포드주의의 변화이며 이 변화를 상징하는 인물이 게이츠라는 점에 착안하여, '과거에 포드가 그랬던 것처럼 현재 진행되는 변화를

의 발전경로와 주체모형을 제시하기에 이르렀다. 이것의 핵심은 무엇보다 정보사유론과 지적재산권의 강화에 있다. 이것은 철저히 상업적인 방식에 입각한 현실 정보사회의 형성 및 발전경로이다. 요컨대 빌 게이츠의 경우에서 볼 수 있는 것과 같은 경제적 성공이 보장될 때, 정보화가 촉진되고 정보사회가 발전할 수 있다는 것이다.

그러나 현재의 인터넷이 그 대표적인 예이지만, 자유소프트웨어는 현재의 정보사회를 형성시키고 지탱하고 있는 거대한 사회적 자산이다. 이런 점에서 자유소프트웨어가 없다면, 인터넷도 없을 뿐만 아니라 더 나아가 빌 게이츠도 있을 수 없었다고 할 수 있다. 결국 빌 게이츠의 성공은 엄청난 사회적 대가에 기반을 두고 이룩된 것이다. 그럼에도 불구하고 자본주의 하에서 빌 게이츠의 성공은 무엇보다 사유재산제에 의해 가능해진 것으로 나타난다. 이를테면 사유재산제에 뿌리를 둔 '상식의 정치'가 작동하고 있는 것이다. 이 점에서 지적재산권의 암묵적 전제들을 비판적으로 검토할 필요가 있다. 스톨만은 그것들을 다음과 같이 제시한다(Stallman, 1999a).

첫째, 소프트웨어회사는 소프트웨어를 소유할 자연권을 가지고 있으며, 따라서 그 이용자들에 대해 권력을 행사한다. 그러나 지적재산권은 자연권이 아니며, 자연권인 이용자의 복사권을 제한하기 위해 정부가 설정한 독점권이다. 둘째, 소프트웨어와 관련한 유일하게 중요한 일은 그것을 이용하여 무슨 일을 할 수 있느냐이다. 컴퓨터 이용자들은 자신들에게 허용된 사회가 어떤 사회인가 하는 문제에 대해서는 신경 쓰지 말아야 한다. 셋째, 회사가 이용자들에 대해 권력을 행사할 수 없다면, 이용자들은 유

종합하기 위해 빌 게이츠의 이름을 사용'하자고 그는 제안하는 것이다(Tremblay, 1995). 필자는 이 제안이 포스트포드주의라는 반정립적 용어보다는 훨씬 적극적이고 명확한 의미를 가진다고 생각한다. 그러나 필자는 정보산업의 성장과 정보사유론의 강화로 특징지어질 수 있는 현실 정보사회의 지배적 경향을 가리키기 위해 이 용어를 사용한다.

용한 소프트웨어를 가질 수 없을 것이다. 그러나 자유소프트웨어운동은 지적재산권이라는 사슬로 묶어 놓지 않고도 많은 유용한 소프트웨어들을 개발할 수 있다는 것을 보여주었다.

스톨만이 지적하고 있듯이, '자유의 철학'에 기반하여 사유제의 상식을 비판적으로 검토하면, 게이츠주의의 발전경로가 자연적인 것도, 가장 우월한 것도 아니라는 점을 이해할 수 있다. 그것은 자본주의의 상식과 역사적 우연이 결합하여 형성된 지배적인 경로일 뿐이다.

기술개발과 관련하여 게이츠주의는 경제적 보상을 무엇보다 강조한다. 요컨대 경제적 보상이 제도적으로 충분히 보장되지 않는다면, 기술개발은 제대로 이루어지지 않는다는 것이다. 그러나 자유소프트웨어의 개발사는 경제적 보상만이 기술개발의 촉진체가 아니라는 것을 보여준다. 또한 경제적 보상에 의존한 경쟁적 방식은 오히려 기술개발을 저해하기도 한다(Martin, 1996). 이러한 경제적 보상의 논리는 이른바 '불법복제'론을 합리화하는 중요한 근거로 사용된다. 그러나 사실 컴퓨터 기술은 '복제문화'를 통해 발전해 왔다. 그러므로 빌 게이츠의 성공은 자유로운 복제를 통한 정보공유의 문화가 약화되고, 그것을 불법복제로 규정하는 기업가의 문화가 지배하게 되었음을 뜻한다. 그러나 빌 게이츠의 성공 자체가 이러한 복제문화에 상당 부분 의존하고 있다는 점에 주목할 필요가 있다. 복제는 결국 사용자를 확대함으로써 거대한 MS시장이 형성되는 데 크게 기여했던 것이다. 이런 시장이 형성되어 있지 않을 때, MS는 '불법복제'에 대해 적대적이기보다 오히려 우호적인 것으로 보이며, 심지어 스스로 무상배포도 서슴치 않는다.42) 즉 복제에 대한 빌 게이츠의 태도는 이중적이다. 자신

---

42) 한글과컴퓨터에 대한 투자계획이 발표되기 얼마 전에 MS는 전국의 1만개 초 중고교에 MS 워드프로세서 100만 카피를 무료로 배포했다. 가격으로 따지면, 한 글과컴퓨터의 최고 인수가로 제시한 것의 5배에 해당하는, 무려 1,000억원에 달

의 시장이 확립되어 있는 곳에서, 빌 게이츠는 자유로운 복제를 '불법'으로 규정한다. 그러나 그렇지 않은 곳에서, 빌 게이츠는 그것을 독점적 지위를 차지하기 위한 경영수단으로 추구한다.[43]

게이츠주의는 '정복전략' 혹은 '확장통합정책'을 추구한다. 이것은 운영체계의 독점에 기반을 두고 응용프로그램으로, 콘텐츠로, 그리고 인터넷으로 이어지고 있다. 이같은 확장을 그는 기술적 우위에 따른 소비자 선택의 당연한 결과로 설명한다(Gates, 1995: 98-99). 그러나 더 중요한 것은, 그 자신도 강조하고 있듯이, 기술의 사회적 이용에서 '정의 환류'가 작동한다는 사실이다. 하나의 기술이 어느 정도 확고한 지위를 점하게 되면, 일종의 기술생태계가 형성되어 그 기술의 지위를 더욱 강화하는 방향으로 변화가 지속된다. 이것이 '정의 환류'이다. 그 궁극적인 귀결은 강력한 독점의 형성이다. 운영체계라는 다른 어떤 프로그램보다 사회성이 강한 프로그램 분야에서 역사적 우연을 통해 독점적 지위를 확립하게 된 'MS의 행동과 사고양식은 전적으로 경쟁을 근원적으로 차단하고, 독점체제 유지라는 기반 위에 혼자 서는 것'(Nora and Cosmo, 1998: 46)으로 나타났다. 이 상황에서 소비자의 선택권은 필연적으로 축소된다. 이것은 정보사회에서 자본주의의 독점화 경향이 더욱 강하게 나타날 수 있음을 보여주는 좋은 사례라고

하는 막대한 양이었다(한겨레신문, 1998/6/17).

43) 한글과컴퓨터를 개발한 이찬진은 '불법복제'의 이런 양면성을 잘 모르고 있다. 그는 '산업적 불법복제'와 일반 이용자의 '복제문화'를 전혀 구분하지 못한다. 그는 이 때문에 좌절감과 분노를 느끼고, '만약 흔글1.0이 나왔을 무렵부터 흔글 사용자들이 모두 정본을 구입했더라면 나는 아마 빌 게이츠 정도는 아니더라도 손꼽히는 '떼부자'가 될 수 있었을 것'이라고 회고한다(이찬진, 1995: 44). 그러나 만약에 모든 이용자에게 정본을 구입하도록 강요했더라면, 흔글이 그처럼 빠른 속도로 확산되지는 못했을 것이다. '불법복제'는 흔글이 지배적인 워드프로세서가 되는 데 적지 않은 기여를 했던 것이다. 물론 일반 기업체와 정부마저 아무런 대가도 지불하지 않고 복제본을 사용한 것은 용납될 수 없을지도 모른다. 무엇보다 그들은 정보사유론을 표방하고 있기 때문이다.

할 수 있다. 그럼에도 불구하고 게이츠주의는 궁극적으로 완전한 정보환경과 '마찰없는 자본주의'의 구현을 표방한다. 인터넷이 '해커들의 천국'이 되지 않도록 할 수만 있다면, 그것은 아담 스미스의 오랜 꿈을 실현할 수 있으리라는 것이다(Gates, 1995: 73). 그러나 이것은 이미 관련 소프트웨어 및 수많은 콘텐츠들을 독점하고 인터넷 시장을 장악하려는 빌 게이츠의 꿈일 뿐이다. 몇몇 독점자본이 정보의 소통을 통제하는 사회적 환경에서 완전한 정보의 소통이란 사실 불가능하기 때문이다(Dawson and Forster, 1998: 64).

주체의 면에서 게이츠주의는 기업가 모형을 추구한다. 이것은 먼저 개인을 변화의 중심에 놓는 것으로 나타난다. 일찍이 토플러는, '우리가 미래쇼크라고 불리는 것으로부터 모면하여 살아 남으려면 각 개인은 종전보다 더 나은 적응력과 능력을 무한히 키워나가야만 한다. 각 개인은 자기 자신을 안주시킬 전혀 새로운 방법을 찾아내야만 한다'(Toffler, 1970: 49)고 주장했다. 흔히 말하는 '창의적 개인'은 이러한 미래쇼크에 처해 자신의 능력을 '무한히' 키워나가는 새로운 주체를 의미한다. 그러나 이것은 창의성을 개인의 경제적 보상을 위해 사용하는 주체라는 점에서 본질적으로 새롭다고 할 수 없다. 빌 게이츠는 이러한 주체의 모형이다. 그는 풋내기 프로그래머 시절에 이미 자신이 개발한 프로그램을 아무런 대가도 지급하지 않은 채 사용하고 있는 회사에 대해 항의서를 보내기도 했다(김강호, 1997: 134). 그 무렵은 아직 정보공유의 문화가 지배적일 때였다. 프로그래머들 사이에서는 서로 정보를 공유하는 것이 당연한 때였다. 빌 게이츠는 기술과 그 사회적 공유에 몰두한 사람이 아니라, 즉 해커가 아니라, 처음부터 기술을 이용하여 경제적으로 성공하는 데 몰두한 사람, 즉 기업가였다.

현재 게이츠주의는 현실 정보사회의 지배적 경로로 확립되어 있다. 그러나 그것은 다양한 도전에 직면해 있기도 하다. 그 중에서 가장 중요한 것은 자유소프트웨어운동의 발전이다. 그누/리눅스 운영체계의 등장과 확산에 MS는 상당한 우려를 나타내고 있다. 이 새로운 도전에 직면하여 MS 내에서는 '할로윈 문서'로 알려진 내부 보고서가 작성되어 회람되기도 하였다(OSI, 1998). 리누스 토발즈가 어떤 인터뷰에서 '나는 빌 게이츠가 아직은 걱정하지 않을 거라고 생각한다'(Torvalds, 1998)고 말하고 있을 때, MS는 그누/리눅스의 위협을 제거하고 독점을 유지할 수 있는 방도를 찾고 있었던 것이다. 이것은 게이츠주의와 대립되는 또 다른 발전경로가 현실 정보사회의 형성 및 발전에서 실질적인 영향력을 행사하게 되었음을 보여주는 좋은 예라고 할 수 있다.

2) 해커주의

게이츠주의와 대립되는 또 다른 발전경로 및 주체 모형은 해커의 전통에서 비롯되었다. 해커야말로 이 경로의 정립에서 가장 중요한 역할을 수행한 전문가 주체들이다. 이 유형을 해커주의라고 부르는 것은 이 때문이다. 현재의 대중화된 용법에서 해커는 파괴자이고, 따라서 범죄자이다. 그러나 이러한 용법은 완전히 잘못된 것은 아닐지라도, 본질의 측면에서 분명히 잘못된 것이다. 해커(Hacker)라는 용어는 해크라는 말에서 비롯되었다. 해크는 원래 도끼질하는 것을 의미하지만, 해커의 전통에서는 '작업과정 그 자체에서 느껴지는 순수한 즐거움 이외에 어떠한 건설적인 목표도 갖지 않는 프로젝트나 그에 따른 결과물'을 의미한다(Levy, 1984: 22). 이처럼 오직 더 나은 기술을 위한 목적에 몰두한다는 점에서 해커는 컴퓨터 기술의 개척자이자 개발자였다. 1950년대부터 MIT를 중심으로 나타난 해커들은 새로운 컴퓨터 기술을 개발해가면서, 이 기술과 관련된 독자적인 윤리를 정립하였다. '해커윤리'로 알려진 이 새로운 윤리는 정보의 공유와 협동정

신으로 충만해 있다. 44) 어떤 면에서 컴퓨터 기술의 발전사는 바로 해
커의 역사이기도 하다. 해커들의 헌신과 공유의 노력이 없었다면 컴
퓨터 기술은 지금처럼 발전할 수 없었을 것이기 때문이다.

이처럼 중요한 역할을 수행한 해커가 정작 정보사회에서 위협적인
존재로 변한 것은 확실히 역설적이다. 그들의 헌신적인 노력은 정보
기술의 발달과 정보산업의 형성에 크게 기여했다. 그러나 그 결과 그
들의 해킹은 이제 일반적으로 범죄로 취급된다. 이런 관점에서 해킹
의 의미는 '컴퓨터를 이용하여 다른 사람의 정보처리장치 또는 정보처
리조직에 침입하거나, 기술적인 방법으로 다른 사람의 정보처리장치
가 수행하는 기능이나 전자기록에 함부로 간섭하는 일체의 행위'로 변
한다(최영호, 1998: 61). 이런 의미 변화는 정보사유론이 지배하게 된
현실 정보사회의 성격과 밀접히 연관되어 있다. 즉 해킹은 단순히 정
보적 파괴행위라는 점에서 범죄로 취급되는 것이 아니라, 정보사유론
에 입각한 사회체계에 대한 위협이라는 점에서 범죄로 취급되는 것이
다. 예컨대 '정보혁명의 선구자인 해커들이 범죄집단으로 규정되기 시
작한 때는 컴퓨터라는 도구가 하나의 산업군을 형성하는 시기와 일치
한다'(김강호, 1997: 48)는 사실은 해커와 해킹의 의미가 어떤 사회적
맥락에서 변화하게 되었는가를 보여준다. 현실 정보사회는 해커의 정
보공유 원칙을 제도적으로 억압하는 사회가 된 것이다. 45) 그러므로

---

44) 이 윤리는 여섯 가지 항목으로 구성되었다(Levy, 1984: 46-54). 첫째, 컴퓨
터에 대한 접근, 그리고 세상의 운행원리에 대해 가르쳐 주는 모든 것에 대한 접
근은 여하한 이유로도 방해받아서는 안되며 완전히 보장되어야 한다. 핸드 온(컴
퓨터를 실제로 사용하는 것) 명령에 복종하라! 둘째, 모든 정보는 개방되어야 한
다. 셋째, 권력에 대한 불신—분권화를 촉진하라. 넷째, 해커들은 그들의 해킹에
의해서만 심판되어야 하며 결코 학년이나 나이, 또는 지위와 같은 사이비 판단기
준에 의해 심판받아서는 안된다. 다섯째, 당신은 컴퓨터를 통해 예술과 아름다움
을 창조할 수 있다. 여섯째, 컴퓨터는 당신의 생활을 보다 나은 방향으로 변화시
켜 줄 수 있다.
45) 이같은 사실은 해커와 크래커(cracker)의 구분에서도 확인할 수 있다. 해커가

현실 정보사회의 기술적 측면에서 해커는 큰 성공을 거두었지만, 그 사회적 측면에서는 큰 실패를 감내해야 하는 처지가 되었다고 할 수 있다. 정보공유운동은 해커 전통의 이러한 사회적 실패를 극복하려는 노력의 산물로 출발하였다.

협소한 전문가집단의 하위문화로 여겨지던 해커의 정보공유 전통은 리차드 스톨만의 천재적 능력과 헌신적 노력에 힘입어 전체 사회의 변화와 연관된 정보공유운동으로 발전할 수 있었다. 원래 해커주의는 컴퓨터에 매혹되어 그것을 완벽하게 이용하려는 욕망에서 비롯되었다. 그것은 '컴퓨터의 마술을 충분히 빨아들이려는 집중된 노력이었다. 그것은 그 매혹적이고 복잡한 시스템을 흡수하고 탐구하고 확장시키려는 노력이었으며, 하나의 문화, 하나의 생활양식을 위한 영감으로서 그 논리적인 시스템을 완벽하게 사용하려는' 욕망의 표출이었다(Levy, 1984: 576). 그러나 해커주의는 단순히 컴퓨터라는 새로운 기술에 몰두하는 것에 그치지 않았다. 그것은 기술의 개발 및 이용에서 새로운 사회적 방식을 제시하는 것이기도 했다. 이 과정은 아나키 공동체적인 연구자 집단을 형성하는 것으로 나타났다. 그리고 시간이 지나면서 연구자 중심의 아나키 공동체는 정치권력 및 경제권력의 요구와 충돌하고 그것에 저항하게 되었다. 자유와 평화를 갈구하고 관료제에 저항한 히피운동과 반전운동이 이런 상황에 큰 영향을 미치기도 했다. 그러나 해커들에게 무엇보다 중요한 것은 정보의 공유였다. 그것이야말로 사람들을 자유롭게 만들고, 사회 전체를 경쟁이 아니라 협동의 기반 위에 세우는 것이었다. 스톨만의 선배로서 개인용 컴퓨

정보기술 자체에 몰두하며 정보의 공유를 원칙으로 삼는다면, 크래커는 개인적 이익을 위해 네트워크에 침입하고 타인의 정보를 절취하는 사람을 뜻한다. 정보기술을 이용한 범죄자는 해커가 아니라 크래커인 것이다. 이런 용어상의 혼용에는 해커의 정보공유 노력을 크래커의 사적 범죄와 같은 것으로 취급하는 현실이 반영되어 있다. 정보사유론의 관점에서 보자면, 해커의 정보공유 노력은 크래커와 동등하거나, 그보다 더 심각한 위협인 것이다.

터 개발의 선구자였던 리 펠젠스타인(Lee Felsenstein)은 이것을 다음
과 같이 설명했다.

> 어떤 의미에서 당신은 그저 단순하게 생존할 수도 있겠지만, '인간성'이란
> 존귀한 것보다 조금 더 귀하고, 약한 것보다 조금 더 나약한 것입니다.
> 따라서 '이것을 건드리지 말지니라'라고 말하고 있는 문화에 감히 도전하
> 는 것, 자신의 독자적이고 창조적인 힘으로 힘껏 맞서 싸우는 것이야말
> 로…본질적인 것입니다(Levy, 1984: 579).

스톨만이 추구한 정보공유의 사회운동은 이처럼 사회적으로 확장된
해커주의에 바탕하고 있는 것이었다. 그리고 '자유소프트웨어'를 표방
하고 시작된 이 운동은 1990년대 초에 그누/리눅스체계가 완성되면
서, 현실 정보사회의 형성 및 발전에 실제적인 영향을 미칠 수 있는
기술적 기반을 확보하게 되었다.

현재 해커주의는 공유 저작권을 통한 자유소프트웨어운동, 열린소
스면허를 통한 열린소스 소프트웨어운동, 그리고 비제한적 저작권[46)
을 통한 자유소프트웨어의 세 가지 형태로 전개되고 있다. 이 중에서
비제한적 저작권 방식은 사유 소프트웨어가 지배하는 현실에 저항하
는 사회운동으로 보기 어렵다. 그것은 사유 소프트웨어에 대해 어떠
한 제약도 가하지 않기 때문이다. 따라서 정보공유론을 이념적 기반
으로 삼고 전개되는 사회운동은 자유소프트웨어운동과 열린소스운동
으로 대표된다. 전자는 사유 소프트웨어를 궁극적으로 소멸시키는 것
을 목표로 하는 반면에, 후자는 소스코드(Source Code)의 개방을 그
직접적인 목표로 추구하며 소프트웨어의 사유화 자체를 문제시하지는

---

46) 소송으로부터 저작권 소유자를 보호하기 위한 것 외에 다른 어떤 것도 제한하
지 않는 방식과 어떠한 저작권도 설정하지 않는 순수한 공공 소프트웨어로 공개하
는 방식을 가리킨다. 전자의 예로는 버클리대학에서 개발된 BSD체계가, 후자의
예로는 XFree86이 있다(Watson, 1999).

않는다. 누구나 자유소프트웨어의 자산을 늘릴 수 있지만, 그 자산의 이용방식에서 양자는 첨예한 차이를 보이는 것이다. 즉 전자가 사유화를 엄격히 규제하고자 한다면, 후자는 사유화에 대해 사안에 따라 다르게 접근해야 한다고 본다. 이 점은 예컨대 MS에 대한 태도에서 잘 드러난다. 전자가 사유 소프트웨어 자체를 문제시하기 때문에 MS만을 특별한 것으로 취급하지 않는 반면에, 후자는 MS의 독점에 집중하여 그 해체를 가장 중요한 전략적 과제로 설정하고 있다. 이런 차이에도 불구하고 전체로서 정보공유운동이 현실 정보사회의 중요한 사회세력으로 성장했다는 것은 분명하다.

물론 비관적 전망도 있었다. 그러나 예컨대 '이들의 전망은 그리 밝지 않게 느껴진다. 운영체제를 놓고 벌어지는 싸움에서 Hurd[47]는 그 명함도 못 내밀고 있는 실정이고, 리눅스 등의 자유소프트웨어는 시스템관리자 정도의 지식이 있어야만 사용할 수 있는 등 상용프로그램과 경쟁이 되지 않고 있다'(강명구, 1996: 40)는 비관적 평가는 1990년대 후반을 지나며 상당히 크게 변했다. 리눅스가 빠르게 사용자층을 확대하면서 대안의 운영체계로서 각광을 받기에 이른 것이다.

5. 소결

1990년대의 정보화 경쟁은 자본주의의 구조적 규정 속에서 정보사유론의 제도적 강화로 귀결되었다. 이같은 상황은 미국의 주도로 진행되고 있는 새로운 세계지적재산권체계의 형성에서 잘 드러난다. 이와 함께 이러한 변화가 정보/지식의 자유로운 흐름과 사회적 축적에 부정적인 영향을 미칠 것이라는 우려도 커졌다. 이러한 우려는 정보

---

47) 그누프로젝트에서 독자적으로 개발하고 있는 커널 프로그램의 이름이다.

공유론에 입각한 사회운동에 의해 가장 명확한 형태로 제기되고 있다. 정보공유운동이 갖는 가장 중요한 특징은 기술적 대안을 통해 정보/지식의 사유화 경향을 제약하고자 한다는 점이다. 이런 점에서 정보공유론의 도전은 단순히 이념적인 차원에 그치는 것이 아니다. 그것은 사회를 변화시키려는 구체적인 실천으로 전개되고 있다.

정보사유론에 대한 정보공유론의 실천적인 도전은 1980년대 중반에 리차드 스톨만이 그누프로젝트를 시작하고 자유소프트웨어재단을 설립했을 때부터 전개되기 시작하였다. 이 운동은 현실 정보사회의 중요한 기술적 기반이자 신산업의 중추인 소프트웨어 분야에서 정보사유론의 정당성과 효율성에 대한 중대한 도전으로 성장하였다. 이 도전은 기술적 대안을 통해 상업 소프트웨어에 대해 실제적인 위협을 가한 동시에, 상업 소프트웨어의 정당화 논리 자체에도 큰 영향을 미쳤다. 예컨대 FSF가 제시한 공유 저작권의 개념은 저작권을 사유 저작권과 공유 저작권으로 구분하게 함으로써, 결과적으로 저작권이 사유재산을 보호하기 위해 고안되었다는 저작권의 상식 자체를 다시 생각하게 하는 효과를 거두었다.

정보공유의 사회운동이 미친 이러한 영향은 소프트웨어의 개발유형을 통해 좀더 분명하게 이해될 수 있다.

<표 3> 소프트웨어의 개발유형

	개방형	폐쇄형
사유	OSI, MS	MS
공유	OSI, FSF	FSF

주: MS＝Microsoft,
　　FSF＝Free Software Foundation
　　OSI＝Open Source Initiative

소프트웨어는 그 소유방식과 관련하여 우선 크게 사유재와 공유재로 구분될 수 있다. 이것은 모든 소프트웨어가 상품으로 개발되는 것이 아니라는 사실을 보여준다. 이 점에서 정보공유운동과 MS를 중심으로 하는 산업계의 논리는 명확히 구분된다. 요컨대 정보공유의 원리는 자본의 이윤원리와는 크게 대립하는 것이다.

정보공유의 사회운동이 산업계에 대해, 다시 말해서 정보공유론이 정보사유론에 대해서, 실제적인 도전으로 성장한 것은 1990년대 중반 이후이다. 여기에는 두 가지 사항이 연관되어 있다. 첫째, 리눅스라는 커널 프로그램이 개발됨으로써 그누/리눅스 프로젝트가 기술적으로 일단락되었다는 점이다. 이것은 정보공유운동이 정보사유론에 맞설 수 있는 핵심적인 기술적 기반을 구비하게 되었음을 의미한다. 둘째, MS의 독점강화에 따라 산업계 내부에서 반MS세력이 확산되었다는 점이다. 이들이 정보공유운동의 실용주의 진영을 주요한 동맹세력으로 택함으로써 정보공유론의 지반이 사회적으로 확산될 수 있는 계기가 마련되었다.

정보재의 생산 및 분배와 관련하여 현실 정보사회의 사회세력은 경쟁원리에 의해 추동되는 자본과 공유원리를 추구하는 사회운동으로 대표된다. 양자의 대립적 관계는 정보화 경쟁의 강화와 함께 정보사유론과 정보공유론의 대립으로 드러나고 있다. 컴퓨터 프로그램을 중심으로 보았을 때, 이러한 관계는 각각 게이츠주의와 해커주의에 기반한 정보산업 진영과 정보공유운동 진영의 대립으로 나타난다. 그러나 1990년대 중반을 지나며 이러한 기본적 관계에 상당한 변화가 나타나고 있다. 먼저 정보산업계에서는 MS가 지배자적 지위를 확고히 굳힘에 따라 MS계열과 반MS계열의 분화가 이루어지게 되었다. 다음에 정보공유운동에서는 FSF의 운동방식에 대해 비판적인 운동가들이 결집됨으로써 원칙주의와 실용주의의 분화가 이루어지게 되었다.

그 결과 현실 정보사회의 세력관계는 다음과 같은 세 가지 형태를 지니게 된 것으로 보인다. 첫째, 대립관계이다. 정보공유운동의 원칙주의적 입장을 취하는 FSF는 모든 사유 소프트웨어에 대해 대립적이다. 반면에 실용주의를 표방하고 있는 OSI는 MS가 누리고 있는 독점적 지위를 해체하는 데 중점을 두고 있다.

둘째, 대립 및 연대관계이다. 자본 측에서 MS와 반MS는 MS의 독점을 중심으로 대립하고 있지만, 정보사유론과 게이츠주의를 추구한다는 점에서는 본질적으로 연대관계에 있다. 정보공유운동 측에서 FSF와 OSI는 운동방식을 두고 대립하고 있지만, 정보공유론과 해커주의에 입각하여 자유소프트웨어의 발전을 추구한다는 점에서 본질적으로 연대관계에 있다.

셋째, 연대관계이다. 이것은 정보공유운동 측에서 실용주의 진영의 형성과 자본 측에서 반MS계열의 등장이 가져온 독특한 결과이다. 이 연대가 성공한다면, 향후에는 MS 계열, FSF, 반MS/OSI의 3분할 형태로 세력관계가 재구성될 것이다. 그런만큼 이 연대의 의미와 영향은 적지 않다. 그러나 FSF측에서 비판하고 있듯이, 열린소스 소프트웨어는 소프트웨어의 사유화 자체를 문제시하지는 않는다는 점에서, 이러한 새로운 변화가 정보공유론의 목표를 완전히 실현하기는 어려울 것으로 보인다.

6장
정보화 경쟁과 정보공유운동

1990년대는 사회주의세계체계의 붕괴와 자본주의의 지구화라는 거대한 변화로 시작하였다. 이 세계사적 변화에 따라 세계는 이른바 '무한경쟁' 시대로 맹렬히 돌입하게 되었다. 그리고 정보화는 이 치열한 경쟁에서 승리하기 위한 최대의 과제로 부각되었다. 그 결과 말 그대로 지구적인 차원에서 정보화를 이루려는 거센 경쟁이 벌어졌다. 이러한 정보화 경쟁을 통해 형성된 현실 정보사회는 구조적으로 '자본주의의 확장'으로 나타났다. 정보는 이제 무엇보다 자본주의의 상품으로서 생산되고 분배된다. 정보는 사회를 (재)생산하기 위한 소통(communication)의 대상에서 이제 무엇보다 자본의 축적을 위한 교환의 내상으로 변모한다.

이 책에서는 정보주의와 정보공유론을 중심으로 이러한 변화의 이데올로기와 문제점에 대해 살펴보았다. 정보주의는 정보의 자본주의적 사유화를 문명사적 변화로 합리화하며, 지적재산권의 강화를 통해 자본주의의 확장을 제도적으로 안정화시키려고 한다. 그러나 이러한 안정화 시도는 정보의 사유화에 따른 경제적 독점의 강화와 정치적 자유의 침해라는 문제로 말미암아 새로운 사회적 저항에 직면하게 되었다. '정보는 본래 공공재'라는 인식에서 출발한 정보공유론은 이러한 저항의 가장 중요한 이론적 자원이자 이데올로기적 자원으로 구실하고 있다.

이 책은 크게 세 부분으로 구성되었다. 첫째, 정보화 경쟁을 문명사적 변화로 합리화하는 정보주의에 대한 비판적 검토이다. 2장과 3장의 논의가 여기에 해당되지만, 특히 3장에서 정보주의의 문제점을 구체적으로 검토하고자 하였다. 둘째, 지적재산권에 대한 검토를 통해 정보화 경쟁이 자본주의의 확장으로 귀결되고 있음을 보여주고자 했다. 특히 1990년대 중반 이후 빠르게 전개되고 있는 새로운 세계지적재산권체계의 사회적 의미를 다루었다. 4장의 논의가 여기에 해당된다. 셋째, 정보공유론에 입각하여 정보의 사유화에 저항하는 움직임이 폭넓게 전개되고 있음을 보여주고자 했다. 그 대표적인 예로 소프트웨어 분야의 정보공유운동을 다루었다. 5장의 논의가 여기에 해당한다. 이제 마지막으로 여기서는 이 책의 주요 내용을 정리하고, 정보공유운동의 과제와 전망에 대해 살펴보고자 한다.

1. 이 책의 주요 내용

현실 정보사회의 동학

정보사회는 정보화의 결과로 형성되는 새로운 사회를 의미한다. 따라서 정보화와 정보사회는 일반적으로 쌍개념으로 사용된다. 그러나 이러한 논리는 '기술결정론'이라는 비판을 야기하는 경향이 있다. 이런 문제점을 피하기 위해 이 책에서는 '정보화 경쟁'과 '현실 정보사회'라는 용어를 사용하였다.

정보화 경쟁은 일반적으로 정보화를 통해 전개되는 자본주의적 경쟁으로, 특수하게는 정보화를 통해 전개되는 신자유주의의 무한

경쟁으로 파악된다. 현실 정보사회란 이러한 정보화 경쟁의 결과로 형성된 사회를 의미한다. 쉽게 말해서 그것은 기술적으로 새로운 정보기술을 이용하고 있지만, 사회적으로 자본주의의 구조적 규정에서 벗어나지 않은 사회를 가리킨다. 이러한 현실 정보사회에서 정보화는 자본의 요구를 중심으로 국가의 적극적인 지원을 통해 전개된다. 1)

이같은 상황에서 정보화의 사회적 차원은 그 경제적 효과에 의해 압도된다. 예컨대 정보화는 민주화와 밀접한 연관을 맺고 있으나, 정보화 경쟁에서 정보화는 무엇보다 더 많은 이윤을 얻기 위한 경제적 수단으로 여겨지는 것이다. 그러나 바로 이 때문에 정보화 경쟁에 대한 사회적 저항이 빚어진다. 이러한 사회적 저항은 정보화 경쟁에서 빚어지는 여러 문제들을 제시하며, 그것과는 구분되는 새로운 방식의 정보화를 추구하는 흐름으로 나타난다. 따라서 현실 정보사회에 대한 전체적인 이해를 위해서는 정보화 경쟁뿐만 아니라 그에 대한 사회적 저항에 대해서도 마땅히 관심을 기울여야 한다.

정보주의/정보사유론과 정보공유론의 이데올로기적 대립은 현실 정보사회의 변화를 둘러싼 이해관계의 대립을 반영한다. 전자가 자본주의 시장경제를 정보/지식의 영역으로까지 확장하고자 한다면, 후자는 그러한 확장을 저지하고자 한다. 따라서 현실 정보사회의 동학은 정보주의/정보사유론이 지배하는 자본주의적 경쟁만이 아니라, 그것이 정보공유론과 맺고 있는 상호관계 속에서 작동하는 것으로 이해될 수 있다.

---

1) 이것은 자본주의세계체계에서 자본의 경쟁이 국가간 경쟁으로 나타나는 것과 관련된다. '정부주도적인 기술정책은 국제적인 경쟁에서 한 국가의 위치고수를 위한 도구로서 표현된다. 바로 뉴미디어의 수용과정에 국가가 능동적인 요소로 등장되는 배경이 여기에 있는 것이다. …새로운 미디어를 안방으로 수용하는 과정에 있어서 국가는 항시 산업체의 편에 서서 능동적으로 작용하는 구심체가 되고 있다'(송해룡, 1990: 105-106).

정보주의: 정보화 경쟁의 지배이데올로기

정보주의는 정보를 무엇보다 자본주의적 상품으로 다루고자 하는 자본의 요구를 정당화한다. 정보주의는, 먼저 물질/에너지의 대사방식이라는 점에서 산업주의가 지속되고 있으며, 다음에 그 사회적 생산과 전유방식이라는 점에서 자본주의가 지속되고 있다는 사실을 부정한다. 이른바 정보자본주의가 기술적으로 정보(통신)기술의 발달로 나타나게 되었다면, 정보주의는 그것을 이데올로기적으로 합리화한다.

정보주의는 정보자본주의의 대두를 문명사적 전환으로 제시한다. 요컨대 정보주의는 현실 정보사회를 탈산업과 탈자본의 사회로 제시한다. 그러나 1990년대에 들어와 더욱 빠르게 전개된 정보사유론의 강화는 정보주의의 이데올로기적 성격을 잘 드러내 보여준다. 정보사유론은 본래 공공재인 정보/지식을 자본주의적으로 전유하는 것을 정당화한다. 정보주의는 이러한 정보사유론을 문명사적인 견지에서 적극적으로 정당화한다. 이처럼 정보사유론을 정당화한다는 점에서, 정보주의는 정보화 경쟁의 지배이데올로기로 파악된다.

이데올로기의 작동과 관련하여 예컨대 알뛰세는 '이데올로기적 국가기구(ISA)'라는 개념을 제시하고, 특히 각종 공사립 학교체계로 구성되는 '교육 ISA'의 역할을 강조하였다(Althusser, 1971: 155, 158). 그러나 최근의 정보화 경쟁에서는 대중매체의 역할이 훨씬 더 중요한 것으로 보인다. 이미 대중매체의 영향력은 많은 사람들이 대중매체를 통해 체계적으로 구성된 현실을 현실 자체로 받아들일 정도에 이르렀다(김진균, 1996). 따라서 현실 정보사회의 구성을 정확히 이해하기 위해서는 정보화 경쟁의 이데올로기가 대중매체를 통해 어떻게 유포되고 있는가에 대해서 주목할 필요가 있다.[2]

---

2) 이 논문에서는 이 문제가 충분히 다루어지지 못했다. 향후의 연구과제로서 이

정보공유론: 정보화 경쟁의 대항이데올로기

정보와 물질의 중요한 차이로 흔히 소유 가능성이 지적된다. 정보의 소유라는 관념은 무엇보다 정보의 매체적 구현[3]에서 비롯되었다. 즉 매체의 소유에서 정보의 소유라는 관념이 파생된 것이다. 그러나 물리적인 의미에서 무형의 정보를 소유한다는 것은 불가능하다. 정보는 '가지는 것'이 아니라 '아는 것'이기 때문이다. 이런 점에서 결국 정보를 소유한다는 것은 정보의 이용, 즉 그 사회적 확산을 강제적으로 통제한다는 것을 의미할 것이다. 따라서 정보의 소유는 결국 정보의 자유로운 확산과 흐름을 막게 된다. 그러므로 정보의 소유는 사회의 (재)생산에서 여러 가지 심각한 문제를 낳게 된다.

그러나 현실 정보사회에서 정보/지식의 사적 소유는 더욱 강화되고 있다. 현재 이러한 추세는 특히 새로운 세계지적재산권체계의 형성에서 살펴볼 수 있다. 그러나 정보재는 두 가지 점에서 일반 물질재와 크게 다르다. 첫째, 그것은 일반 물질재와 달리 모든 사람이 공유할 수 있다. 어떤 정보 '소유자'의 정보를 다른 사람이 이용한다고 해도 원래 '소유자'의 정보는 전혀 줄어들지 않는다. 즉 정보는 이용에 배타성이 없는 공공재이다. 둘째, 그것은 결코 무에서 생산되지 않는다. 모든 정보는 다른 정보를 바탕으로 구성되며, 다른 정보와의 관계 속에서 의미를 갖는다. 따라서 사적으로 전유할 수 있는 정보의 범위와 내용을 엄밀히 규정하는 것은 대단히 어렵다.

문제는 크게 두 가지 내용을 포함해야 할 것으로 생각한다. 첫째, 지배이데올로기로서 정보주의의 확산에 대중매체가 어떻게 기여하고 있는가 하는 점이다. 둘째, 정보공유론으로 대표되는 대항이데올로기가 대중매체에서 어떻게 배제되고 있는가 하는 점이다. 후자에는 직접적인 배제뿐만 아니라, '내용적 배제'도 포함되어야 할 것이다. 여기서 '내용적 배제'란, 예컨대 '그누/리눅스'프로그램을 방송하되 자유소프트웨어의 정신은 배제하는 것과 같은 방식을 의미한다.

3) 어떤 정보가 매체를 통해 물질적으로 구현되는 것을 뜻한다. 우리가 알고 있는 것을 책이나 시청각 매체를 통해 표현하는 것이 이러한 정보의 매체적 구현이다.

본래 지적재산권은 이런 인식에 근거를 두고 정보/지식의 생산과 소통을 촉진하기 위한 제도로 고안되었다. 그것은 정보/지식이라는 공공재를 사유재로 다루기 위한 장치이되, 그 목적은 궁극적으로 정보/지식이라는 공공재의 사회적 생산을 확대하기 위한 것이다. 이런 이유에서 정보공유론은 정보/지식의 사유화를 당연시하는 자본주의적 소유권의 논리에 대항한다. 같은 이유에서, 지적재산권이 저작권과 이용권의 균형을 표방한다면, 정보공유론은 저작권에 대해 이용권을 먼저 고려해야 한다고 주장한다.

게이츠주의와 해커주의

정보사유론과 정보공유론의 관계는 소프트웨어의 경우에서 상당히 분명한 형태로 나타나고 있다. 그것은 게이츠주의(Gatesism)와 해커주의(Hackerism)의 대립을 통해 살펴볼 수 있다.

먼저 게이츠주의는 자본주의 시장경제의 기반 위에 현실 정보사회를 구축하고자 한다. 이것은 본질적으로 모든 것을 시장원리에 맡기는 시장자유주의를 추구한다. 시장은 경쟁을 강화하고, 경쟁은 기술 발달을 촉진하며, 그 결실은 모든 사람들이 누리게 된다는 것이다. 그러나 시장의 자유경쟁은 필연적으로 독점의 형성으로 귀결된다. 기술이 고도화될수록 이같은 사실은 더욱 명확하게 드러나며, 그 영향도 더욱 더 확대된다. 시장자유주의의 호언장담은 실현되지 않았으며, 앞으로도 결코 실현되지 않을 것이다.

반면에 해커주의는 본질적으로 일종의 선물경제(gift economy)를 추구한다.[4] 그러므로 현실 정보사회와 관련하여 해커는 두 가지 점에서 중요하다. 첫째, 해커는 순수하게 기술 자체의 개발에 몰두한다.

---

[4] 1990년대 말에 나타난 '열린소스운동'은 시장경제와 선물경제의 '중간지대'를 모색한다. 그러나 궁극적으로 '자유소프트웨어'의 발전을 목표한다는 점에서 보자면, 해커주의는 본질적으로 '선물경제'를 추구한다고 할 수 있다.

따라서 기술외적 조건에 의해 구속받지 않은 채 더 나은 기술, 더 좋은 기술을 개발한다.[5] 무엇보다 현재의 인터넷이 그 좋은 예라고 할 수 있다. 둘째, 해커는 정보의 자유와 공유에 바탕을 둔 해커윤리를 실천원리로 삼는다. 따라서 해커는 정보사유론의 안정적 구현을 끊임없이 위협하고, 자본주의가 정보 영역으로 확장하는 것에 저항한다. 해커가 현실 정보사회의 안전을 위협하는 존재로 인식되는 것은 주로 이 때문이라고 할 수 있다.

정보주의/정보사유론의 관점에서 보자면, 모든 해커는 크래커(cracker), 즉 시스템과 보안을 파괴하는 범죄자와 동일한 존재이다. 이러한 동일시에는 해커가 추구하는 공동체와 공유의 이념에 대한 정보사유론의 반감이 투영되어 있는 것으로 보인다. 이처럼 정보주의/정보사유론과 정보공유론의 대립은 현재의 자본주의와 본질적으로 연관되어 있다. 따라서 양자의 접점을 찾는 것은 결코 쉽지 않은 과제이다.

2. 과제와 전망

정보공유론의 확산

현실 정보사회의 전망은 다양하다. 우선 정보경제의 놀라운 호황에도 불구하고 정보사유론 내부에서도 우려가 끊이지 않았다. 이를테면 '호황론'과 '파국론'의 대립이 계속해서 전개되었다(Economist, 1999; Mandel, 2000; Henwood et al., 2001). 정보공유론의 도전은 현실 정보사회의 전망을 더욱 가변적인 것으로 만든다. 그것은 결국 현실 정보사회가 기반으로 삼고 있는 자본주의 시장경제 자체에 대한 도전을 함축한다. 비록 정보공유론이 명시적으로 자본주의를 부정하지는 않

---

5) 이에 비해 게이츠주의를 추구하는 기업가적 기술전문가는 기술적 완벽성이 아니라 네트워크 효과의 확산을 통한 시장지배를 기술개발의 일차적 목표로 삼는다.

을지라도, 그것은 구체적인 기술적 대안을 통해 정보사유론에 도전함으로써, 정보/지식의 사유화를 통해 다시금 급성장하고 있는 현대 자본주의를 여러모로 불편하게 한다.

정보주의/정보사유론과 게이츠주의에 대한 저항은 최근에 들어와 빠르게 확대되고 있다.[6] 기술적 대안을 추구한다는 점에서 정보공유운동이 가장 구체적이고 중요한 저항세력이라면, 1990년대의 '사이버화'(김문조, 1998)의 결과로 등장한 이른바 '네티즌'은 이 운동의 확산에 긍정적인 영향을 미치고 있는 것으로 보인다(Hauben, 1996; 公文俊平 編著, 1996). 새로운 '디지털 국민'으로 불리기도 하는 네티즌은 정치적 자유주의와 경제적 보수주의를 추구한다는 점에서 모순적이지만, 적어도 '정보의 자유'를 최상의 가치로 추구한다는 점에서(Katz, 1997) 정보사유론에 저항하는 중요한 새로운 사회적 집단으로 역할하고 있다. '정보의 자유'를 추구하는 이러한 문화적 전통은 현실 정보사회를 끊임없는 동요 상태로 이끄는 중요한 사회적 요인이라고 할 수 있다.[7]

그러나 이러한 영향에도 불구하고 정보공유론의 사회적 확산은 결

---

6) 1990년대 말을 지나면서 정보공유운동은 소프트웨어 분야를 넘어서 일반 콘텐츠 분야로 빠르게 확산되고 있다. 여기에는 스톨만의 자유소프트웨어운동과 레이몬드의 열린소스운동이 모두 큰 영향을 미쳤다. 두 운동의 특징과 성과에 대해서는 무엇보다 Behlendorf et al. (1999)를 참조.
7) 물론 이같은 동요는 정보사회의 일반적인 기술적 특성에서 비롯되는 것이기도 하다. 예컨대 새로운 정보경제를 촉진하는 과정은 동시에 개인의 정보권에 대한 침해를 유발하여, 표현의 자유와 프라이버시권이 정보사회의 기본권으로서 새롭게 강조된다. 이같은 문제들의 발생은 정보사회를, 본질적으로 그 기술적 기반에서 유래하는, 체계적 위험에 노출된 '유약한 사회'(박성호, 1990)로 파악하게 한다. 그러므로 현실 정보사회의 안정적 발전은 기술적으로도 결코 쉽게 달성되지 않을 과제이다. 이와 관련하여 암호기술이 유력한 장치로 제시되고 있지만, 여기서는 '모순'이라는 말의 원래 뜻처럼 '창과 방패'의 대립적 현상이 계속해서 전개되고 있다. 이러한 예는 현실 정보사회의 기술적 안정성을 둘러싼 논란이 그 기술 자체의 불안정성에서 비롯된다는 것을 보여준다.

코 쉬운 과제가 아니다. 우리의 인지적 현실이 정보사유론에 의해 지배되고 있을 때, 다른 가능성을 모색한다는 것은 대단히 어려운 일이다.[8] 요컨대 우리는 모르는 것에 대해서는 모른다는 사실조차 모른다 (Maturana and Varela, 1984). 경제적 가치가 다른 모든 사회적 가치를 지배하는 상황에서 빌 게이츠의 놀라운 성공신화는 어떤 이데올로기보다 더 현실적인 설득력을 갖고 사람들에게 다가간다.[9] 정보공유운동이 거둔 대중적 성과는 분명히 괄목할만한 것이지만, 그것이 대항해야 하는 대상의 힘은 여전히 강력하다.

정보공유운동의 함의

정보공유론은 크게 두 가지 방식으로 실천된다. 하나는 제도의 변화에 저항해서 지적재산권의 강화를 억제하는 것이고, 다른 하나는 정보공유운동을 전개해서 대안적인 정보/지식의 생산과 소통을 넓혀가는 것이다. 넓은 의미에서 정보공유운동은 두 가지를 모두 포함하지만, 좁은 의미에서 그것은 무엇보다 정보공유의 공동체를 확장하는 것을 의미한다. 이러한 정보공유운동을 통해 정보공유론은 이론적 논의의 수준을 벗어나 실천의 장으로 나아간다. 이 운동의 의의는 한편에서 자본주의의 정보적 확장에 저항함으로써 현실 정보사회를 동요시키고, 다른 한편에서 비자본주의적인 정보/지식의 생산과 소통방식을 확산시킨다는 데서 찾을 수 있다.

---

8) 이 점에서 대중매체의 영향력이 다시금 중요하게 부각된다. 자본주의적 경쟁과 교환의 논리에 지배되는 대중매체는 정보주의/정보사유론을 사회적으로 확산시키는 가장 대중적인 통로이기 때문이다.

9) 닐 포스트만은 정보사회에 관한 두 가지 비관적 견해를 오웰(Owell)식 모델과 헉슬리(Huxley)식 모델로 구분한다(Postman, 1986). 전자가 강제적 억압을 경고했다면, 후자는 자발적 억압을 경고했다는 것이다. 빌 게이츠의 성공신화가 지배하는 상황에서 현실 정보사회는 혹시 이러한 헉슬리의 경고를 실현하고 있는 것은 아닐까?

첫 번째 의의는 다시 두 가지로 나눌 수 있다. 하나는 지적재산권에 의해 나타나는 새로운 경제적 독점에 저항하는 것이다. 이것은 무엇보다 마이크로소프트의 운영체계 독점에 대한 저항에서 가장 잘 나타나고 있으며, 그 대표적인 예로는 물론 그누/리눅스체계의 개발을 들 수 있다. 다른 하나는 정보재를 사유재로 다루는 것 자체에 대해 저항하는 것이다. 이런 저항은 정보공유운동 내에서도 좀더 근본적인 입장을 취하는 측에 의해 전개되고 있지만, 거대 독점의 문제가 결국은 정보재의 자본주의적 사유화에서 비롯된다는 점에서 주목할 필요가 있다.

두 번째 의의도 역시 두 가지로 나누어 살펴볼 수 있다. 하나는 정보/지식을 누구나 자유롭게 이용하고 개발할 수 있도록 하는 것이다. 이것은 사회적 자산으로서 정보/지식의 거대한 축적과 자유로운 흐름을 촉진하고, 정보/지식의 이용과 관련된 사회적 불평등의 악화를 저지할 수 있다. 다른 하나는 경제적 보상이 아닌 자유, 평등, 협동, 그리고 명성과 같은 사회적 가치들의 중요성을 새롭게 부각시킨다. 자본주의 하에서, 특히 신자유주의의 지배 하에서, 경제적 성공은 여러 가치들 중의 하나가 아니라, 모든 가치들 중에서 가장 중요한 것으로 확립되었다. 다른 가치들은 부차적인 것이거나 보완적인 것으로 격하된다. 정보공유운동은 이러한 상황 자체에 저항한다.

그러므로 정보공유운동의 성공 여부는 단순히 더 많은 정보재를 공유할 수 있도록 하는 것이 아니라, 사회를 새로운 가치체계 위에 세우는 것이라고 할 수 있다. 이런 점에서 정보공유운동은 기술적이거나 경제적인 차원을 넘어서는 대안문화적 운동이며, 그 목표는 단기적으로 달성되는 것이 아니라 장기적이고 복합적인 변화를 통해 이룩될 수 있을 것이다. 실로 정보공유운동의 중요성은 이러한 사회적 성격에서 찾을 수 있다.

정보공유운동의 발전을 위한 과제

정보공유운동의 발전을 위한 과제로는 크게 세 가지를 들 수 있다. 첫째, 정보공유운동의 사회적 의의가 한층 더 널리 인식되어야 한다. 1990년대 말에 들어와서 마이크로소프트의 독점문제가 크게 부각된 것을 계기로 정보공유운동에 대한 관심도 널리 확산되었다. 그러나 이 운동의 실체와 의의는 아직 제대로 알려지지 않은 채, 여전히 그 기술적 및 경제적 효과에만 주목하는 경향이 있다. 이같은 상황을 넘어서 정보공유운동이 현실 정보사회의 변화를 추동하는 주요한 동력으로 발전하기 위해서는 무엇보다 이 운동의 폭넓은 사회적 의의에 대한 대중적 인식을 심화시킬 필요가 있다.

둘째, 이를 위해서 우선 시민사회 내에서 이 운동의 중요성이 충분히 인식되어야 한다. 특히 이 운동에 대한 다른 사회운동단체들의 이해와 관심이 깊어져야 할 것이다. 사회운동단체들 간의 연대는 이 운동의 폭넓은 확산에 기여함으로써 그 사회적 목표들을 달성할 수 있는 가능성을 높이게 될 것이다.[10] 또한 이같은 연대는 한 나라의 수준에 머무는 것이 아니라 지구적으로 확대될 필요가 있다. 마이크로소프트의 독점문제에 대한 각국 시민사회의 연대, 다양한 자유소프트웨어를 생산하기 위한 각국 정보공유운동의 연대가 한층 강화되어야 한다는 것이다. 사회운동단체들의 연대와 경험의 공유를 통해 정보공유운동은 자본의 지배를 넘어선 새로운 정보화의 가능성을 더욱 공고히 할 수 있을 것이다.

---

10) 예컨대 그누/리눅스운동을 펼치는 전문가 단체와 좀더 일반적인 정보사회운동단체들의 연대가 확대되어야 한다. 그리고 이 연대는 단순히 그누/리눅스의 사회적 의의를 다른 단체들이 이해하는 차원을 넘어서 그누/리눅스의 방식을 다른 단체들이 응용하는 방식으로 나아가야 한다. 홈페이지를 '사유 저작권'(COPYRIGHT)가 아니라 '공유 저작권'(COPYLEFT)로 운영하는 것도 그 좋은 예가 된다. 이 점에서 처음부터 '공유 저작권'을 내걸었던 〈딴지일보〉는 좋은 참조대상이 될 수 있다.

셋째, 정보화와 관련하여 국가의 공적 역할이 한층 강화될 수 있도록 해야 한다. 예컨대 운영체계는 말할 것도 없고 응용 소프트웨어들도 새로운 기술적 하부구조로서 중요한 역할을 수행하고 있는 상황에서, 그 개발과 이용을 온전히 시장에 맡기는 것은 사회의 운영 자체를 몇몇 거대 자본의 손에 맡기는 결과를 빚을 수도 있다. 여기서 사회적 이해관계의 조절자이자 공공의 복지를 위한 행위자로서 국가의 역할이 다시금 강조될 필요가 있다. 신자유주의 정책은 국가가 수행해야 할 이러한 역할을 시장에 내맡겨버리는 것이다. 이것은 결국 국가 자체의 존재의의와 정당성에 대한 심각한 의문을 일으키게 된다. 현재 새로운 기술환경에 적합한 새로운 반독점 정책의 형성과 집행이 이런 문제점을 전체 사회적 관점에서 해결하기 위한 모색으로서 부각되고 있다. 여기서 더 나아가 정보/지식을 공유하기 위한 정보공유운동을 국가가 지원해야 한다. 물론 이 지원은 운동의 독립성을 유지하는 방식으로 이루어져야 할 것이다.[11]

한국에서 정보공유운동의 전망과 과제

한국에서 정보공유론은 아직 대단히 취약한 상태에 있는 것으로 보인다. 일상화된 대중매체의 보도나 방송에 힘입어 빌 게이츠의 성공신화는 지금, 이곳에서 대단히 강력한 위력을 발휘하고 있다. 대기업은 우월적인 시장지위를 차지하기 위해 빌 게이츠와의 제휴를 적극적으로 추진한다. 젊은 개발자들은 빌 게이츠를 모범으로 삼아 자신의

---

11) 1999년 말에 정보통신부는 한국을 '아시아의 리눅스 메카'로 육성하기 위한 '리눅스 기술개발 활성화방안'을 발표했다(경향신문, 1999/7/21). 이 사업은 아마도 국내에서 정부가 '자유소프트웨어'의 개발을 지원하는 첫 사례일 것이다. 이 사업은 정보공유의 논리가 국내의 소프트웨어산업으로 파급되는 중요한 계기가 될 수도 있다는 점에서 주목할만한 것이었다. 그러나 실제로 이 사업은 제대로 진행되지 않았으며 기대했던 성과를 거두지 못했다. '정보의 자유'라는 점에서나 '정보의 공유'라는 점에서나 우리의 정보통신부는 여전히 불신의 대상이다.

꿈을 키운다. 리차드 스톨만은 일반인에게 거의 알려지지 않았으며, 알려졌더라도 그 내용은 단순히 새로운 대안의 운영체계를 개발했다는 정도이다. 그리고 이 새로운 운영체계에 대한 관심은 주로 그것의 기술적 및 경제적 효과에 초점을 맞추고 있으며, 그가 무엇보다 중요시하는 자유와 공유의 정신은 제대로 알려져 있지 않다.

물론 1990년대 말을 지나면서 이러한 상황은 조금씩 변하고 있다. 빌 게이츠의 성공은 초기의 기술적 선점을 바탕으로 유례없이 패권적인 독점전략을 구사하여 이루어진 것이라는 사실이 1990년대 말부터 국내외에서 전개되고 있는 '마이크로소프트 논쟁'을 통해 알려지게 되었다. 그누/리눅스가 기술적으로 개선되고 산업적인 지반을 넓혀가면서, 그에 대한 관심도 일부 매니아층을 벗어나기 시작하고 있다. 또한 새로운 세계지적재산권체계의 위력을 일상적으로 확인12)할 수 있게 되면서, 지적재산권 자체의 사회적 의미와 역할에 대한 관심도 확산되기 시작한 것으로 보인다. 그리고 무엇보다 '소리바다'13)를 둘러싼 논란은 정보공유의 중요성을 널리 알리는 가장 대중적인 계기기되었다.

그러나 이러한 변화에도 불구하고 정보공유론이나 정보공유운동은 아직도 널리 알려지지는 않은 상태에 있다. 무엇보다 정보공유론의 관점에서 정보화의 경로를 검토하고 전망하는 논의 자체가 대단히 드물다.14) 이 점에서 '열린한글운동'으로 대표되는 국내의 정보공유운

---

12) 가장 중요한 예로 정보재의 '불법복제'에 대한 엄격한 규제조치의 실시를 들 수 있다. 이에 따라 여러 대학에서 강의를 진행할 수 없는 사태가 발생하기도 했으며, 컴퓨터 통신회사들이 공개자료실에서 각종 음악파일들을 모두 제거함으로써 커다란 대중적 반발이 일어나기도 했다.
13) '소리바다'는 정보/지식을 이용자들이 자유롭게 주고받을 수 있도록 해 주는 새로운 기술을 이용한다. 'P2P'(Peer to Peer)로 불리는 이 기술은 정보공유의 수단으로서 인터넷의 가능성을 한층 더 강화한 것이다.
14) 이 과제는 다음과 같은 주제들을 포함할 수 있을 것으로 생각된다. 첫째, 국내에서 정보주의는 어떤 방식으로 확산되고 있는가? 둘째, 정보주의는 국내 관련

동15)에 대한 관심을 확산시키기 위한 노력들을 한층 적극적으로 전개할 필요가 있다. 이 운동은 세계적으로도 드문 정보공유운동의 예에 속한다. 그러나 그 중요성에도 불구하고 어느새 잊혀진 운동이 되어가고 있다. 여기에는 운동을 추진하는 주체들이 운동의 저변을 확대하는 데 실패했다는 이유 외에, 다른 사회운동단체들과 연구자들의 무관심도 적지 않은 영향을 미쳤다고 할 수 있다.

정보공유운동은 결국 현실 정보사회를 정보공유의 원리 위에 세우고자 하는 운동이다. 그 핵심을 이루는 자유소프트웨어운동은 국가와 자본으로부터 독립된 정보 하부구조를 구축함으로써 오히려 국가와 자본의 변화를 이끌어내고자 한다. 세계적으로 그누/리눅스체계의 개발이 그 대표적인 실천사례라면, 한국에서는 '열린한글운동'이 그러한 사례로 발전할 가능성을 보여주었다. 그러나 이러한 전망을 실현하기 위해서는 우선 정보운동단체들의 폭넓은 연대가 형성되고, 계속해서 다른 사회운동단체들과의 연대가 이루어져야 한다. 이 운동이 사회적 지반을 크게 넓히기 위해서는 이 운동을 일부 프로그래머들의 전문운동에서 다양한 사회운동단체들 간의 연대운동으로 발전시켜야 할 것이다. 이 과정은, 정보공유를 추구하는 자유로운 개인들의 연대 자체가 이 운동의 핵심목표로 자리잡는 방식으로 전개되어야 한다. 결국 이러한 연대 속에 정보공유운동의 발전전망과 희망이 모두 깃들어 있다.

정책에 어떤 방식으로 영향을 미치고 있는가? 셋째, 정보공유의 사회운동은 어떻게 전개되고 있는가? 넷째, 국내에서 정보공유의 전통은 어떻게 발견될 수 있는가?
15) 이밖에 리눅스공동체, 정보연대 SING, 진보네트워크센터, 정보공유연대 등의 활동을 들 수 있다. 그러나 사회적으로 폭넓게 사용하는 소프트웨어를 공유운동의 방식으로 작성하고자 했던 것으로는 이 운동이 유일하다. 그런만큼 비록 '실패'로 끝났다고는 해도 이 운동의 형성, 전개, 의의에 대한 논의는 앞으로도 계속 이어져야 한다.

참고문헌

강남훈(2000), '신경제의 가치론적 해석', 『경제와 사회』 제47호, 2000년 가을호

______(2002), 『정보혁명의 정치경제학』, 문화과학사

강명구(1996), '정보제국주의인가, 전자민주주의인가', 서울대학교 민주화교
　　수협의회 주최, 제4회 서울대 민교협 공개강좌

강상현(1994), "정보사회'담론의 지형학—정보/통신기술과 사회변화의 관계
　　에 대한 관점의 분류와 비교', 『언론과 사회』 제5호, 언론과 사회사

강석재·이호창 편역(1993), 『생산혁신과 노동의 변화』, 새길

강정인(1997), '정보화사회 담론에 대한 비판적 고찰',
　　http://ifp. or. kr/academy/cyber/index. html

고영삼(1998), 『전자감시사회와 프라이버시』, 한울

공유지적재산권모임 엮음(2000), 『디지털은 자유다—인터넷과 지적재산권
　　의 충돌』, 이후

국가경쟁력강화 민간위원회 정보화촉진특별위원회, 『국가사회정보화 민간
　　종합계획』

권오혁(1995), '정보의 본질과 특성', 한국공간환경연구회 엮음(1995), 『새
　　로운 공간환경론의 모색』, 한울

권용수(1996), 『지적재산권과 경쟁정책』, 과학기술정책관리연구소

권태환(1997), '정보사회의 개관', 권태환·조형제 편(1997), 『정보사회의
　　이해』, 미래미디어

김강호(1997), 『해커를 해킹한다—해커의 사회학』, 개마고원

김균 외(1996), 『자유주의 비판』, 풀빛

김남두(1993), '들어가는 말', 김남두 엮어 옮김(1993), 『재산권 사상의 흐름』, 천지

김문조(1998), '정보사회: 본질과 유형', 한국언론학회·한국사회학회(1998), 『정보화시대의 미디어와 문화』, 세계사

김선홍(1998), '아래아 한글 프로그램의 사회적 의미', 〈아래아 한글의 사회적 대안 마련을 위한 토론회〉, http://www.hani.co.kr/special/hangultoron9807/t_index.html

김성구(1998), '자본의 세계화와 신자유주의적 공세', 민주와 진보를 위한 지식인연대(1998), 『자본의 세계화와 신자유주의』, 문화과학사

김재훈(1996), '한국 반도체기업의 동형화에 대한 연구―메모리특화형 기업으로의 변동과정과 그 결정요인', 서울대학교 사회학과 박사학위논문

김정탁(1997), 『새로운 커뮤니케이션 정책 연구―미국, 일본, EU를 중심으로』, 박영률출판사

김주환(1995), '상품기호학―커뮤니케이션 노동과 정보화사회의 기원', 『세계의 문학』 가을호

_______(1996), '정보사회와 뉴미디어, 어떻게 볼 것인가', 『문화과학』 9호

김지운(1990), '정보제국주의와 이데올로기', 성균관대학교 사회과학연구소 편(1990), 『이데올로기와 정보화사회』, 성균관대학교 출판부

김진균(1996), '극사실성, 가상현실, 그리고 사이버전쟁―정보기술의 발달과 군사적 연관', 『경제와 사회』 제32호

_______·여정동(1973), '근대화의 제조건과 사회조직에 관한 일고찰', 김진균(1983), 『비판과 변동의 사회학』, 한울

_______·홍성태(1996), 『군신과 현대사회―현대 군사화의 논리와 군수산업에 관한 연구』, 문화과학사

김환석(1991), '과학기술의 이데올로기와 한국사회―"과학주의"와 "기술결정론"', 한국산업사회연구회 편(1991), 『한국사회와 지배이데올로기―지식사회학적 이해』, 녹두

김환석(1993), '신기술경제패러다임의 확산과 세계경제의 글로벌화', 『경제와 사회』 제20호

김해식(1997), '정보사회의 자리매김', 권태환·조형제 편(1997), 『정보사
　　회의 이해』, 미래미디어

김형준(1997), '진보적 정보운동의 성과와 과제',
　　http://go. jinbo. net (go spic-7)

김희수·김재홍(1997), 『소프트웨어산업의 시장구조와 기업전략—PC 소
　　프트웨어 시장과 Microsoft사를 중심으로』, 정보통신정책연구원

노재범(1996), '전자상거래의 대두와 기업의 대응',
　　http://econdb. seri-samsung. org:777/cgi-bin/sum_list?199605045

대통령직 인수위원회(1998), '21세기 정보화사회의 준비'

대한민국 정부(1998), '컴퓨터프로그램 보호법 중 개정법률안',
　　http://mic. etri. re. kr/BroadDir/정책/프로그램. htm

류석상(1998), '지식기반 경제하의 정보화 정책방향',
　　http://isrd. nca. or. kr/BBS/info/iipt/1998/5-20/focus2/f2-5-20. html

민주와진보를위한지식인연대 편(1998), 『자본의 세계화와 신자유주의』, 문
　　화과학사

박민성(1997), '정보사회에서 법과 윤리',
　　http://dike. korea. ac. kr/~teufel/article/moral. html

박성호(1990), '정보화 사회에서 삶의 질', 성균관대학교 사회과학연구소 편
　　(1990), 『이데올로기와 정보화사회』, 성균관대학교 출판부

______(1999), '한국에 있어서 저작권법제의 도입과 전개', 『계간 저작권』,
　　1999년 겨울호

박영관(1996), 『지적재산권 침해에 대한 형사적 제재』, 한국형사정책연구원

박준식·이병남(1995), '미국 기업의 조직혁신 현장 연구: 참여경영과 다운
　　사이징의 딜레마', 『경제와 사회』 제26호

박준식·이영희 편저(1991), 『기술혁명과 노동문제—극소전자기술혁명의
　　영향과 대응』, 두리

박창근(1997), 『시스템학』, (주) 범양사출판부

박창민(1997), '암호 제국주의를 꿈꾸는 미국',
　　http://www. iWorld. net/Entertainment/im@ge/issue/970822. html

박태견(1995), 『앨 고어 정보초고속도로—21세기를 여는 비밀열쇠』, 길벗

박현제(1996), ‘한국 인터넷 14년의 발자취’, 『월간 인터넷』 7월호

방석현(1985), ‘한국의 산업정책: 정보화사회 진전과 산업전략’, 서울대학교 사회과학연구소(1985), 『사회과학과 정책연구』 7권 4호

배규한(1994), ‘미래사회론’, 한국사회학회 엮음(1994), 『21세기의 한국 사회학』, 문학과지성사

백욱인(1995), ‘인터네트와 정보고속도로—사회적 측면을 중심으로’, 『경제와 사회』 제27호

_______(1997), ‘디지털 경제와 지적 소유권’, 『한국사회와 언론』 제9호

_______(1999), ‘네트와 새로운 사회운동’, 『동향과 전망』 43호, 1999년 겨울호

산업연구원(1998), 『지식기반산업의 발전방안』 (KIET 정책자료 제74호)

서경석·임재홍(1994), ‘국제화와 민주주의’, 학술단체협의회 편(1994), 『국제화와 한국 사회』, 나남출판

서울국제민중회의 조직위원회 편(1998), 『신자유주의, IMF 그리고 국제연대—IMF에 도전하는 민중』, 문화과학사

서울대학교 사회과학연구소(1985), ‘특집: 정보화사회의 도전과 대응’, 『사회과학과 정책연구』 7/4

____________________________(1986), 『정보화사회』

서현진(1998), ‘정보사회로 가는 길’, 『전자신문』, 1998/2/19

손연기(1998), ‘우리나라 정보화정책 약사’, 정보사회학회 편(1998), 『정보사회의 이해』, 나남

송위진(1993), ‘미국 기술혁신체제의 구조와 변화’, 『경제와 사회』 제20호

_______(1997), 『정보통신산업의 표준화 정책과 전략』, 과학기술정책관리연구소

송해룡(1990), ‘뉴미디어와 이데올로기’, 성균관대학교 사회과학연구소 편(1990), 『이데올로기와 정보화사회』, 성균관대학교 출판부

안문석(1995), ‘한국 정보통신정책의 전환과 과제—초고속정보통신망 정책의 의미와 과제’, 『계간 사상』 가을호

양승택(1995), ‘정보통신기술의 전개와 초고속 정보통신기반 구축전략’, 『계간 사상』 1995년 가을호

열린한글 프로젝트(1998a), ‘열린 프로젝트 선언문’,

http://www.openhwp.org

_______________(1998b), '열린한글이란',

http://www.openhwp.org

오병일(2000), '사이버 군주의 세계체제—지적재산권을 둘러싼 국제적 동향', 공유지적재산권 모임 엮음(2000), 『디지털은 자유다—인터넷과 지적 재산권의 충돌』, 이후

우지숙(1999), '지식 정보사회와 지적재산권: 디지털 환경에서 지식에 대한 '소유권'의 의미', 크리스챤 아카데미 시민사회 정보포럼 편(1999), 『시민이 열어가는 지식정보사회』, 대화출판사

유팔무(1991), '이데올로기 분석과 비판의 방법론', 한국산업사회연구회 편(1991), 『한국사회와 지배이데올로기—지식사회학적 이해』, 녹두

윤기현(1998), '사회화된 한글워드프로세서를 위한 제언', 〈아래아 한글의 사회적 대안 마련을 위한 토론회〉,

http://www.hani.co.kr/special/hangultoron9807/b_oh.html

윤성식(1999), '지적재산권 제도의 역사적 배경과 사회적 역할에 관한 비판적 고찰', 『다른과학』 6호

윤영민(1997), '기술적 혁신과 사회적 진보—정보 테크놀로지의 창조적 수용을 위한 서설', 경희대 정보사회연구소·삼성경제연구소 편(1997), 『네트워크 트렌드—정보기술혁명과 사회변화』, 삼성경제연구소

______(1998), '전자적 시민사회의 형성—정보운동을 중심으로 본 전망', 한국언론학회·한국사회학회(1998), 『정보화시대의 미디어와 문화』, 세계사

윤완철(1997), '위너의 사이버네틱스', 계간 『과학사상』 21호, 1997/여름, (주) 범양사

윤진호(1992), '미국 노동운동의 위기와 새로운 변화', 『경제와 사회』 제14호

이광석(1998), 『사이버문화정치』, 문화과학사

이동규·김태은(1995), 『21세기 텔레컴사회와 위성비즈니스』, 다은

이상길(1998), '초고속정보통신망의 허실과 평가', 『다른과학』 5호

이재규. 조영희(1997), '인터넷의 상업적 활용 방안',

http://new.nca.or.kr/data/journal/1997/index.shtml#4

이정원(1995), 『소프트웨어산업의 장기발전을 위한 기술혁신전략』, 과학기술정책관리연구소

이찬진(1995), 『소프트웨어의 세계로 오라』, 김영사

이철수(1995), '한국 사회의 정보화: 현황과 과제', 계간『사상』가을호

이현희(1998), '정보사회와 사적 영역의 위기', 사회역사학회 편, 『담론 201』, 학문과 사상사

임현진(1998), 『지구시대 세계의 변화와 한국의 발전』, 서울대학교 출판부

재정경제원(1997), '열린 시장경제로 가기 위한 국가과제—21세기 새로운 도약을 위한 준비',

　http://www. mofe. go. kr/p_e_d/p062401. html

전태일을 따르는 민주노조운동연구소 편역(1998), 『신자유주의와 세계민중운동』, 한울

정국환 외(1996), 『정보사회의 개념정립 및 정보화 추진방안에 관한 연구』, 한국전산원,

　http://ncalib. nca. or. kr/HTML/1995/95134/95134. htm# summary

________(1997), 『정보사회의 지적재산권 개념 재정립』, 한국전산원

정관혜(1999), '생명공학의 특허와 제3세계의 유전자 자원', 『다른과학』6호

정명주 외(1997), '범세계적 정보망—그 잠재력을 실현하기 위하여',

　http://isrd. nca. or. kr/BBS/info/iipt/1997/4-14/focus2/f2-4-14. html

정보통신검열철폐를 위한 시민연대(1996), 『'96 정보통신검열백서』

____________________________(1997), 『'97 정보통신검열백서』

정보민주화와 진보적 통신을 위한 연대모임(1998), 『'98 사이버권리백서』

정보통신부(1996a), 『정보통신산업발전종합대책』

________(1996b), 『소프트웨어산업 육성 실천계획(안)』

________(1998), 『정보통신백서 1998』

________(1999a), 'Cyber Korea 21—창조적 지식기반국가 건설을 위한 정보화 VISION'

________(1999b), '정통부, '신지식인' 양성과 '신산업' 육성에 주력',

　http://mic. etri. re. kr/BroadDir/보도자료/정통부. htm

________(1999c), '정보화의 길',

http://mic. etri. re. kr/BroadDir/보도자료/정대보고. htm

정완(1998), 『인터넷과 형사정책정보 검색편람』, 한국형사정책연구원

정이환(1994), '실리콘밸리 첨단산업발전의 사회적 배경', 서울대학교 지역
　　종합연구소, 『지역연구』 제3권 제3호

조성배(1998), '인간과 기계를 통합시킨 사이버네틱스', 『과학동아』 1월호

천조운(1995), '한국의 초고속정보통신기반 구축과 정책방향', 『계간 사상』
　　가을호

최성모(1998), '정보화의 개념과 함축적 의미', 최성모 편(1998), 『정보사회
　　와 정보화정책』, 나남출판

최영호(1998), 『정보범죄의 현황과 제도적 대처방안』, 한국형사정책연구원

최종덕(1995), 『부분의 합은 전체인가—현대 자연철학의 이해』, 소나무

한국사회학회(1987), 『정보화 시대의 사회문화적 환경의 변화』

＿＿＿＿＿(1990), 『정보화사회와 사회변동』

＿＿＿＿＿(1996), 『정보통신기술 발달과 현대 사회』, 한국사회학회 추
　　계 특별심포지움

＿＿＿＿＿(1997), 『사이버공동체의 발전방안』, 한국사회학회 추계 특별
　　심포지움

한국언론학회·한국사회학회(1998), 『정보화시대의 미디어와 문화』, 세계사

한국전산원(1997), '정보사회 연표',
　　http://forum. nca. or. kr/info/iipt/1997/4-22/focus3/f3-4-22. html

한국전자통신연구원(1997), 『21세기 정보통신—핵심기술 및 산업전망』

한국정보사회학회 편(1998), 『정보사회의 미래』, 나남출판

한상진(1984), '역자 서문', Larrain(1979), 한상진·심영희 옮김(1984),
　　『현대 사회이론과 이데올로기』, 한울

한상진(1995), '정보사회에서의 공동체의 변화', 『경제와 사회』 제27호

한세억(1998), '정보정책의 현상과 실제에 관한 연구', 최성모 편(1998),
　　『정보사회와 정보화정책』, 나남

한은경(1990), '정보사회에 대한 비판적 고찰', 성균관대학교 사회과학연구
　　소 편(1990), 『이데올로기와 정보화사회』, 성균관대학교 출판부

허희성(1996), '뉴미디어 출현과 저작권 환경변화', 한국언론연구원 편

(1996), 『뉴미디어와 저작권』, 한국언론연구원

홍동표·김용규·정시연(1999), '산업연관표를 이용한 정보통신산업의 경제효과 분석', 『정보통신정책연구』 6권 1호

홍석만·이준구(1998), '역감시의 권리로서 프라이버시권에 대한 재구성', 『역감시의 권리로서 프라이버시권에 대한 재구성—민변 창립 10주년 기념 인권논문상 공모 수상작품집』, 민주사회를 위한 변호사모임

홍성욱(1998), '첨단기술 시대의 독점과 경쟁—MS사 소송과 새로운 경제학의 패러다임', 『과학사상』 여름호

홍성태(1996), '정보사회와 문화의 정치경제학', 『문화과학』 10호

______(1997), '사이버: 사이버네틱스와 사이버공간', 『한국 사회와 언론』 8호

______(1998), '한국 정보사회론의 현황과 과제', 한국산업사회학회 주최, 제1회 한국 비판사회학대회 발표논문

______(1999ㄱ), '자본주의 지식사회와 신지식인론 비판', 『문화과학』 19호, 1999년 가을호

______(1999ㄴ), '지구화와 지식의 위상 변화—지식/돈 패러다임의 발흥', 계간 『문학마을』 창간호, 1999년 겨울호

______(2000ㄱ), '디지털혁명과 자본주의의 정보적 확장', 경상대학교 사회과학연구소 편(2000), 『디지털혁명과 자본주의의 전망』, 한울

______(2000ㄴ), 『사이버사회의 문화와 정치』, 문화과학사

______(2001ㄱ), '정보공유운동을 위하여', 홍성욱·백욱인 엮음(2001), 『2001 싸이버스페이스 오디쎄이』, 창작과비평사

______(2001ㄴ), '디지털 정보공유를 위한 시민사회의 과제', 유네스코한국위원회 엮음(2001), 『디지털시대와 인간 존엄성』, 나남

______(2002), '운영체계의 사회화와 정보공유운동', 『경제와 사회』 제54호, 2002년 여름호

황희철(1996), '정보통신망 발전과 저작권', 한국언론연구원 편(1996), 『뉴미디어와 저작권』, 한국언론연구원

@Brint(1998), Information Policy & Infrastructure, http://www.brint.com/NII.htm#Top

Althusser, L. (1965), 고길환·이화숙 역(1990), 『마르크스를 위하여』, 백의
__________(1971), 이진수 역(1991), 『레닌과 철학』, 백의
American Society for Cybernetics,
  http://www.gwu.edu/~asc/index.html
Anchishkin, A. (1987), 김성환 옮김(1990), 『사회주의의 미래와 과학기술
  혁명』, 푸른산
Aronowitz, S. and DiFazio, W. (1994), *The Jobless Future—Sci-Tech and
  the Dogma of Work*, Univ. of Minnesota Press
__________Culter, J. (1998), *Post-Work—The Wages of Cyberna-
  tion*, London: Routledge
Arquit, K. (1998), Cracking Down on Microsoft,
  http://www.ipmag.com/9801-1.html
Arthur, B. (1996), '수확체증과 비즈니스의 신세계', 김웅철 옮김(1997),
  『복잡계 경제학 I』, 평범사
__________(1997), '수확체증 경제학의 입문', 김웅철 옮김(1997), 『복잡계
  경제학 I』, 평범사
Barbrook, Richard(1996), Hypermedia Freedom,
  http://www.ctheory.com/ga1.1-hyper_freedom.html
__________ & Andy Cameron(1996), 안정옥 역(1996), '캘리포니아
  이데올로기', 홍성태 엮음(1996), 『사이버공간 사이버문화』, 문화과학사
Barlow, J. P. (1995), 여국현 역(1996), '아이디어의 경제', 홍성태 엮음
  (1996), 『사이버공간 사이버문화』, 문화과학사
Bateson, G. (1972), 서석봉 옮김(1989), 『마음의 생태학』, 민음사
Baudrillard, J. (1986), 주은우 역(1994), 『아메리카』, 문예마당
Beck, U. (1992), 홍성태 옮김(1997), 『위험사회—새로운 근대(성)를 향하
  여』, 새물결
Behlendorf, B. et al. (1999), 이만용 외 옮김(2000), 『오픈소스』, 한빛미디어
Bell, Daniel(1976a), *The Coming of Post-Industrial Society: A Venture in
  Social Forecasting*, BasicBooks (2nd ed.)
__________(1976b), 김진욱 옮김(1990), 『자본주의의 문화적 모순』, 문

학세계사

_________(1977), '텔레텍스트와 테크놀로지', 서규환 옮김(1992), 『정
보화 사회와 문화의 미래』, 디자인하우스

_________(1981), 이동만 옮김(1984), 『정보화사회의 사회적 구조』, 한울

_________(1983), '산업산회와 정보사회', 박홍수·김영석 공편(1987),
『뉴미디어와 정보사회』, 나남

_________(연도미상), The Cultural Contradictions of Newt Gingrich,
http://www. physics. wisc. edu/%7Eshalizi/NP…ural-contradictions-of-
newt-gingrich. html

Beniger, J. (1986), *The Control Revolution—Technological and Economic
Origins of the Information Society*, MA: Harvard Univ. Press

Berners-Lee, T. (1999), 우종근 옮김(2001), 『월드와이드웹』, 한국경제신문

Besser, H. (1995), From Internet to Information Superhighway, James
Brook and Iain Boal eds. (1995), *Resisting the Virtual Life—the
Culture and Politics of Information*, SF.: City Lights Books

Birdsall, F. (1996), The Internet and the Ideology of Information
Technology,
http://www. isoc. org/isoc/whatis/conferences/inet/96/proceedings/e3/
e3_2. htm

Bischoff, J. (1993), 김성구 역(1995), '카지노 자본주의—금융자본의 발전
경향들', 『이론』, 1993년 가을호

Block, F. (1990), 최은봉(1994), 『포스트산업사회—경제사회학적 담론』,
법문사

Bonefeld, W. and John Holloway eds. (1996), 이원영 역(1999), 『신자유주
의와 화폐의 정치』, 갈무리

Boyle, J. (1996), *Shamans, Software, and Spleens: Law and the
Construction of the Information Society*, M. A.: Harvard Univ. Press
_________(1997), A Politics of Intellectual Property: Environmentalism for
the Net?,
http://www. wcl. american. edu/pub/faculty/boyle/intprop. htm

Brunvand, E. (1996), The Heroic Hacker: Legends of the Computer Age, http://www. cs. utah. edu/~elb/folklore/afs-paper/afs-paper. html

Burstein, D. & Kline, D. (1995), 김광전 역(1996), 『정보고속도로의 꿈과 악몽』, 한국경제신문사

Castells, M. (1996), *The Information Age: Vol. I. The Rise of the Network Society*, MA. : Blackwell Publishers Inc.

Chesher, Chris(1994), 홍성태 역(1996), '가상현실의 식민화: 가상현실 담론의 구성, 1984-1992', 홍성태 엮음(1996), 『사이버공간 사이버문화』, 문화과학사

Cleveland, H. (1985), *The Knowledge Executive*, N.Y. : Dutton

Coleman, J. (1990), Foundations of Social Theory, MA. : The Belknap Press of Harvard Univ. Press

Cosmo, R. and Nora, D. (1998), 조성애 옮김(1999), 『세계를 터는 강도들』, 영림카디널

Curry, J. (1997), The Dialectic of Knowledge-in-Production: Value Creation in Late Capitalism and the Rise of Knowledge-Centered Production, *Electronic Journal of Sociology*: 2,3. 〔iuicode: 100. 2. 3. 3〕,
http://www. sociology. org/content/vol002. 003/curry. html

Davis, Jim et al. eds. (1997), *Cutting Edge—Technology, Information Capitalism and Social Revolution*, London: Verso

__________ and Stack, M. (1995), Knowledge, Commodity Production and Marx's Theory of Value, *cy. Rev—A Journal of Cybernetic Revolution, Sustainable Socialism & Radical Democracy*, Issue #2, March 1995,
http://ftp. eff. org/pub/Publications/E-journals/CyRev/cyrev2. html#and

Dawson, M. and Foster, B. (1998), Virtual Capitalism: Monopoly Capital, Marketing, and the Information Highway, McChesney, R. et al eds. (1998), *Capitalism and the Information Age: The Poitical Economy of the Global Communication Revolution*, NY. : Monthly Review Press

DOC, USA(1998), 박창헌 외 옮김(1998), 『디지털이 경제다―새로운 세계
    경제를 위한 상무부 보고서』, 커뮤니케이션북스
Dougherty, D. (1997), Information Wants to Be Valuable,
    http://webreview. com/wr/pub/97/08/29/imho/index. html
Dorman, L. et al. (연도미상), Digital Privacy,
    http://rescomp. stanford. edu/~pweston/privacy. html
Drucker, P. (1993), 이재규 역(1993), 『자본주의 이후의 사회』, 한국경제
    신문사
Dublin, Max(1989), 황광수 옮김(1993), 『왜곡되는 미래』, 의암출판
Eagleton, T. (1991), *Ideology―An Introduction*, London: Verso
Economist(1996a), A World gone soft, *The Economist* May 25th.
__________(1996b), The hitchhiker′s guide to cybernomics, *The Economist*
    Sep. 28th.
__________(1999), When the bubble bursts,
    http://www. economist. com/editorial/freeforall/current/sf1217. html
Escarpit, R. (1976), 김광현 옮김(1995), 『정보와 커뮤니케이션』, 민음사
Eunice, J. (1998), Beyond the Cathedral, Beyond the Bazaar,
    http://www. illuminata. com/public/content/cathedral/intro. htm
Frankel, B. (1987), *The Post-Industrial Utopians*, Oxford: Polity Press
FSF(1991), GNU General Public License(version 2),
    http://www. gnu. org/copyleft/gpl. txt
____(1993), The GNU Manifesto,
    http://www. gnu. org/gnu/manifesto. html
____(1998a), What is the Free Software Foundation?,
    http://www. gnu. org/fsf/fsf. html
____(1998b), Why There are no GIF files on GNU web pages,
    http://www. gnu. org/philosophy/gif. html
____(1998c), Free Software is More Reliable,
    http://www. gnu. org/software/reliability. html
____(1998d), Categories of Free and Non-Free Software,

http://www. gnu. org/philosophy/categories. html

_____(1998e), Some Confusing or Loaded Words and Phreses that are Worth
	Avoiding,

http://www. gnu. org/philosophy/words-to-avoid. html

_____(1998f), What is Copyleft, http://www. gnu. org/copyleft/copyleft. html

Gage, D. (1999), Sun (almost) opens Solaris, ZDNet February 24,
	http://www. zdnet. com/zdnn/stories/news/0, 4586, 2215357, 00. html

Garfikel, S. et al. (1991), Why Patents are Bad for Software, *Issues in
	Science and Technology*, Fall 1991,
	http://lpf. ai. mit. edu/Links/prep. ai. mit. edu/issues. article

Gates, W. (1995), 이규행 감역(1997), 『미래로 가는 길』, 도서출판 삼성

Gibson, W. (1984), 노혜경 옮김(1996), 『뉴로맨서』, 열음사

Gilder, G. (1989), 한영환 역(1991), 『마이크로코즘—경제와 기술에서의
	양자혁명』, 한국경제신문사

Gingrich, N. (1995), *To Renew America*, N.Y. : Harper Collins Publichers

Godwin, M. (1998), *Cyber Rights—Defending Free Speech in the Digital
	Age*, N.Y. : Times Books

Harris, J. (1995), From Das Capital to DOS Capital : A Look at Recent
	Theories of Value, *cy. Rev—A Journal of Cybernetic Revolution,
	Sustainable Socialism & Radical Democracy*, Issue #3, September 1995,
	http://ftp. eff. org/pub/Publications/E-journals/CyRev/cyrev3. html
	#electronic

_________ and Davidson, C. (1994), The Cybernetic Revolution and the
	Crisis of Capitalism, *cy. Rev—A Journal of Cybernetic Revolution,
	Sustainable Socialism & Radical Democracy*, Issue #1, July 1994,
	http://gopher. eff. org/pub/Publications/E-journals/CyRev/cyrev1. html
	#cybernetic

Hauben(1996), *Netizens : An Anthology*,
	http://www. columbia. edu/~rh120

Hayek(1979), '인간 가치의 세 가지 근원', 민경국 편역(1990), 『자본주의

냐, 사회주의냐』, 문예출판사

Helsel, S. & Roth, J. eds. (1991), 노용덕 옮김(1993), 『가상현실과 사이
    버스페이스』, 세종대학교 출판부

Henwood, D. et al. (2001), 국제연대정책정보센터 옮김(2001), 『신경제의
    신화와 현실』, 이후

Hey, T. & Walters, P. (1992), 『사진으로 보는 양자의 세계』, 대영사

Hyatt, M. (1998), 이기문 옮김(1999), 『디지털 대재앙 Y2K』, 사이언스북스

IITF(1994), *National Information Infrastructure: Progress Report September
    1993-1994*

______(1995), 임원선 옮김(1996), 『초고속통신망과 저작권』, 한울

Internet2(1996), Internet2 Project,
    http://www. nero. net/news_arch/INET2/inet2. htm

Iwao, K. (1996), 한국전자통신연구원 역(1997), 『미국통신전쟁』

Jessop, B. (1993), '슘페터주의적 근로국가를 향하여?', 김호기 · 김영범 ·
    김정훈 편역(1995), 『포스트포드주의와 신보수주의의 미래』, 한울

JVSV(1996), *The Joint Venture Way: Lessons for Regional Rejuvenation*

Kaczynski, T. (1995), 조병준 역(1996), 『유나바머』, 박영률출판사

Kahin, B. and Wilson III, E. eds. (1997), *National Information Infra-
    structure Initiatives: Vision and Policy Design*, MA. : The MIT Press

Kaplan, D. (1999), 안진환 · 정준희 옮김(2000), 『실리콘밸리 스토리—디
    지털 혁명가들의 꿈과 열정과 돈에 대한 이야기』, 동방미디어

Kato, T. et al. (1995), 한국전자통신연구소 역(1996), 『실리콘밸리 모델—
    멀티미디어사회 구축에의 메시지』

Katz(1997), Birth of a Digital Nation,
    http://www. wired. com/wired/5. 04/netizen. html

Kelly, K. (1994), *Out of Control—The New Biology of Machines, Social
    Systems, and the Economic World*, Addison Wesley Publishing
    Company

________(1996), The Economics of Ideas,
    http://www. wired. com/wired/archive/4. 06/romer. html

__________(1997), New Rules for the New Economy—Twelve dependable principles for thriving in a turbulent world,
http://wwww. wired. com/wired/5. 09/newrules. html

Kenny, M. (1997), Value Creation in the Late Twentieth Century: The Rise of the Knowledge Worker, Davis, Jim et al. eds. (1997), *Cutting Edge—Technology, Information Capitalism and Social Revolution,* London: Verso

Keyworth, G. (1996), People and Society in Cyberspace,
http://www. pff. org:80/tsos-1. html

__________ et al. (1996), The Computer Revolution, Encryption and True Threats to National Security,
http://www. pff. org:80/encry. html

Kim, Yong-Chan(1996), Copyright and Internet,
http://pilot. msu. edu/user/kimyong2/copy. htm

Krauss, L. (1995), 박병철 옮김(1996), 『스타 트랙의 물리학』, 영림카디널

Kroker, A. and Weinstein, M. (1994), *Data Trash—the theory of the virtual class,* N.Y.: St. Martin's Press

Kumar, Krishan(1995), *From Post-Industrial to Post-Modern Society—New Theories of the Contemporary World,* Oxford: Blackwell Publishers.

Larrain, J. (1979), 한상진·심영희 옮김(1984), 『현대 사회이론과 이데올로기』, 한울

Lee, E. (1997), 국제연대정책정보센터 옮김(1998), 『노동운동과 인터넷— 새로운 국제주의』, 한울

Leonard, A. (1998), the Saint of Free Software,
http://www. salonmagazine. com/21st/feature/1998/08/cov_31feature. html

Lessig, Lawrence(2001), *The Future of Ideas,* Random House

Levy, R. (1998), Microsoft and the Browser Wars—Fit to Be Tied,
http://www. cato. org/pubs/pas/pa-296. html

Levy, S. (1984), 김동광 옮김(1991), 『해커, 그 광기와 비밀의 기록』, 사민서각

Lipietz, A. (1989), '오늘날 자본주의위기의 제문제와 조절이론', 경남대학교
    극동문제연구소 편(1991), 『전환기의 마르크스주의』, 공동체
Lorimer, R. (1996), Intellectual Property, Moral Rights, and Trading
    Regimes: A Publishing Perspective,
  http;//hoshi. cic. sfu. ca/calj/cjc/BackIssues/21. 2/lorimer. html
Luke, T. (1997), The Politics of Digital Inequality: Access, Capability and
    Distribution in Cyberspace,
  http://idt. net/~urbsoc/cyberpol/Luke. html
Lyon, D. (1994), 한국전자통신연구소 역(1994), 『전자감시사회』
Lyotard, J. (1979), 이현복 역(1992), 『포스트모던적 조건—정보사회에서
    의 지식의 위상』, 서광사
Mandel, M. (2000), 이강국 옮김(2001), 『인터넷 공황』, 이후
Manes, S. and Andrews, P. (1993), 이진광·이지선 옮김(1994), 『빌 게이
    츠 훔치기』, 푸른산
Manhein, K. (1929), 김동일 역(1987), '이데올로기와 유토피아', 김동일 편
    (1987), 『이데올로기』, 청람
Mann, C. (1999), Programs to the People, Technology Review,
    January/February 1999,
  http://wwwtechreview. com/articles/jan99/mann. htm
Marcos(1995), 윤길순 옮김(1999), 『분노의 그림자—멕시코 한 혁명가로
    부터 온 편지』, 삼인
Martin, B. (1995), Against Intellectual Property, Philosophy and Social
    Action, Vol. 21, No. 3,
  http://www. uow. edu. au/arts/sts/bmartin/ pubs/95psa. html
(공유지적재산권모임 엮음〔2000〕, 『디지털은 자유다』, 이후, 56-79쪽에 수록)
Maturana, U. & Varela, F. (1984), 최호영 역(1995), 『인식의 나무—인식
    활동의 생물학적 뿌리』, 자작아카데미
McChesney, R. (1996), 김유경(1997), '역사적·비판적 관점에서 본 인터
    넷과 미국 커뮤니케이션 정책결정과정', 『한국사회와 언론』 제8호
MDC(1996), An Invitation to Malaysia's MSC

Moody, Kim(1997), 사회진보를 위한 민주연대 옮김(1999), 『신자유주의와 세계의 노동자』, 문화과학사

Moore, J. (1996), 강병구 옮김(1998), 『경쟁의 종말—기업생태계 시대의 리더십과 전략』, 자작나무

Moore, Nick(1997), Neo-Liberal or Dirigiste? Policies for an Information Society, *The Political Quarterly*

Mosco, Vincent & Janet Wasco(1988), 민글 편집부(1994), 『정보에 지배 당한 사회—정보의 정치경제학』, 민글

Nader, R. and Love, J. (1998), Why Microsoft must be stopped, http://www. computerworld. com/home/print. nsf/all/981109740E

Naisbitt, J. (1982), 장상용·홍성범 역(1988), 『메카트랜스』, 고려원

NCB(1997), Singapore One—One Network for Everyone, http://www. ncb. gov. sg/ncb/sone. asp

Neef, D. ed. (1998), *The Knowledge Economy*, Boston: butterworth-Heinemann

Negroponte, N. (1995), 백욱인 역(1995), 『디지털이다』, 박영률출판사

Newman, N. (1999), The Origin and Future of Open Source Software, http://www. netaction. org/opensrc/future/

Nonaka, I. and Hirotaka, D. (1995), 장은영 역(1998), 『지식창조기업』, 세종서적

NRENAISSANCE Committee(1994), 한국전자통신연구원 역(1997), 『인터 넷 그 이후—NII의 비전』

OECD(1996), *The Knowledge-Based Economy*

______(1997), Global Information Infrastructure—Global Information Society (GII-GIS): Policy Requirements, http://www. oecd. org/dsti/sti/it/infosoc/prod/e_97-139. htm

OSI(1998a), History of the Open Source Effort, http://www. opensource. org/history. html

____(1998b), OSI Launch Annoucement, http://www. opensource. org/osi-launch. html

____(1998c), The Open Source Definition,

  http://www. opensource. org/osd. html

____(1998d), Why 'Free Software' Is Too Ambiguous,

  http://www. opensource. org/free-notfree. html

____(1998e), Frequently Asked Questions about Open Source,

  http://www. opensource. org/faq. html

____(1998f), The Halloween Documents,

  http://www. opensource. org/halloween. html

PANGARO Inc.,

  http://www. pangaro. com/~pangaro/published/cyber-macmillan. html

Pelton, J. (1983), '정보사회의 특성', 박홍수 · 김영석 공편(1987), 『뉴미디
  어와 정보사회』, 나남

Penny, S. (1994), 홍성태 역(1997), '계몽기획의 완성으로서 가상현실', 홍
  성태 엮음(1997), 『사이보그, 사이버컬처』, 문화과학사

Perelman, M. (1998), *Class Warfare in the Information Age*, N.Y. : St.
  Martin's Press

Perrow, C. (1984), *Normal Accidents: Living with High-Tech Techno-
  logies*, N.Y. : Basic Books

Petreley, N. (1999), Linux and the monopoly game, *Linux World*, January
  1999,

  http://www. linuxworld. com/linuxworld/lw-1999-01-penguin. html

PFF(1994), 안정옥 역(1996), '사이버스페이스와 미국의 꿈: 지식시대를 위
  한 헌장', 홍성태 엮음(1996), 『사이버공간 사이버문화』, 문화과학사

Piore, M. and Sabel, C. (1984), *Second Industrial Divide—Possibilities for
  Prosperity*, NY. : Basic Books Inc.

Porterfield(1997), Information Wants to be Valuable: A Report from the
  First O'Reilly Perl Conference,

  http://www. netaction. org/articles/freesoft. html

Poster, M. (1990), 김성기 역(1994), 『뉴미디어의 철학』, 민음사

________(1998a), '사이버스페이스의 저작권', 유네스코 한국위원회

(1998), 『사이버스페이스의 법적 틀에 관한 아태지역 전문가 회의』

__________(1998b), Capitalism's Linguistic Turn, 유네스코 한국위원회

(1998), 『사이버스페이스의 법적 틀에 관한 아태지역 전문가 회의』

Postman, N. (1986), 정탁영·정준영 역(1997), 『죽도록 즐기기』, 참미디어

Postrel, V. (1998), 이희재 옮김(2000), 『미래와 그 적들』, 모색

Principia Cybernetica Web, http://pespmc1.vub.ac.be/DEFAULT.html

Raymond, E. (1998), The Cathedral and the Bazaar,
  http://www.tuxedo.org/~esr/writings/cathedral-bazaar/cathedral- bazaar.html

Reboul, O. (1980), 홍재성·권오룡 옮김(1994), 『언어와 이데올로기』, 역
  사비평사

Reid, R. (1997), 김연우·은정 옮김(1998), 『인터넷을 움직이는 사람들』,
  김영사

Reihenbach, H. (1951), 김회빈 옮김(1994), 『과학의 발전과 함께 새로운
  철학이 열리다』, 새길

Rheingold, H. (1993), *The Virtual Community—Homesteading on the
  Electronic Frontier*, Addison Wesley Publishing Company

__________(1991), 신동훈 옮김(1995), 『가상현실과 새로운 산업』, 다
  음세대

RIAA(1998), The Digital Millenium Copyright Act,
  http://208.240.92.66/newtech/dcma.htm

Rifkin, J. (1989), 김명자·김건 옮김(1992), 『엔트로피—21세기의 새로운
  세계관』, 동아출판사

__________(1994), 이영호 옮김(1996), 『노동의 종말』, 민음사

Robins, K. and Webster, F. (1986), *Information Technology: A Luddite
  Analysis*, N.J.: Ablex Publishing Corporation

__________(1987), Information as Capital: A Critique of
  Daniel Bell, in Slack, J. and Fejes, F. (1987), *The Ideology of the
  Information Age*, N.J.: Ablex Publishing Corporation

Rogers, E. (1986), 김영석 역(1988), 『현대사회와 뉴미디어—커뮤니케이
  션 테크놀로지』, 나남

Rohm, W. (1998), 고병권·김인수 역(1999), 『마이크로소프트 파일—빌 게이츠 신화의 거짓과 진실』, 더난출판사

Romer, P. (1993), Economic Growth,
http://www. stanford. edu/~promer/Econgro. htm
__________(1994), Beyond Classical and Keynesian Macroeconomic Policy,
http://www. stanford. edu/~promer/policyop. htm

Roszak, T. (1994), *The Cult of Information: A Neo-Luddite Treatise on High Tech, Artificial Intelligence, and the True Art of Thinking*, Univ. of California Press

Samudrala(1999), A Primer on the ethics of 'Intellectual Property',
http://www. ram. org/ramblings/philosophy/fmp/copying_primer. html

Samuelson, P. (1991), Is Information Property? (Legally Speaking), *Communications of the ACM*, V. 34, N. 3,
http://eng. hss. cmu. edu/internet/Is-Information-Property. txt
____________(1996), The Copyright Grab,
http://www. wired. com/wired/whitepaper. html

Schiller, D. (1988), 민글 편집부 옮김(1994), '정보를 어떻게 볼 것인가', Mosco, V. & Wasco, J. (1988), 민글 편집부 옮김(1994), 『정보에 지배당한 사회—정보의 정치경제학』, 민글

Schiller, H. (1995), 임현경 역(1996), '지구정보고속도로: 관리할 수 없는 세계를 위한 프로젝트', 홍성태 엮음(1996), 『사이버공간 사이버문화』, 문화과학사
__________(1996), *Information Inequality—the Deepening Social Crisis in America*, London: Routledge

Slack, J. (1987), The Information Age as Ideology: An Introduction, in Slack, J. and Fejes, F. (1987), *The Ideology of the Information Age*, N. J. : Ablex Publishing Corporation

Slack, J. and Fejes, F. (1987), *The Ideology of the Information Age*, N. J. : Ablex Publishing Corporation

Stahlman, M. (1996), The English Ideology and Wired Magazine, http://ma. hrc. wmin. ac. uk/kids/ma. theory. 4. 2. 6. 8. db

Stallman, R. (1996), Reevaluating Copyright: the Public Must Prevail,

　http://www. gnu. org/philosophy/reevaluating-copyright. html

　__________(1998a), Linux and the GNU Project,

　http://www. gnu. org/gnu/linux-and-gnu. html

　__________(1998b), Copyleft: Pragmatic Idealism,

　http://www. gnu. org/philosophy/pragmatic. html

　__________(1998c), Why Software Should not Have Owners,

　http://www. gnu. org/philosophy/why-free. html

　__________(1999a), The GNU Project,

　http://www. gnu. org/gnu/thegnuproject. html

　__________(1999b), 15 Years of Free Software,

　http://features. linuxtoday. com/cgi-bin/printstory. pl?sn=4145

　__________(1999c), Why 'Free Software' is better than 'Open Source',

　http://www. gnu. org/philosophy/free-software-for-freedom. html

Stehr, N. (1994), *Knowledge Societies*, London: Sage Publications

Tachikewa, K. et al. (1995), 한국전자통신연구소 역(1996), 『퍼스널 통신』

Technorealism(1998), Technorealism Overview,

　http://www. technorealism. org/overview. html

Templeton, B. (1998), 10 Big Myths about copyright explained,

　http://www. templetons. com/brad//copymyths. html

The League for Programming Freedom(1991), Against Software Patents,

　http://lpf. ai. mit. edu/Patents/against-software-patents. html

The White house(1996), Background On Cliton-Gore Administration's

　　Next-Generation Internet Initiative,

　http://www. iitf. nist. gov/documents/press/internet. htm

Tobalds, L. (2001), 안진환 옮김(2001), 『리눅스*그냥 재미로』, 한겨레신문사

Toffler, A. (1970), 이규행 감역(1989), 『미래쇼크』, 한국경제신문사

　__________(1980), 정해근 옮김(1987), 『제3의 물결』, 정암

　__________(1990), 이규행 감역(1990), 『권력이동』, 한국경제신문사

Touraine, A. (1984), 조형 옮김(1994), 『탈산업사회의 사회이론—행위자의 복귀』, 이화여자대학교 출판부

Treaner, P. (1996), Internet as Hyper-Liberalism,
  http://www. univie. ac. at/philosophie/bureau/hyper-liberalism. html

Tremblay, G. (1995), The Information Society: from Fordism to Gatesism,
  http://hoshi. cic. sfu. ca/calj/cjc/BackIssues/20. 4/tremblay. html

US. DOC(1998), 박창헌 외 옮김(1998), 『디지털이 경제다—새로운 세계경제를 위한 미국 상무부 보고서』, 박영률출판사

Vattimo, G. (1992), 김승현 역(1997), 『미디어사회와 투명성』, 한울

Wallerstein, I. (1991), 박형준 역(1991), '마르크스-레닌주의는 죽었다, 누가 만세를 부르는가', 『월간 말』 12월호

Watson, A. (1998), Predatory Pricing in the Software Industry,
  http://pegasus. rutgers. edu/~record/articles/vol23/23rlr1/watsonf. html

Watson, The Famou Brett(1999), Philosophies of Free Software and Intellectual Property,
  http://www. ram. org/ramblings/philosophy/fmp/free-software-philosophy. html

Wiener, N. (1954), 최동철 역(1978), 『인간활용—싸이버네틱스와 사회』, 전파과학사

Wired(1998), *Encyclopedia of the New Economy*,
  http://www. hotwired. com/special/ene/

Woo, JiSuk(1998), New Balance of Copyright in Cyberspace: An Asia-Pacific Perspective, Or, Is There Such a Thing, 유네스코 한국위원회 (1998), 『사이버스페이스의 법적 틀에 관한 아태지역 전문가 회의』

WORLD BANK(1998), *Knowledge for Development*

Young, T. (1987), Information, Ideology, and Political Realty: Against Toffler, in Slack, J. and Fejes, F. (1987), *The Ideology of the Information Age*, N. J. : Ablex Publishing Corporation

公文俊平 編著(1996), 『ネティズンンの時代』, NTT出版

山下勇男(1998), 채만수 역(1998), '아시아 통화위기의 진실—폭로된 현대 제국주의의 약탈자로서의 정체', 한국노동이론정책연구소, 『현장에서 미래를』 제33호

澤井敦 外(1996), 『現代社會理論と情報』, 福村出版社

경향신문, 1999/7/21

대한매일, 2002/8/21

동아일보, 1998/11/21, 2002/8/7

매일경제, 1997/11/27

문화일보, 1999/2/3, 5/4, 5/15

서울신문, 1998/2/5

서울경제, 1997/6/11

전자신문, 1998/2/19, 1999/6/1

조선일보, 1999/5/14

중앙일보, 1997/1/31

한겨레신문, 1996/7/3, 7/20,
            1998/6/17, 6/22
            1999/1/30, 2/1, 2/27, 3/5, 3/16, 3/30, 4/27
            2002/1/14, 7/20, 7/24

한겨레21, 1999/4/1

한국일보, 1999/7/14

한국전파신문, 1998/2/9

현실 정보사회의 이해

지은이/ 홍성태

초판인쇄일/ 2002년 11월 10일
초판발행일/ 2002년 11월 20일

발행인/ 손자희
발행처/ 문화과학사
주소/ 110-300 서울시 종로구 관훈동 198-16 남도빌딩
전화/ 335-0461   팩스/ 720-0466
e-mail: transics@chollian.net
homepage: http://www.jinbo.net/~moonkwa

출판등록/ 제1-1902 (1995. 6. 12)

값/10,000원
ISBN 89-86598-35-3   93330